YUHIKAKU

考える経営学

THINKING ABOUT
BUSINESS AND MANAGEMENT

著・中川功一
　　佐々木将人
　　服部泰宏

有斐閣ストゥディア

はしがき

　今この文章を読まれているみなさん，本書を手にとっていただき，ありがとうございます。あまたある経営学の教科書や書籍の中から，この本を選んで手にとってもらえたことを，とても有り難く思います。

　本書に対する興味を高め，続きを読み進めたいと思ってもらえるように，これから少しページを割いて，この本がどのような本なのかということを，簡単に説明します。何らかの理由で（たとえば授業の指定テキストとして）この本を読まなければいけないみなさん（すみません！ 重ねてありがとうございます！）にも，本書の意図を知ってもらうことで，**序章**以降の各章が理解しやすくなればと思っています。

　なお，はじめに断っておきますが，私たちは本書が他に例を見ない画期的な素晴らしい教科書だと主張するつもりは，まったくありません。よい教科書はすでにたくさん出ています。加えて，そもそも教科書に書いてあることの多くは共通しています。最低限身につけてもらいたいことはだいたい決まっているため，どの教科書を開いても必ず書いてあるのが実情です。ただ，そうはいっても，それぞれの教科書は書き手が何らかの意図を持って書いているので，それが本ごとの味であったり，特徴になっていたりするのも，また事実です。

　おそらく大事なのは，みなさんが求めるもの，イメージしているものと，読もうとしている教科書の狙いが，合致していることだと思います。両者の間にギャップがあっては，読み進めるのが難しくなるでしょう。万人に合った最高の教科書があるというよりも，各々の求めるものに合った教科書を読むことが，最も学習効果を高めるはずです。もし，以下を読んで，本書の狙いとみなさんの期待がうまく合致しているようなら，ぜひもっと先まで読み進めてもらえればと思います。

　それではここから，本書がどのような本なのかを簡単に説明していきましょう。改めて述べておくと，本書は，はじめて経営学に触れる人を対象にした，

経営学の入門的な教科書です。経営学とは何か，ということについては**序章**以降でじっくり解説するとして，ひとまずは「経営学＝企業に関する学問」とでも思っておいてください。この経営学について解説する教科書として，本書のおもな特徴を3つ，以下で説明します。この3つが，本書を作るにあたって私たちが最も重視した点です。

(1) 経営学は誰のためのもの？

みなさんは，どのようなきっかけで本書を手にとったのでしょうか。商学部・経営学部・経済学部の新入生で，今後，専門科目として経営学を学んでいくためかもしれません。他学部の学生で，教養科目として経営学を学ぼうと思っているのかもしれません。あるいは，すでに実務に就いていて，働く中で経営学に興味を持ったという人もいるかもしれません。

私たちは，こうしたすべてのみなさんにとって，経営学は意味があると考えています。経営学は，企業行動の解明を主立った目的とする学問です。製品・サービスの売り方から，人々の働き方まで，企業行動をめぐる多様な現象を分析しています。みなさんは，今もすでに，さまざまなかたちで企業行動にかかわっているはずです。あるときは消費者として，またあるときは従業員（アルバイト）として，あるいは近年さかんになってきたクラウドファンディング等で企業の出資者になっているかもしれません。現代の私たちにとって，社会の中で生きていくことは，企業に接して生きていくことに等しいともいえるのです。また，それほど大げさに考えなくても，学生読者のみなさんは，これから社会に出て企業で働くことになる人が多いと思います。自分の働く場がどのようなところなのか，企業行動の基本的な原則を知ることは，働く上で必ず役に立つでしょう。

ただ，ならば必要になってから（社会に出てから）学べばよいではないか，という意見が聞こえてきそうです。とりわけ経営学という学問は，企業行動を対象としているため，実際に働きに出てからのほうが議論の内容をイメージしやすいという側面が，たしかにあります。事実，世の中にはビジネスパーソンに向けた経営学の本やビジネス書が数多く出回っていますし，社会に出てから学ぶ人も多くいます。しかし，私たちは，若いうちから経営学を学ぶことにも大

きな意義があると考えています。より正確にいうと，その利点は，若さそのものにあるのではなく，時間をかけて学べることにあります。知識というものは，知ったからといってすぐに使えるようになるとは限りません。本書には，さまざまな専門用語や考え方が出てきます。それぞれを言葉として覚えたり，情報として理解するのは，さほど難しくないと思いますが，それらを自分の問題に活かせるようになるには，時間をかけて自分自身で考えながら学んでいく必要があるのです。

(2)　自分で考える

　私たちは，みなさんが学んだ内容を自分のものにするために重要なのは，自分自身で「問い」を持ち，そしてその答えについて自ら考えることだと考えています。本書のタイトルを『考える経営学』としたのも，それが理由です。

　とはいえ，経営学やビジネスの知識にはじめて触れた人が「問い」を持つのは，そう簡単ではないかもしれません。上述したように，経営現象の実態がイメージしにくいことも，その理由の1つに数えられると思います。経営学が扱う内容は多岐にわたります。その上，対象が働いたこともない大企業だったりすれば，イメージしづらい部分も少なくないでしょう。こうした意味では，社会に出た後のほうが，具体的な「問い」を持って経営学に取り組みやすいようにも思えます。

　本書では，このような問題を少しでも解消して，なるべく多くのみなさんに「問い」を持ち，自分で考える癖をつけてもらうために，2つの工夫をしました。1つめは，内容が理解しやすくなるように，事業を始めるところから説き起こし，その後も少しずつ事業を具体化し，会社を作っていく過程を意識した構成・章順にしたことです。

　具体的に本書では，経営を大きく以下の2つの内容に分けて議論します。

経営 ＝ 事業づくり × 組織づくり

　事業づくりでは，新しいアイデアをいかにビジネスとしてかたちにしていくのかを考えます。また事業は，最初は個人あるいは少人数で始められるかもしれませんが，だんだんと軌道に乗ってくると，より多くの人を必要とするよう

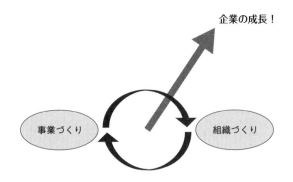

になります。そこで求められるのが組織づくりです。採用を行ったら，増えた
メンバーを率いるために組織をしっかりと作っていかなければなりません。一
方で，人材が充実すれば，余力も生まれ，新しい知識が組織に流入することで，
新たな事業アイデアにつながる可能性も出てきます。そうなると，事業づくり
もさらに進化することになります。企業の成長とは，この2つの活動のサイク
ルを回すことで達成されるものといえます。ぜひみなさんも，本書を読み進め
ながら，自分の事業・会社を作ることをイメージして，そこにどのような課題
が生じるのかを考えてもらえればと思います。

　みなさんに自ら考えてもらうための2つめの工夫は，各章の扉頁に設けた
EXERCISE です。章によって質問は異なりますが，いずれも下記の2点を
念頭に置いて作成されています。

- ●その章の内容がイメージしやすくなる，具体的な問題であること
- ●章の内容と関連しながらも，より発展的かつオープンに考えていけること

　各章の本文を読む前に，EXERCISE で提示されている問題について少し
考えてみてもらえると，その章で説明される内容が頭に入りやすくなると思い
ます。しかし他方で，各章の EXERCISE は，その多くが，本文を読めばす
ぐに答えが出るような問題設定をしておらず，また唯一の解答があるわけでも
ありません。むしろ，本文を読んだ後に再び考えてもらえると，各章のテーマ
が持つ奥行きを感じられるのではないかと思っています。ぜひ，本文を読む前
と読んだ後の2回，EXERCISE の問題について考えてみてください。もし
それがみなさんの次の「問い」につながることがあれば，さらに嬉しく思いま
す。

before（かつて）		after（現在）
コントロール	→	自律
命令（オーダー）	→	対話（ダイアログ）
適応的（アダプティブ）	→	先取的（プロアクティブ）
予測	→	構想
競争	→	協調
利益の確保	→	ベネフィットの提供

(3) 管理から自律へ

みなさんに自分で経営学を考えてもらいたい理由は，経営学の内容にも大いにかかわっています。近年，経営実務や経営学に求められる役割が大きく変化しているのです。経営学の最近の変化をわかりやすく示すため，上表にいくつかのキーワードを before／after として掲げました。

誤解を恐れずにいえば，かつての経営学は，巨大な企業組織をいかに管理するかということに主眼を置いていました。そういった中では，事業に関しては，複数の事業をまとめてどう管理するかという視点や，競合企業との競争にいかに勝って利益を確保するかという視点が，非常に重要でした。したがって，企業には，環境の変化や競合企業の行動を的確に予測し，新しい状況に適応することが求められたのです。また組織に関しても，リーダーが部下をいかに管理するかが重要であり，適切な命令と行動の監督によって部下をコントロールすることが，おもな役割とされていました。

しかし，社会が変化するにつれて，経営に求められる役割も変わりつつあります。この変化を促した原因としては，IoT・バイオなどの技術進歩やイノベーション，シリコンバレーを代表としたスタートアップ企業の台頭，中国や他のアジア諸国など新興国の経済成長といったことがあげられるでしょう。

これらの変化が生じた結果，近年の経営学は，その主眼が，新しい市場あるいは事業をいかに作るのかや，そうした事業に携わる従業員1人1人がいかに自律性をもって取り組むことができるのかといった点に移り変わってきたのです。環境の変化を予測するという受動的なスタンスから，自らが先取り的に行動し，事業創造や環境変化を起こしていくことの重要性が強調され，将来に対してどれだけ大きな構想を描けるかが，企業の命運を左右すると考えられるようになってきています。従業員に対しても，上下関係に基づく指揮命令関係よ

りも，フラットな立場で対話するスタンスが重視されるようになってきました。企業間の関係も，競争的なものから，協調関係の構築が重視されるようになり，また，企業の役割についても，利益の確保から社会に対してどのようなベネフィットを提供できるのかが，重視されるようになっているのです。

　(1)～(3)の３点に通底するのは，私たち１人１人にとって近年，経営学の重要性が高まっているという事実です。知っている人も多いと思いますが，かつての日本では，一度就職した会社に定年まで勤め上げることが一般的な慣行でした。しかし，今ではキャリアの中で何度も転職することも珍しくなくなってきています。また，大企業が経営状況の悪化によって倒産することもあります。スタートアップ企業への就職や自分で起業するという選択肢も，十分に考えられる状況です。

　このような中で，自分で事業を興す視点の重要性はますます高まりつつあります。スタートアップ企業への就職や起業ではもちろんのこと，大企業においても新規事業の創出が課題となっているからです。それと同時に，同じ企業にずっと勤める可能性が減ってきていることから，職務や自身のキャリアに関しても自律的な判断が強く求められています。だからこそ，経営学はみなさんにとって重要だと私たちは考えていますし，みなさん自身で考えながら経営学を学んでいってもらいたいと思っているのです。

　　　2021 年 3 月

　　　　　　　　　　　　　　　　　　　　　　　　著 者 一 同

著者紹介

中川 功一（なかがわ・こういち）　　　　　　　　序章，第 1, 4, 6, 7, 8 章
やさしいビジネススクール学長，博士（経済学）（東京大学）

1982 年生まれ。2004 年，東京大学経済学部卒業，2008 年，同大学院経済学研究科博士
課程単位取得退学，2009 年，博士号取得。2008 年，駒澤大学経営学部専任講師，
2012 年，大阪大学大学院経済学研究科講師，2013 年，同准教授。2021 年より現職。

主要著作　『技術革新のマネジメント』（有斐閣，2011 年）；『戦略硬直化のスパイラル』
（有斐閣，2019 年）；"Management approach for innovation success in unstable and sta-
ble environments"（共同執筆，*Competitiveness Review*, vol. 30, no. 1, 2020 年）；『感染症
時代の経営学』（編著，千倉書房，2020 年）

佐々木 将人（ささき・まさと）　　　　　　　　　第 2, 3, 5, 13, 15 章
一橋大学大学院経営管理研究科准教授，博士（商学）（一橋大学）

1980 年生まれ。2003 年，一橋大学商学部卒業，2008 年，同大学院商学研究科博士課程
単位取得満期退学，2011 年，博士号取得。2008 年，武蔵野大学政治経済学部講師，
2012 年，一橋大学大学院商学研究科講師，2013 年，同准教授。2018 年より現職。

主要著作　『日本企業のマーケティング力』（共著，有斐閣，2012 年）；"Should Japanese
multinationals change their original business style in emerging markets?"（共同執筆，
Proceedings of AJBS Conference 2016, 2016 年）；"Affordability, sociability and the
reverse knowledge flow from emerging markets"（共同執筆，*Journal of Academy of Busi-
ness and Emerging Markets*, vol. 1, no. 1, 2020 年）；『感染症時代の経営学』（分担執筆，千
倉書房，2020 年）

服部 泰宏（はっとり・やすひろ）　　　　　　　　第 9, 10, 11, 12, 14 章
神戸大学大学院経営学研究科教授，博士（経営学）（神戸大学）

1980 年生まれ。2004 年，関西学院大学経済学部卒業，2009 年，神戸大学大学院経営学
研究科博士課程後期課程修了，博士号取得。同年，滋賀大学経済学部専任講師，2011
年，同准教授，2013 年，横浜国立大学大学院国際社会科学研究院准教授。2018 年よ
り現職。

主要著作　『日本企業の心理的契約』（白桃書房，初版：2011 年，増補改訂版：2013 年）；
『採用学』（新潮選書，2016 年）；"Design of psychological contracts in Japanese firms
and their binding force"（*Journal of Organizational Culture, Communications and Conflict*,
vol. 22, issue 1, 2018 年）；『組織行動論の考え方・使い方』（有斐閣，2020 年）

第2部 組織デザイン

CHAPTER 9 よい出会いをどうデザインするか 153
採用と心理的契約

CHAPTER 15 変革を生み出すには　　259
組織学習と知識創造

Column 一覧

序 章

企業とは何か，経営とは何をすることか

現代の企業論

EXERCISE　経営学は今，重要な過渡期にあります。企業経営における，かつての考え方が否定されたり疑われたりする一方で，多様な新しい考え方が台頭してきています。この本では，そうした「変化」の内実を説明し，なるべく新しい経営学を伝えようと思っていますが，そのうちの１つが，何よりもまず「企業は何のために存在しているのか」についての考え方です。

20世紀後半においては，「企業は株主（会社の設立・運営資金を出した出資者）のものであり，株主のために利益を上げる機関」という考え方が支配的でしたが，現代においては，「企業は社会のためのもの」という考え方が広がりつつあります。

20世紀後半に，「企業は株主のものだ」ということが強く主張された背景は，何だったのでしょうか。そして，21世紀の現在，「企業は社会のものだ」と考えられるようになった背景は，何なのでしょうか。

「事業体とは何かを問われると，たいていの企業人は利益を得るための組織と答える。たいていの経済学者も同じように答える。この答えは間違いなだけではない。的外れである。（略）もちろん，利益が重要でないということではない。利益は，企業や事業の目的ではなく条件なのである。また利益は，事業における意思決定の理由や原因や根拠ではなく，妥当性の尺度なのである」ピーター・ドラッカー（ドラッカー［2006］43-44頁）

（写真提供：AFP＝時事）

1

1 企業とは何か

⫸ 資本主義の精神

スマートフォン，鉄道，カフェ，アイドル……。現代社会を支え，いろどり豊かにしている，さまざまな製品やサービスは，その多くが企業という仕組みによって提供されています。人間が1人でできることは限られていますから，スマートフォンのような複雑な品物を作ったり，鉄道を運行したりするためには，多くの人々が協力し合う必要があります。社会に必要なもの，社会をいろどるさまざまなものを，仲間と協力して創り出していくために，現代社会では企業という仕組みが活用されているのです。

経営学とは，この企業という仕組みのあるべき姿を考え，うまく企業を動かしていくための方法を考える学問です。企業がさまざまな製品・サービスを提供することで社会が成立し，また，多くの人々が企業で働くことで報酬をもらって生活しているわけですから，企業が正しく円滑に運営されなければ，社会は大きな混乱に陥ってしまうでしょう。反対にいうと，企業が以前よりもっと効率的に，かつ人々が気持ちよく働けるところになったなら，たとえ小さな変化であったとしても，それはたしかによき社会への前進であるはずなのです。

筆者らは，みなさん1人1人に，よりよい社会の実現を目指して，経営学を学んでもらいたいと願っています。経営学では，人々の働く理由や，仕事のための技能形成から，上手な製品の作り方・売り方，会社の抱える課題の発見と解決，さらには仲間たちに経営戦略という大きな方針を示す方法まで，幅広く「企業の活動をよりよいものにする」ための考え方を学びます。みなさんには，（将来的な）経営者，あるいは従業員として，仲間と一緒に，企業をより上手に運営し，そのことを通じて社会全体の幸せを増やしていくすべを身につけてもらいたいと思います。

▎ 営 利 組 織 ▎

さて，経営学を学ぼうと志したみなさんは，まず，企業とは何なのか，ということを正しく理解する必要があるでしょう。先ほど「企業とは，社会に必要

なものを，仲間と協力して創り出していくための仕組みだ」と述べましたが，こうしたお人よしな意見に違和感を持つ人もいるかもしれません。それももっともです。企業は，法律の上でも，経済学においても，そしてもちろん経営学の中でも，「営利組織：利益を目的として行動する機関」と定義されるからです。この「営利組織」という言葉は，社会のためなんて生ぬるいことをいっている余裕はなく，高い利益を上げることをめぐって，他社との血みどろの競争に勝ち抜かねばならない，といったイメージを抱かせます。

　しかし実際は，「利益のために競争を勝ち抜く」企業のイメージと，「社会のために仲間と手を取り合う」企業のイメージは，どちらも正しく，同じものごとの裏表を見ているに過ぎないのです。

　このことは，営利組織とは何か，すなわち企業が追求する利益とは何なのか，について考えることで理解できます。みなさんにも，以下の課題に取り組みながら，自分で考えて答えにたどり着いてもらいたいと思います。課題に取り組むにあたっては，インターネットを使うなどして，自由に調べてもらって構いません。大切なのは，そうした容易に手に入る情報を土台に，自分で考え，自分の言葉で答えを導き出せるようになることです。

QUESTION

利益は，企業が上げた売上から，かかった費用を差し引いた金額です。

$$利益＝売上－費用$$

① 「何をすると，より利益を稼げるのか」という視点から，利益が持つ意味を考えてみてください。
② 「どのようなことに，利益は使われるのか」という視点から，利益が持つ意味を考えてみてください。

利益が上がるのは，どういうときか

　まず①の課題を考えてみましょう。欄内の式からわかるように，利益を増やすには，売上を大きくし，費用を減らせばよいことになります。

　売上とは，企業の製品・サービスの販売総額です。企業の売上が増えるのは，

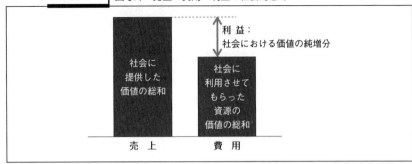

それを必要としている人数が増えるか，人数は変わらなくとも，その製品・サービスにより高い価値があることを認めてもらえたとき（価格が上昇したとき）です。会社が，より多くの人の役に立つか，いっそう高い価値を提供できるようになるか，そのどちらかまたは両方が達成されたときに，売上が増えるのです。売上とは，いわば，企業が社会に提供した価値の総和です。

　一方，費用とは，企業が事業活動をどれくらい効率的に行ったかを表す数値です。地球上の資源は有限です。天然資源のみならず，労働力だって，お金だって有限なのです。そうした有限の資源を，湯水のように使ったとしたら，資源が枯渇してしまいます。現代社会では，天然資源や，労働力，電気，水など，各種の資源には価値＝値段が付けられ，それを使いたいときには対価を払って購入することになります。費用がかさんでいるときは，地球上の資源を効率的に使えていないときです。反対に，費用が少なく済んでいるときは，資源をより効率的に使えていることを意味します。つまり，費用とは，社会にある有限の資源のうち，企業が利用した資源の価値の総和なのです。

　このように考えると，**利益**というものは，社会に提供した価値と利用した価値の差額，すなわち，企業が社会に提供している価値の純増分だということができます（図0.1）。別の言い方をすれば，利益とは，どれだけ効率的に資源を使って，どれくらい多くの価値を社会に提供できたかのバロメーターです。

　これで，「企業は営利組織であり，利益をめぐって競争するものである」ということの真の意味がわかったことでしょう。利益を追求するとは，社会貢献を効率的に行うことにほかならず，利益をめぐる他社との競争とは，どちらがより上手に社会貢献できるかをめぐっての競い合いなのです。そして，その競

争に勝利した企業がより多くの利益をもらい，経済的に成功を収めるのです。

利益は何に使われるのか

　課題の②のほうも検討してみましょう。企業が稼いだ利益は，何に使われるか。インターネットなどで調べてみれば，利益の使われ方は大きく2つ，企業に出資している人に分け前として還元するか（配当と呼ばれます），社内で今後の資金として蓄えられるか（内部留保と呼ばれます）だとわかります。

　会社は，稼いだ利益のうちから配当を支払わねばなりません。これは，そうであることが正しい，当然の行動です。会社を運営する際には，資源の提供者に，その対価を支払うのがルールです。労働を提供した人には正当な賃金を，原材料を提供した人には正当な代金を支払うのが当たり前であるように，会社の運営のために資金を提供した人にも，その正当な対価として配当が支払われます。配当がなければ，投資家は善意でお金を寄付しただけの，出し損になってしまいます。配当は，会社の活動を金銭的に支えてくれている人々へ，その活動で得た利益を少しずつ還元することなのです。

　配当を支払った残りのお金，すなわち内部留保は，会社の事業を拡充するための新たな投資や，赤字が出るなどして財政的に厳しくなったときのために，貯めておかれます。前者の「会社が行う新たな投資」とは，新規事業を立ち上げたり，設備投資したり，人を雇用・訓練したり，技術開発したり，福利厚生を充実させたりと，その企業がより望ましい姿で活動できるよう，さまざまな目的で行われるものです。

　後者の「企業の財政が厳しくなったときの蓄え」とは，企業が不調に陥ったときに，当座の人件費を払ったり，取引先や金融機関へ支払いをしたりして，企業を存続させるために使われます。企業は常に好調でいられるわけではなく，時にはよい製品がなかなか生み出せずに競合に顧客を奪われたり，あるいは自然災害などで損害を受けたりすることもありますから，そうしたときのために貯め込んでおくのです。いずれにせよ内部留保は，企業をよりよくしたり，その活動を継続したりするために使われています。

　このように，②の側面から利益とは何かを見てみると，いっそう，利益の重要性が理解されるはずです。得られた利益は，資金の出し手である投資家への

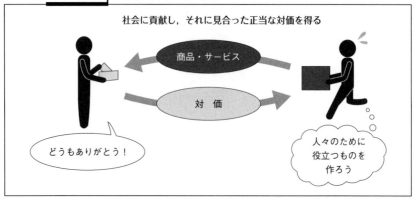

CHART 図0.2 資本主義の精神

社会に貢献し，それに見合った正当な対価を得る

商品・サービス

対　価

どうもありがとう！

人々のために
役立つものを
作ろう

正当な還元や，自社の活動を維持・改善するために，決して無駄遣いされることなく活用されています。

　①を検討したときよりもさらに，営利組織という言葉の意味がつかめてきたのではないでしょうか。企業が利益を上げているということは，会社が上手に社会貢献できていることの証であり，また，その利益を資金にしていっそう活動を充実させられることをも意味しているのです。

　これが，現代社会の遠い原点にあった，**資本主義の精神**です（図0.2）。社会学者マックス・ウェーバー（1864-1920）は，禁欲的で清貧を尊ぶアメリカのプロテスタント社会が，経済的に最も成功しているという点に注目しました。プロテスタントの倫理観に従って，社会のために一生懸命貢献することが，多くの売上につながります。その上，倹約に努め清貧に徹し，お金や資源を無駄遣いしないで事業を行えば，利益がたくさん残ります。社会奉仕と倹約・清貧を旨とする敬虔な生き方が，結果として多大な利益をもたらすわけです。こうして，プロテスタントの倫理観が資本主義の原点たる精神となったと，ウェーバーは論じました（ヴェーバー［1989］）。

　ただしウェーバーが問題にしたのは，長い月日が経つ中で，その原点にあった精神性が失われて「金を稼げばよい」という側面だけが形骸化し，システムとして残ったことでした。この側面は，20世紀にとりわけ色濃く現れ，事業内容はともあれ，金さえ稼げば資本主義社会の中では正しいことなのだ，とも誤解をされがちでした。

ところが，21世紀の現在に至って，私たちは再びこの原点にある精神に立ち返りつつあるようです。度重なる災害などの困難を経て，人々の志向は，世のため人のためになることを行いたいという方向性へ回帰しています。「どれだけ稼いで生きるか」よりも，「どう稼いで生きるか」が，キャリアの中で重視されるようにもなってきています。21世紀に経営学を学ぶスタート地点として，まずは，この企業経営の原点にあった「少ない資源消費のもとで社会に貢献することが，営利活動の本質である」ということを，理解してもらいたく思います。このように考えれば，経営学を学び，よりよく経営するということが，いかに社会的に大切なことなのかがわかるのではないでしょうか。

▍対価はなぜ必要なのか▍

　対価を求めて行われる活動は営利活動（事業，ビジネス：business），対価を求めない活動は非営利活動と呼ばれ，この2者は区別されます。本書では，原則として社会に貢献する活動は事業として営まれるべきであり，それがうまくいかない場合のみ，非営利活動として補助金や政府・自治体・国際機関のサポートを得ながら実施されるべきだと考えます。

　社会にとって意義のある活動であれば，金銭的対価を要求しなくてもよいではないかと考える人もいるでしょう。ボランティア活動や，募金・寄付によって賄われる慈善活動が，これにあたります。また，利益追求に目がいってしまうと，企業活動が本来その意味として持っていたはずの社会貢献がおろそかになり，効率性ばかりが重視されるといった批判もありえます。

　しかし本書では，対価を求めない奉仕活動を否定はしませんが，上で述べた通り，社会貢献活動を行う際，原則的には営利組織というかたちをとるべきだと考えます。それは，本当に社会に有意義と信ずるものであるならば，その活動は継続・拡大可能なかたちで続けられるべきで，そのためには安定的な収入が必要だからです。

　たとえば，あなたが貧困地域の子どもたちの健康状態を改善しうる栄養食品を開発したとしましょう。もしあなたが，利益を度外視して，その栄養食品を貧困地域で給付したら，あなたの資金はすぐに底をついてしまいます。すると，その栄養食品で救われるはずの人が世界にまだ何百万人残っていようと，あな

たは活動を停止せざるをえません。篤志家からの寄付を募って，次の機会を待つことになるでしょう。

　これに対し，対価を得て，利益を出していけば，栄養食品の生産を継続できます。あなた自身や，従業員たちにも十分な給与が支払われ，活動を継続できます。さらに，利益を生産設備や物流網の構築に投資できれば，より多くの人にその栄養食品を提供していけるようにもなるでしょう。結果として，営利的に活動することで，あなたが意図する社会貢献を，より持続的なかたちで継続できるのです。利益が得られたということは，社会からその必要性を認められ，活動を継続する権利を手にしたことを意味します。以上の理由から，本書は，社会的に意義のある活動には，原則として対価が支払われるべきであり，そうした活動は営利的に運営されるべきだと考えます。

　もちろん，こうした営利の発想が適用不能な領域も存在します。いかに運営しようとも不採算になってしまうような事業や，災害対策など経済的な採算度外視で行われる活動，支払能力が著しく低い難民への援助，どうしても輸送コストが見合わない離島への物流などが，これにあたります。そうした場合には，営利組織でできないことを補完するものとして，政府やNPO，民間のボランティアなどが活用されることになります。

 # 社会的責任のある企業経営

▍利益というものの，本来の意味が忘れられたとき▍

　社会に役立つものを提供することを通じて，きちんと対価をもらう——この資本主義の基本精神が忘れ去られてしまったときには，何が起こるのでしょうか。たとえば，社会に役立つものを作って適正な価格で売るという基本を忘れ，とにかく売上さえ上がればよいという経営をしてしまったら，何が起こるでしょうか。そういう企業は，消費者をだまして質のよくない品を売ったり，広告で嘘をついたり，手を抜いたものづくりをしたりするでしょう。

　あるいは，企業活動に協力してくれている人にちゃんと対価を払わない，と

いう不適切な経営もあります。労働者に働いた分の給与を支払わなかったり，材料や設備を業者から買い叩いたり，出資者にお金を還元しなかったりといった行動です。

　また，企業が活動できるのは，地域社会の理解があってこそです。地域の土地に工場や社屋を建て，地域から働き手を募り，電気や水を使って，企業活動をさせてもらっているわけですから，地域社会や自治体に対しても責任ある経営が求められます。こうした発想を地球規模まで広げれば，企業は地球上の資源を使わせてもらって活動しているわけですから，環境に配慮せず汚染物質を廃棄する，空気・水や地下資源を濫用するといった姿勢も，本来あるべき経営とはいえません。

　このように，企業が本来的には社会のためにあるものであるにもかかわらず，そのことを無視あるいは理解せずに経営をしてしまったら，社会は荒んだものとなり，この世界を持続していくことも困難になるでしょう。

▌企業の社会的責任 ▌

　こうした企業という仕組みの危険性に最初に注目した人物が，経営哲学者のピーター・ドラッカーです（▶EXERCISE）。企業，そして経営者は，資本主義の精神を決して忘れてはならない——彼はこのことを次のような論理で説明します。

　企業は，社会からさまざまなものを使わせてもらうことによって成立している。労働者，設備・材料，土地，その他何でも，社会が提供してくれているから企業は活動できる。ならば，企業が長く活動を続けるためには，それらの資源を提供してくれている利害関係者（ステークホルダーといいます）と良好な関係を築かなければならない。ステークホルダーには，従業員，出資者，地域住民，顧客，取引先，政府・自治体といった人や組織に加え，企業の経営と重大な利害関係にあるものとして，自然環境や社会秩序も含まれます。つまり，これらのものに十分に配慮した，責任のある行動をとらなければ，企業は長期にわたって存在していくことはできないのです。以上が，ドラッカーが提唱した**企業の社会的責任**（corporate social responsibility）の理論です（ドラッカー [2001]）。

　社会と良好な関係を築き，また良好な社会をつくるための会社の取り組みは，

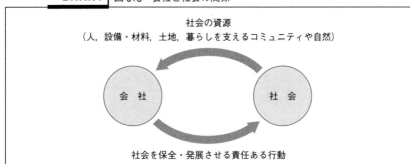

社会の資源
（人，設備・材料，土地，暮らしを支えるコミュニティや自然）

会社

社会

社会を保全・発展させる責任ある行動

「企業の社会的責任」の英語表記の頭文字をとって，日本を含めて世界共通で CSR と呼ばれます。今日，企業は多岐にわたる CSR 活動を行っています。地域の美化活動や，地球環境の保全活動，障がい者の雇用，芸術文化の振興，スポーツ支援など，その内容はさまざまです。

　このように，社会をよりよくするために企業が活動するのは，素晴らしいことです。しかし本来的には，企業が社会に対してとるべき責任ある行動とは，本業そのもので社会に貢献し，また社会に負荷をかけないことのはずです。社会に対して責任ある行動をといいつつも，従来型の CSR がもっぱら副業やボランティアに終始してしまっていたことを踏まえて，本業で社会に貢献するという考え方を，とくに CSV（creating shared value：共通価値創造）といったりします。企業が本業で社会貢献を果たすとき，そこに生み出されるのは，企業と社会の両方にとって共通に価値があるものだと考えられます（ポーター゠クラマー［2011］）。

　日本理化学工業は，CSV に基づいた経営を行う企業として知られています。同社の主力製品である「ダストレスチョーク」は，産業廃棄物となってしまうホタテの貝殻を材料に用いて，利用者に健康被害をもたらす粉塵を抑えたチョークで，しかもその生産は，全従業員の 8 割以上を占める障がい者が担当しているのです。本業として営む事業の中で，製品それ自体でも，また生産工程においても，同社は積極的に社会への貢献を果たしています。この事業でしっかり売上・利益を上げることによって，同社は社会貢献を永続していくことができるのです。また，そうした会社だからこそ，自治体や周辺社会，顧客も，同

社の存続を願って，手厚く支持・支援したいと思うようになるのです。

3 現代は，経営の転換点

　今日，企業と経営は，大きな転換点を迎えています。経営の目的が，「よき企業をつくる」ことにあるのは，いつの時代も変わりません。しかし，その「よき企業」の姿が，時代の移り変わりの中で大きく変化しているからです（▶はしがき）。

　本書は，そうした時代の変化に留意して，何がどう教えられるべきかを考え直し，なるべく新しい時代に適応した経営学を示そうとしています。経営学は100年以上の歴史がある学問ですから，良くも悪くも，押さえるべき基本事項とされるものが伝統的に定まっていました。本書はその伝統を見直し，従来は基本事項とされていたものであっても，時代にそぐわないと考えられたものは，あえて取り扱いませんでした。反対に，従来なら「最近の新しい理論」として，コラムや終章などで軽く触れる程度であった事柄も，積極的に中心に据えて議論するようにしました。みなさんにぜひ，現代に息づく学問として，経営学を学んでもらいたいと思っています。

　筆者らは，その経営学の変化とは，「人々に安定をもたらすすべ」から「自らが変わるためのすべ」へ，というものだと考えています（図0.4）。かつての経営学は，自分の目的を達成するために，他者にどう働きかければよいかを考える学問でした。それは，経営ということの従来の一般的定義：getting things done through others（他者を通じてものごとを実現する）に，明瞭に表れています。そしてまた経営とは，従来は，効率的でいて働きやすく，環境の変化に強い，安定的に機能する事業や組織を構築することでもありました。

　こうした考え方が完全に時代遅れというわけではありませんが，現代において経営を学ぶ目的は，何よりも自己実現のためであり，その手段として変化をもたらすことができるということの比重が高まっているのです。

　まず，「他者から自分（たち）へ」の変化を見てみましょう。今日では，1人1人の人生の意味づけにおいて，「仕事」がますます重要な位置を占めるよう

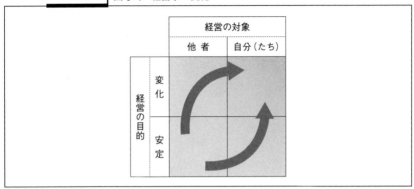

経営の対象
他 者　自分（たち）

経営の目的　変化

安定

になっています。就職活動が自分探しと位置づけられるようになって，すでに長い年月が経ちます。自分がどのような仕事をし，仕事を通じて何をなすのかという問いは，人生の中心的な問いの1つです。自己の意思によって人生の選択をし，自らキャリアを描くことも，より重要視されるようになってきました。

　近年の，働き方をめぐる考え方の変化も見逃せません。江戸や明治のころより長らく，日本では，自分を捨てて主家や企業，国のために尽くすこと——すなわち滅私奉公が美徳とされていました。平成時代に至っても，夜遅くまで長時間残業して働く社員が，できる・やりきる人物としてドラマなどにも描かれ，「カッコイイ」とすら考えられていたのです。ところが今日，そうした働き方は，むしろ自分を捨てて企業のためにしか生きていないとして否定され，そうした働き方を強要する会社はブラック企業と呼ばれ，労働者を搾取する存在と認識されます。時代が変われば，よき企業像はこれほどまでに変わるのです。

　したがって，いま経営学を学ぶことは，まさしくこの産業社会の中で，自らのキャリアを開いていくための手段と捉えられるようになってきています。自分（たち）が事業をデザインし，そして自分（たち）を管理するための方法として，経営の諸理論が学ばれるようになっているのです。

　もう1つの大きな変化は，かつての経営が「安定した成果を生み出し続ける事業と組織を作ること」であったのに対し，現代では，激変する社会環境の中で進取的に変化できることが大切だと考えられるようになってきていることです。

　2020年春ごろより爆発的な流行を見せた新型コロナウイルスは，企業のあ

るべき事業の運営のかたち，組織のかたちを大きく変貌させようとしています。ウイルスの流行下にあって，企業は従来通りの事業活動の仕方——人々が同じオフィスに集まり，顔を突き合わせて検討し，対面で営業をする——が難しくなっています。変化していく状況に合わせて，事業の運営方法を目まぐるしく変えていく必要があるでしょう。かつてであれば数十年に一度のための危機対応でしたが，今日ではそうした危機対応が日常化しようとしているのです。

　技術の変化も注目されます。現代は，歴史的な視点からは，情報技術の発展による産業革命期にあると考えられています（IT革命）。AIやロボットの登場も，その大きな流れの中の重要なステップの1つです。かつて，蒸気機関・内燃機関・電力などの動力を中心とした産業革命は，自動車・電灯・紡績機械などを生み，私たちの生活をまったく別のものに変えました。それと同じことが，いま起ころうとしているのです。事実，スマートフォンの登場は，それ以前とそれ以後で私たちの暮らしを大きく変えました。同じようなことが，これからまたいくつも起こると考えられています。

　そこで，本書では，自分たちが夢や目標を実現するために，変わりゆく時代に応じて自らも変化していくためのすべとして，経営学のことを伝えていきたいと思います。ただし，時代は刻一刻と変わっていきますから，ここに書かれたことも，あっという間に古めかしくなってしまうかもしれません。みなさんに求められるのは，「事業のデザインはこうやるのだ，組織の管理はこうやるのだ」と鵜呑みにするのではなく，本書の記述から，理論や手法が使える理由となっている背景をしっかりと踏まえて，「時代背景がこう変わっているのだから，事業のデザインはこうやるべきだ，組織の管理はこうやるべきだ」といったように，自分の頭で考えられるようになることです。そうした思考の助けとして，本書を活用してもらえることを願っています。

KEYWORD

経営学　　営利組織　　利益　　資本主義の精神　　企業の社会的責任　　CSV
自らが変わるためのすべ

さらに学びたい人のために　　　　　　　　　　　　Bookguide ●

- ● 三戸浩・池内秀己・勝部伸夫［2018］『企業論（第4版）』有斐閣アルマ。

   企業とは何なのか，日本社会にあってそれはどのような意味があるのかを，多面的に検討した本です。「企業論」と呼ばれる分野を概観する教科書であり，企業を見る新しい視座を与えてくれます。

- ● 松下幸之助［1968］『道をひらく』PHP研究所。

   ドラッカーと時をほぼ同じくして，日本で企業とは何か，そして産業社会はどうあるべきかを問うたのが，松下電器産業（現，パナソニック）の創業者・松下幸之助です。氏の思想をまとめた上書では，論理的に，社会倫理に基づいた事業活動の大切さが語られます。

参 考 文 献　　　　　　　　　　　　　　　　　Reference ●

ヴェーバー，M.（大塚久雄訳）［1989］『プロテスタンティズムの倫理と資本主義の精神』岩波文庫。

ドラッカー，P. F.（上田惇生編訳）［2001］『マネジメント──基本と原則（エッセンシャル版）』ダイヤモンド社。

ドラッカー，P. F.（上田惇生訳）［2006］『現代の経営』上，ダイヤモンド社。

ポーター，M. E.＝クラマー，M. R.［2011］「経済的価値と社会的価値を同時実現する共通価値の戦略」『DIAMOND ハーバード・ビジネス・レビュー』2011 年 6 月号。

第1部

事業デザイン

PART 1

本書は，大きく２部構成になっています。↙

　第１には，企業そして経営の目的である「社会の価値を増やす」を実現するために，製品やサービスを生産して，顧客に届けるという事業活動のデザインが必要です。第２に，その事業を担うのは人の集まりですから，これをどう適切に編成し，人々が快活にかつ成長しながら働けるようにするかという組織のデザインが必要となります（下図）。本書はこうした考え方に基づいて，第１部を事業デザイン編と位置づけ，製品・サービスを提供する仕組みの設計のための理論と方法を議論します。また，第２部は組織デザイン編とし，人々がよく働き，協力していくための理論と方法を議論します。

　各部の章構成は，小さな第一歩から始まって，次第にものごとが精緻かつ大きくなっていく流れを念頭に，順序立ててあります。第１部では，まず，新事業のタネを見つけてくるための方法や，新事業創造に必要な技能・精神の話をします（▶第１章）。続けて，この新事業のタネを，ひとまとまりのビジネスモデルへと発展させる方法を議論します（▶第２章）。

　第３章・第４章では，その製品・サービスを誰にどう売り，どう収益を稼いでいくのかをテーマとします。まずは市場を分析し，ターゲットとしてどこを狙っていくべきなのかを検討するための方法を議論します（▶第３章）。ターゲットが決まったら，そのターゲットに向けてどうやって製品・サービスを届けるか，そこからどう収益を稼ぐかを考える必要がありますから，続いてこれを議論します（▶第４章）。

　次に，第５章・第６章においては，事業の成功度合いを高めるための，仕組みの作り込みについて議論します。ターゲット市場が的確に選定され，その市場への販売アプローチが定まったとしても，事業フローを適切に組めていなかった↗

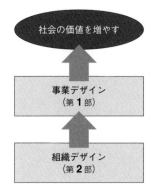

り，事業運営に必要な能力が内部に備わっていないと，収益をとりこぼしてしまう可能性があるのです。そこで，自社を取り巻くパートナー企業を含めて，事業全体のフローの設計について議論します（▶第5章）。次に社内に目を向け，事業活動に必要な資源・能力が備わっているか，どこが不足しており，どう伸ばしていくべきかを議論したいと思います（▶第6章）。

第7章は，事業の現状を打破し，さらに展望を広げるためにどうすればよいかを考える章です。今の事業のどこに問題があるか，あるいは，これからの社会を考えたときにどういう事業機会が生じるかといった，今後対処すべき脅威や取り組むべき事業機会を概観し，それらに応じた方策を立てていくための方法を議論します。

第1部の最後となる第8章では，お金の話をします。どれだけ利益が上がる，どれだけ費用が発生する，そうした事柄を検討するには，具体的な数字を出さないことには議論ができません。事業活動をめぐってどのようなお金の流れがあり，この事業はいま儲かっているのかとか，事業の元手を誰からどのくらい出してもらうべきかといったことも，経営の知識として必須です。締めくくりとしてお金の流れの設計までを取り扱って，事業デザインのための一連の基礎講義を完了したいと思います。

なお，各部のタイトルに「デザイン」という言葉を用いていることにも，私たちの思い・理念が込められています。「デザインする」とは，①インプットされた情報を自分なりに消化し，考え，それを土台にアウトプットしてみる，といったインプットとアウトプットの両方を行うこと，②一度アウトプットして終わりにするのではなく，何度も繰り返すことで理解を深め，よりよいアウトプットに近づけていくことを意味します（デザインの詳細は，早速第1章で説明します）。

このインプットとアウトプットの繰り返しは，まさしく，本書が書名に掲げる「考える」という行為の軸になる作業です。単に覚えただけでは考えたことにはならず，また1回アウトプットするだけではそこから思考は深まらない。知識や情報を集め，解釈し，自分なりの答えを出してみる，というサイクルが繰り返される中で，どんどん理解が深まり，またそれを応用するわざも磨かれていくのです。その先に，よき経営がある。その理念を，「事業／組織をデザインする」というタイトルで表現しました。読者のみなさんには，これ以降も引き続き，考え，答えてみる作業を繰り返しながら，本書に取り組んでもらえたらと思っています。

第 **1** 章

新事業の起点をつかむ

イノベーション

EXERCISE

　右図は日本の人口統計です。40年間の急激な変化がわかります。

　読者のみなさんは，この3図を見て，さまざまな問題や可能性を，なんとなく感じるのではないかと思います。ぜひここで，そうした頭の中にあるモヤモヤをかたちにしてみてもらいたいのです。

　この人口動態が映し出している社会課題を1つ選び，その現場にいる人の立場に立って，問題を分析してみてください。そして，それを解決する製品案を描き，それを家族や友人，先生に見せて，評価をもらってみてください。

　「人は形にして見せてもらうまで，自分は何が欲しいのかわからないものだ」スティーブ・ジョブズ（桑原［2011］60頁）

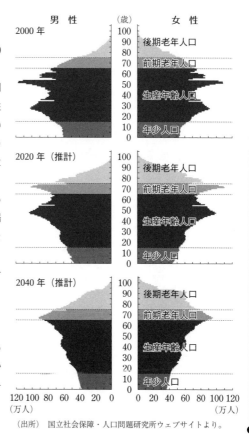

（出所）　国立社会保障・人口問題研究所ウェブサイトより。

1 イノベーションと企業家

┃ イノベーションとは何か ┃

序章で説明した通り，企業経営の使命は，人々の役に立つ製品・サービスを提供しながら，持続可能な事業を運営していくことです。本章ではまず，そうした事業を創り出すための方法——事業創造にまつわる経営の理論を，順に説明していきたいと思います。

新しい事業を生み出すための第一歩は，未解決の社会課題や未充足のニーズを見つけ出し，それを解決するための新製品やサービスを生み出すことです。これまで世になかった製品やサービスを生み出し，それを事業化することを，**イノベーション**（innovation）といいます。ちなみに，今までになかったものを生み出すことは発明（インベンション：invention）と呼ばれます。事業として新製品・サービスを継続的に供給していくイノベーションは，単なる発明とは明確に区別されます。発明されただけでは，社会は変わらないからです。それが利益を生み，継続的に提供していける仕組みが整ってはじめて，社会の前進は果たされます。

イノベーション学の父・経済学者のヨーゼフ・シュンペーターは，主著『経済発展の理論』（1911 年刊）の中で，社会のありようの変化を伴う経済成長は，唯一イノベーションによってのみもたらされることを示し，その重要性を世界に知らしめました（シュムペーター［1977］）。社会の富が蓄積されても，社会生活に質的な変化が起こらなければ，単に「前より多くモノやサービスを消費しているだけ」に過ぎません。誰かがイノベーションを起こし，私たちの社会生活に質的な変化が起こったときが，真の意味での経済成長なのです。この意味で，イノベーションを担おうとする人は，経済・社会にとってきわめて重要です。誰も新しいものを生み出し，事業化しようとしなければ，経済成長・社会発展は望めないのです。

したがって，イノベーションは大小問わず尊重されるべきものです。イノベ

ーションには，自動車や携帯電話のように社会のあり方を大きく変えるものもあれば，待ち時間に気軽に遊んで楽しめるゲームアプリのようなちょっとしたものまで，さまざまなレベルの広がりがあります。しかし，そのように新しいものを生み出す努力が大小問わず積み重ねられて発展し，でき上がっているのが現代社会です。そうした取り組みが無数に続けられていく中で，人々の幸福の総量が少しずつ増え，これまでも，これからも，社会と経済は発展していくわけです。

「起業家」？ 「企業家」？

イノベーションの担い手は，企業家（アントレプレナー）と呼ばれます。日本ではよく，会社を立ち上げる人という意味で，「起業家」という表現が使われます。が，会社を作ること，すなわち「起業」は，あくまでイノベーションという最終目的を果たすための器を作ることに過ぎません。より本質的なことは，新しい事業の創立を志し，それを企てること，すなわち「企業」です。ですから，イノベーションを志す人のことは「起業家」という表現を使わず，「企業家」と表現されるべきです。

大切なことは，「起業」（新たな会社を興す）ではなく，「企業」（新たな事業を企てる）なのですから，イノベーションを独立した新会社で行ったとしても，既存の会社の中で新事業や新製品・サービスの立ち上げを目指したとしても，どちらも評価されるべきです。もちろん，リスクをとってベンチャー企業として挑戦する「起業」に対し，その挑戦の精神には敬意が払われてしかるべきです。しかし，既存の企業の中においても，新しいことを立ち上げようとする人々の努力が積み重ねられているからこそ，現代社会は発展してきています。ですから，企業内で新しい事業を創造する取り組みも，やはり社会をよりよくする活動であると評価されるべきでしょう。ハイブリッドカーにしても，「ドラゴンクエスト」の新作にしても，大企業の中で人々が協力し，仕事を分担し合って，新しい製品や事業として社会に送り出されたものです。

イノベーションは，社会の幸福の総量を増やしながら，それを通じて自分と仲間の生計を立てていこうという取り組みです。本来的には，いかなる会社も，いかなる事業も，まずイノベーションから始まります。経営学では，イノベー

　イノベーションの社会的役割が高まるにつれ，学問の世界における教育・研究も，非常にさかんになってきています。古くは 1960 年代に始まったイノベーション研究ですが，かつては経営学の中でも決して中心的なテーマではありませんでした。新しいものを生み出せるかはセンスや運に依存するものであり，また企業家というのは常識では捉えられない「動物的なスピリット」を持った人だと考えられていたからです。

　今日ではこれらの言説の多くが否定され，イノベーションの方法や，企業家の人物像，必要なスキルなどが，厳密な科学的検証を経たものとして，かなりの程度解明されるに至っています。今や，新しい製品・サービス，そして事業を生み出す方法は，高度に体系化されているのです。

　したがって，社会的に何か新しいものを生み出したいと願うならば，イノベーションマネジメントの研究成果を学ぶことはとても有用であるといえます。近年は，それを現場で利用しやすいように手法化した「リーンスタートアップ」や「デザイン思考」など，手段も充実してきています。本章ではそのエッセンスを紹介するにとどめますが，これからの時代に重要なテーマとして，ぜひ学びを深めてもらえたらと思います。

ションを実現するための方法に関し，大きく分けて「イノベーションの実現プロセスの研究」と「イノベーションを担う人に求められる技能や精神の研究」が蓄積されてきました。本章でも，この「実現プロセス」（▶第 2 節）と「実行者に求められる技能と精神」（▶第 3 節）という 2 点について，掘り下げていきます。

 新製品・サービスが生まれるまで

イノベーションは課題解決

　イノベーションは，**課題解決**（problem-solving）だと考えられます。社会における課題を見つけ出し，それに対して，的確な解決のアイデアを製品やサービ

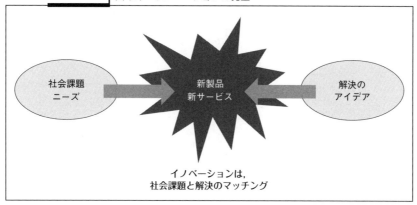

イノベーションは，
社会課題と解決のマッチング

スとして生み出す活動だからです（課題とはいわず，ニーズ〔欲求〕を満たすと表現されることもあります）。つまりイノベーションという現象は，「課題あるいは欲求」と「解決」の2つが揃ったときに起こるということです（図1.1，藤本＝クラーク［2009］）。

　この見方に基づくならば，イノベーション実現のために実行していくべきことは，①解決すべき課題を特定する活動，②解決のための案を考え製品・サービスをデザインしていく活動，そして③この「課題」と「解決」が的確に設定できていたかを検証する活動，に区別されます。後述しますが，実際には，この3つの活動が時に同時進行しながら，何度も何度も繰り返されます。そうした繰り返しの過程で，課題の定義をより的確なものにし，製品・サービス案をより洗練されたものへと仕上げていくことになります。

社会課題の定義

　イノベーション実現のための3活動について，順番に説明していきましょう。最初のステップは，社会課題の定義です。新事業というと，誰も思いつかなかったようなアイデアを出すことが大切だとか，どういう機能やデザインの新製品を作るのかが勝負だなどと思われがちですが，それは誤解です。新製品やサービスが売れるかどうかは，結局，世の中にそれを必要としている人がいるかどうかで決まります。ですから，イノベーションが成功するかどうかは，ユニークなアイデアを出すことよりもまず，お金を払ってでも解決したいと多くの

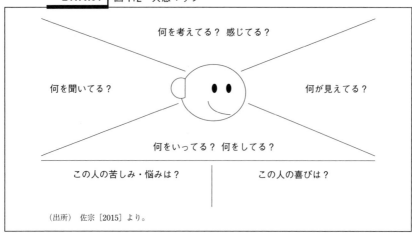

CHART 図1.2 共感マップ

何を考えてる？　感じてる？

何を聞いてる？

何が見えてる？

何をいってる？　何をしてる？

この人の苦しみ・悩みは？

この人の喜びは？

（出所）　佐宗［2015］より。

人々が考える，すなわち十分な市場規模が見込めるような，未解決の社会的な課題を見出せるかどうかにこそかかっているのです。

　そこで大切になるのが，共感（エンパシー：empathy）の力であることが知られています。共感とは，対象となる人の立場に立って，同じように感じ，同じように考えられることです。第三者（他人）の立場からものごとを眺めている限り，対象の人の現場で起こっている問題点を克明に捉えることはできません。その人自身になり代わって，同じ視点からものごとを見れば，問題がよく捉えられるようになるのです（ブラウン［2019］）。

　幸いにも，共感力は訓練によって身につけることが可能です。幼いころから共感力に秀で，他人の痛みをより明瞭に感じ取れる人もいますが，他人が感じていることを理解したり，その場にどのような課題があるかを理解するといった脳の働きは，むしろ生活の中で後天的に備わってくる能力なのです。常日頃，身の回りのできごとや報道に対して，あるいは人の話を聞いたときなどに，共感力を働かせ，現場の人の気持ちで考えられるようになっていくと，みなさんはこの社会にあるさまざまな問題に，とても敏感になれることでしょう。

　相手の立場でものごとを感じ取るための手法として，共感マップと呼ばれるものも知られています（図1.2）。相手がそのとき何を考え，何を見て，何を聞いて，何を話して，どんな行動をとって……と，対象の人の状態を要素ごとに分析していくことで，相手が何に苦しんでいて，何に喜びを覚えるのか，気持

歯磨き中の子ども
（写真提供：Good morning / PIXTA）

ちを推し量っていくのです。

　ここでも実際に，イノベーションのための基礎力修養の意味で，課題発見の
練習をしてみましょう。

　写真に映っているのは，乳幼児の歯磨きです。子どもが嫌がっている様子と，
危ないので大人が子どもをしっかり押さえつけながら磨いていることがわかり
ます。乳幼児や保護者，あるいは歯ブラシなどの製品をめぐるさまざまな人の
立場に立って，ここにどのような課題があり，それぞれの人がどのような感情
を抱くかということを考えてみてください。時間のある読者には，自力で回答
してみてもらいたいと思います。

*

　答えはまとまったでしょうか。たとえば，現場の人たちが感じていること，
困っていることとして，**表1.1** のような事柄があげられるでしょう。こうして
発見できた課題を新製品のプランに反映させていけば，たしかに社会課題を解
決し，これまでよりもよい世界を実現する製品を，世に送り出すことができま
す。

　こうしたときには，なるべく多くの課題をあげるべきです。もし，表中の1
つ，たとえば「誤飲しないようにする」という課題を見落としていたら，どう

保護者にとって	きれいに磨きたい 誤飲しないようにする 口を傷つけたりしたくない 衛生的であってほしい 壊れにくい（壊れると危ない） 安いとよい 普段の歯磨きを楽しくしたい
乳幼児にとって	じっとしているのがつらい つまらない 口に異物が入ってきて気持ち悪い 歯磨きが怖い
営業にとって	売りやすい
地球環境にとって	環境によいものであってほしい

なるでしょうか。その新製品は，子どもがうっかり飲み込んでしまうような，重大な問題を抱えたものになってしまいます。一方で，ライバル企業がこのことに配慮した製品を作っていた場合，そのほうがよい製品ということになり，よく売れるはずです。このように，よい製品デザインを生み出せるかは，社会課題をどれだけ精緻に調べることができたかによって決まるといえるわけです。

　加えて，社会課題を考える上では，多様な視点から見つめることが大切です。赤ちゃんの歯ブラシとして，よい製品を作りたいと思うなら，「顧客の」課題を聞いているだけではダメなのです。メーカーの営業担当者が売り込みにいきやすい，明確な魅力を付与する必要もあります。店頭では，保護者の目を引かなければなりません。地球環境に配慮されているということも，これからはますます大切なポイントになっていくでしょう。

解決案のデザイン

　これらのニーズ情報をもとに，製品の具体的なかたちを作っていくことになります。1つ1つのニーズに応えるにはどのようなかたちが望ましいかを分析しながら，何回もデッサンをするステップです。赤ちゃんの口に入る大きさはどのくらいか，どういう形状がよいか，飲み込み防止のためにどうすればよいか……そういった1つ1つのニーズへの回答を総合していく中で，かたちの候補が生まれてきます。よく，デザインには創造性やアートの感性が求められる

と思われていますが，実際は，きわめて論理的・分析的なステップを経て生み出されるものなのです。

　ここではまた，「何度も描く」ことも強調しておきたいと思います。一発でよいかたちを生み出せることは，まずありません。度重なる試行錯誤の中で，よいデザインに行き着くことができます。これまでの研究により，1つの案を描くのにあまり時間をかけすぎず，何度もトライしたほうが，よい成果に結びつくことが知られています。この課題にも，20分で5案くらい描いてみるつもりで取り組んでください。

　新事業創造の成否は，基本的にはここで見てきたような，社会課題の抽出とそれへの解決案デザインで決まるので，製品をデザインできることは今日では企業家に必須の能力です。絵を描いたり技術を入れ込んだかたちを作るとなると，とくに文系学生は自分のやること・できることではないと考えがちですが，決してそんなことはありません。練習すれば絵はどんどん上達し，それとともに創りたいもののイメージを頭の中でうまく作れるようになっていきます。その経験を積んでいくことが，課題解決者としての企業家の基本能力になるのです。

　図1.3は，実際にこの課題に取り組んだ経済学部の学生たちが描いたデザイン案です。順番に検討していきましょう。左上は，スタンダードなかたちの1つではないかと思います。親も子も握りやすいように工夫がされ，誤飲防止のためにストッパーがついています。シンプルですが，その分，価格も安く作れそうです。ただし店頭ではあまり目立たないデザインかもしれません。

　続いて右上のデザインは，既存の歯ブラシから改善した案です。これにも誤飲防止の返しが付けられていますが，透明にして口元を見やすくしてあったり，花のかたちにしてあったりと，ニーズに合わせた工夫が施されています。ほかにも随所に細かい工夫が見られます。ただ，既存製品の延長線上にあるので，なかなか革新的なイノベーションとは見なしてもらえないかもしれません。

　左下は，花のかたちをしたブラシをかじることで磨けるという案です。さまざまなニーズを満たしている上，一目で既存製品との違いがわかるのが，この案の何よりの魅力でしょう。

　右下もまた，独創的なアイデアです。保護者の指に装着することで口の中に

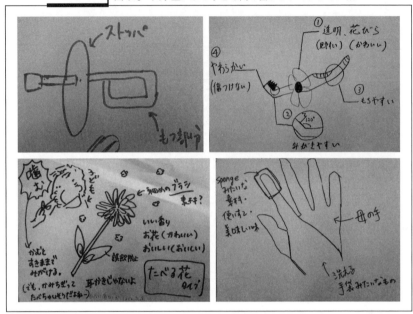

異物を入れる恐怖感を抑え，同時に誤飲防止も図られています。

　いかがでしたか。4つのデザインのうち，どれを望ましいと考えるかは，人によって評価が分かれると思いますが，いずれも魅力的な製品案ではないでしょうか。まず社会課題の洗い出しから始めて，それらを満たすかたちに落とし込む……これがデザインの基礎であり，新製品・新サービス・新事業を構想するときの鉄則なのです。

　このとき，多くの仲間と取り組んでみるということも，重要なポイントです。多様なアイデアが出れば出るほど，その中から取捨選択をすることができます。製品の大枠を決めるコンセプトのみならず，製品設計の細かい部分やビジネスモデルに至るまで，解決すべき社会課題を共有した上で，なるべく多くのメンバーで考えれば，より多くの魅力的な案を得ることができるでしょう。

かたちにすることの意義

　「かたち」への落とし込み方はさまざまです。最初期にはおそらく，紙などに描かれたラフスケッチでしょう。もう少し先に進むと，それは図面になるか

もしれません。プロモーションビデオを作るというアプローチをとる場合もあります（ビデオ MVP〔minimum viable product〕などと呼ばれ，起業の手法として活用されています）。さらにプロセスが進めば，実際に動く試作品を作ることになるでしょう。こうして少しずつ「かたち」を進化させていき，最後には商用に発売される完成品が作られることになります。

　すべきことは，いずれの段階においても，その時点で分析された社会課題に合わせた**解決案のかたち**を考えることです。「かたち」にすることのメリットは，多岐にわたります。

① 　アイデアの発展効果——顧客となりうるような人や，仲間・友人などに会ったときに，その「かたち」を見せることができれば，有益な意見がもらえる可能性があります（こちらが「かたち」を見せなければ，議論は深まらないでしょう）。

② 　協力獲得効果——かたちになっていれば，投資家は投資可能かをより判断しやすくなり，一緒に事業をやりたいという仲間が増えるかもしれません。有力な会社が協力を申し出てくれる可能性もあり，時には顧客として将来の購入を約束してくれるかもしれません。かたちにして，それを見せていくことで，周囲で事業が現実化していくのです。

③ 　プロジェクト推進力向上効果——具体的な「かたち」を目の当たりにして，自身を含めた新規事業創造メンバーのモチベーションが高まり，ものごとを前に進められるようになるという効果もあります。

　これらの効果から，フィールド調査やアンケート調査を実施したら，すぐにもそれを反映した何らかの「かたち」を作っていくことが，とりわけ新事業創造の初期時点においてはとても有効な戦術として知られています。

┃ プロトタイピング：課題と解決案の正しさを検証する ┃

　新製品・新事業の大半は失敗するといわれます。その割合は 90 ％とも，99 ％ともいわれますが，いずれにせよほとんどのチャレンジは失敗に終わるのです。

　そんな中で少しでも成功の確率を上げるには，どうしたらよいでしょうか。答えは，「事前に失敗しておくこと」です。本番の製品を出す前に，さまざま

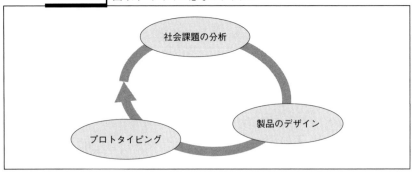

な製品案を試し，その問題点を発見し，是正しておくことができれば，新製品開発は成功にほんの少しずつでも，確実に近づいていきます。仮に成功する製品案が100のうちの1しかないとしても，1案出してみて，それが顧客に受け入れられるかを試す……という作業を100回繰り返せばよい，と考えるのです。

　今日，新製品を創造する活動においては，多数のアイデアを出し，それを実際に顧客に見てもらったり動作検証をしてみるなどして良し悪しを吟味する……というサイクルを頻繁に回していくことが有効であると明らかになっています。このような，製品・サービス案の妥当性を検証する作業は，**プロトタイピング**だとか，**POC**（proof of concept）と呼ばれます。

　前項で説明したように，製品のアイデアスケッチや，ビデオMVP，試作機などが完成した次のステップとして，このプロトタイピングの段階では，それを実際の想定顧客に見せ，コメントをもらいます。インタビューやアンケートなどの手段がとられることが一般的です。プロトタイピングにより，想定顧客の反応から，うまくいった部分，うまくいかなかった部分が明らかになってきます。そうしたら，うまくいった部分は残しながら，うまくいかなかった部分については再度ニーズや解決策に関する情報を収集し，それらを次のかたちにしていくことになります（図1.4）。このサイクルを繰り返すことでアイデアは着々と鍛えられ，よい製品・サービス案へと，たしかに近づいていくことができるのです。

　プロトタイピングを行う上で重要なのは，手間と金をかけすぎないことです。課題分析→製品デザイン→プロトタイピングというサイクルの肝心な点は，と

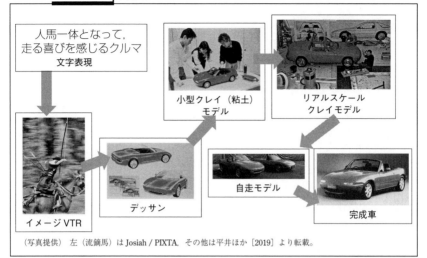

人馬一体となって,
走る喜びを感じるクルマ
文字表現

小型クレイ（粘土）
モデル

リアルスケール
クレイモデル

デッサン

自走モデル

イメージVTR

完成車

（写真提供）　左（流鏑馬）は Josiah / PIXTA，その他は平井ほか［2019］より転載。

にかく何度もやることなのです。回数をこなすほどに，製品・サービス案は洗練されていきます。1回のプロトタイピングで「よいものを作ろう」としすぎると，お金と時間がかかりすぎてしまいます。安全性，使用者の満足度，見た目のよさ，ちゃんと動くかどうか，等々を，一度にではなく検証すべきポイントを絞って，1回のプロトタイピングで部分的に検証していく。短期間，せいぜい1～2週間でアイデアを試し，それを反映させて再びニーズ分析や製品の再デザインをする……というサイクルを頻繁に回していくことが，あるべき製品開発のフローとなります。

　新製品開発では，このようにして繰り返しアイデアを検証し，鍛えながら，だんだんと商用モデルに近づけていくことになります。図1.5には，「速く走るだけがスポーツカーではない。人馬一体となって思うままにクルマを操る楽しみを届ける」という新しいスポーツカーの姿を提案し，世界で最も売れた軽量スポーツカーとなったマツダ「ユーノスロードスター」開発中のプロトタイピングをまとめました。最初は「人馬一体」という言葉で表現されていたものが，イメージ画像になり，デザイナーによるデッサン，3次元化された小型モデル，大型モデル，自走する試作車，そして完成車へと，修正を施されながら次第にブラッシュアップされていく様子がわかると思います（平井ほか［2019］）。

3 企業家に求められるスキル

┃ エフェクチュエーション ┃

　前述の通り，イノベーションにまつわる研究においては，企業家にどのような能力や精神が必要とされるのかも探求されてきました。その結果，成功した企業家にはいくつかの際立った特色があり，それは一般に思われている「優れたビジネスパーソン」とは少し違うものであることが明らかになっています。

　そうした能力や精神に関する研究成果を総まとめしたようなものとして，近年，**エフェクチュエーション**と呼ばれる企業家の理論が提唱されています。これを提唱したアメリカの研究者サラス・サラスバシーは，2008 年，組織運営に長けた大企業の管理職と，事業創造に長けたベンチャー企業家の思考・行動パターンを比較した研究を発表しました。そこで彼女は，この 2 種類の人々の思考・行動パターンがまったく異なっていることを発見しています。前者の管理職の思考・行動パターンは，計画を立てて論理的にものごとを順序立てるという意味で，「コーゼーション」（causation）と名づけられました。そして，後者のベンチャー企業家のパターンが，今できることからとりあえずやってみて状況に働きかけていくという意味で，「エフェクチュエーション」（effectuation）と名づけられたのです（サラスバシー［2015］）。

　「コーゼーション」は，旧来考えられていた，典型的に優れた経営者像です。大企業のベテラン管理職は，多くの顧客を抱え，たくさんの仲間たちの暮らしも守っていかなければなりませんから，大きな組織を混乱に陥れるようなリスクを避け，緻密な計画を立案して，それを実行します。途中で想定外の事態に慌てないように未来を予測し，それに基づいて期間中の行動計画を立て，実際に行動を開始してからは，活動が安定的に継続できるように統制するわけです。判断は，そのときそのときで常に最善の結果を得られるように行われます。

　その一方でベンチャー企業家たちは，事業創造のために，真逆の発想である「エフェクチュエーション」に則って行動していました。変化の激しい環境に

	エフェクチュエーション（事業創造に向く）	コーゼーション（組織管理に向く）
発想の起点	手元の手段から考える	最終目標から考える
リターン・リスクに対する考え方	許容可能な損失を計算して，その範囲で行動する	期待利益を最大化できるように行動する
外部との関係	可能性のある仲間を探す	競合との戦い方を考える
変化への対応	想定外の事態から次なる機会を見つけ出す	想定外の事態を避け，計画通りに統制する
未来に対する態度	自ら作り出す	予測する

（出所）サラスバシー［2015］をもとに筆者補足。

　身を置く彼らは，未来は予測などできず，自分たちで切り拓いていくものだと考えるのです。そのように激変する環境では，明確な最終目標や計画も作れませんから，まずは自分の手元にある手段で何ができるかを考えます。そうして，日々起こる想定外のできごとの中から，事業を発展させる機会を見つけ出そうとします。こうした不確実な状況下で気をつけるべきは，自己や会社の破滅です。そこで，不確実な状況に積極的に身を置く代わりに，常に損失を計算し，致命傷を負わないような判断をします。

　サラスバシーの研究成果に基づけば，新しく事業を創造するときと，大きな組織を管理するときで，経営者は明確に思考や行動様式を切り替える必要があることになります。企業を大きく育てるためには，この2つの型の両方が必要だ，ともいえるでしょう。エフェクチュエーション型の人と，コーゼーション型の人が協力するというかたちも，あるかもしれません。たとえば，本田技研工業における本田宗一郎と藤澤武夫，ソニーにおける井深大と盛田昭夫の関係などは，この2パターンの人物の典型的な組み合わせです。

　いずれにせよ，新規な事業を創造しようとするときには，手元にある資源や，周囲のネットワークを活かして，自分でどんどん仕掛けていくことが求められます。冷静沈着な分析や，組織の混乱を避ける慎重な判断は，ここでは逆にスピードや変化の妨げとなるのです。

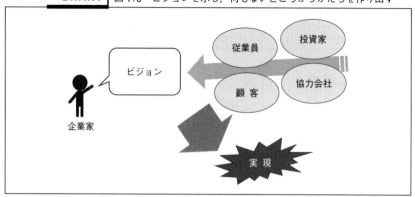

従業員

投資家

ビジョン

顧客

協力会社

企業家

実現

センスメーキング

もう1つ，企業家に際立った特徴としてあげられるのが，ビジョン（社会を
どうしたいのか，何を成し遂げたいのか）を提示し，自らもそれに向かって邁進し
つつ，人々をそのビジョンに共感させて協力を引き出せるということです。ビ
ジョンを通じて，自らと仲間たちの情緒的な積極関与を作り出す力といえます。

この力は**センスメーキング**と呼ばれます。センスメーキングとは，センス
（sense：意味）をメーキング（making：作る）することですから，直訳すれば意
味を作り出すとなります。人々の心の中に意味を作り出すとは，社会や，自分
たちが何をすべきかといったことについて，肚落ちする解釈を与えることです。
つまりセンスメーキングとは，人の心に働きかけて，共感・納得を促し，その
人に行動を起こさせること，あるいは，そのための能力を意味するのです（中
川［2019]）。

企業家には，何もないところから，自分のアイデア，イメージ，ビジョンだ
けを頼りに，かたちのあるものを作り出していくことが求められます。企業家
は，それらを伝えることで，投資家からは出資を引き出し，共感した人々をと
もに働く仲間に引き入れ，快く協力してくれる他社をパートナーにし，ひいて
は顧客をも惹きつけることで，事業を具体性あるものにしていくのです。

Apple を世界有数の大企業に育て上げたスティーブ・ジョブズは，この有効
性をよく理解していた人でした。次に発売される製品の効果的なプレゼンテー

ションに注力することで，まさしく投資家など各種の協力者と顧客とを同時に
惹きつけ，新製品の成功を確実なものにできていました。

社会への志があれば，誰でも企業家になれる時代

　しかしながら，最後に1つ，強調しておきたいことがあります。もしみなさ
んが，今の自分にエフェクチュエーションやセンスメーキングの力が足りない
と思っていたとしても，だからといってイノベーションを諦めるべきではない
ということです。

　世の中に多くのモノとサービスがあふれる現代，企業家の仕事は，社会課題
の解決に立脚し，それを経済的に持続可能な方法で達成しようとするものにな
っています。世界中で，じつに3400兆円もの資産が，ESG（environment,
society, and governance：環境，社会，企業の正しい統治）と呼ばれる，持続可能な
社会に向けた事業のための投資に使われています（2018年）。クラウドファン
ディングや，さまざまなベンチャーキャピタルでも，社会性のある事業へとお
金が動いています。よき社会を願う思いと，それを体現する製品・サービスが
用意できるなら，誰もがイノベーションに挑戦できる時代が訪れつつあります。

　イノベーションこそが，会社というものの原点であり，そして現代社会を今
のかたちへと創り上げてきたものです。志高く実行されるその活動を，理解し
尊重してもらいたいと思いますし，何よりもぜひ，みなさん自身の手でイノベ
ーションに取り組んでもらえればと願っています。

KEYWORD

イノベーション　企業家　課題解決　共感　解決案のかたち　プロトタ
イピング　エフェクチュエーション　センスメーキング　ESG

さらに学びたい人のために　　　　　　　　　　　　　　　　Bookguide ●

● 前野隆司編著［2014］『システム×デザイン思考で世界を変える──慶應
　SDM「イノベーションのつくり方」』日経BP社。

本章第 ② 節で解説したイノベーションの方法は，一般にデザイン思考と呼ばれるものです。イノベーション研究の学術成果に親和性の高い実践的手法として，デザイン思考は非常に注目されています。

● 忽那憲治・長谷川博和・高橋徳行・五十嵐伸吾・山田仁一郎［2013］『アントレプレナーシップ入門──ベンチャーの創造を学ぶ』有斐閣ストゥディア。

　企業家（アントレプレナー）とはどのような人か，イノベーションの社会的意義は何か，新規起業は具体的にどういう順序で進められていくのかまで取り扱った，新事業創造の包括的なテキストです。

● 安藤百福［2008］『私の履歴書 魔法のラーメン発明物語』日経ビジネス人文庫。

　みなさんもよくご存じのインスタント麺やカップヌードルは，日本発のイノベーションです。47 歳のときに「チキンラーメン」を発明した日清食品の創業者・安藤百福の生涯は，イノベーションを志し，社会に挑戦する姿勢や考え方として，学ぶところが少なくないはずです。

参 考 文 献 | **Reference** ●

桑原晃弥［2011］『スティーブ・ジョブズ全発言──世界を動かした 142 の言葉』PHP ビジネス新書。

佐宗邦威［2015］『21 世紀のビジネスにデザイン思考が必要な理由』クロスメディア・パブリッシング。

サラスバシー，S.（高瀬進・吉田満梨訳）［2015］『エフェクチュエーション──市場創造の実効理論』碩学舎。

シュムペーター（塩野谷祐一・中山伊知郎・東畑精一訳）［1977］『経済発展の理論──企業者利潤・資本・信用・利子および景気の回転に関する一研究』上下，岩波文庫。

中川功一［2019］『戦略硬直化のスパイラル──どうして企業は変われなくなるのか』有斐閣。

平井敏彦ほか著／小早川隆治編［2019］『マツダ／ユーノスロードスター──日本製ライトウェイトスポーツカーの開発史（改訂版）』三樹書房。

藤本隆宏 = クラーク，K. B.（田村明比古訳）［2009］『製品開発力──自動車産業の「組織能力」と「競争力」の研究（増補版）』ダイヤモンド社。

ブラウン，T.（千葉敏生訳）［2019］『デザイン思考が世界を変える──イノベーションを導く新しい考え方（アップデート版）』早川書房。

事業の価値を作る

ビジネスモデルの基本構造と価値提案

EXERCISE　あなたが世の中で大きく成功したと思う「画期的な」製品・サービスを，1つ思い浮かべてください。その製品・サービスが持つ，既存の製品にはない，あるいは既存の製品・サービスよりも大幅に向上した特徴は何でしょうか。反対に，既存の製品・サービスにあって，その製品・サービスにはない，あるいは大幅に少なくなっている特徴は何かあるでしょうか。

セブン銀行の ATM
（写真提供：時事通信フォト）

1 イノベーションとビジネスモデル

　新しいアイデアや新事業の着想を，製品やサービスのかたちにするだけでは，イノベーションとして十分ではありません。第1章でイノベーションという言葉が，商業的な成功や事業として継続的に利益を生み出すことを，その意味に含んでいると説明しました。しかし，優れた技術や画期的なアイデアがかたちになりさえすれば成功できるというわけではありません。アイデアをかたちにして社会にインパクトを与えるためには，事業として実現し，利益を生み出す仕組み作りについて綿密に考える必要があるのです。この事業を実現するための仕組みのことを，一般にビジネスモデルと呼びます。

┃ ビジネスモデルによる革新 ┃

　イノベーションという言葉は，最新の技術を用いた，これまで世の中になかった，あるいは人々が想像もしなかった，画期的な製品・サービスを連想させるかもしれません。しかし，イノベーションにはしばしば，個々の要素はすでに世の中にあったものの，その組み合わせが非常に新しく，その結果世の中を便利にするような製品やサービスも含まれます。

　たとえば，コンビニエンスストアのATMサービスを考えてみてください。ATM自体は，それまでにも銀行の店舗内にありましたし，コンビニエンスストアもすでに世の中に広く普及していました。しかし，コンビニエンスストアに設置されることで，ATMの利便性は大きく高まりました。私たちは銀行までわざわざ足を運ぶことなく，近くのコンビニエンスストアで，全国の金融機関のサービスを利用できるようになりました。しかも，24時間いつでも現金の引き出しや預け入れ，振り込みができるという利便性を得たのです。コンビニエンスストアのATMサービスを大きく普及させたのは，セブン-イレブンのセブン銀行でした。セブン銀行ATMは，2019年度時点で約2万5000台設置されており，年間約400億円もの利益（経常利益）を上げています。セブン銀行は何が優れていたのでしょうか。それは，事業を実現するための仕組み，

すなわちビジネスモデルが画期的だったのです。

　セブン銀行のビジネスモデルは，一般的な銀行業と大きく異なります。銀行は通常，顧客から預金を預かり，そのお金を企業への貸し出しや投資に回すことで利潤を得ています。それに対してセブン銀行は，収入のすべてがATMを利用した際の手数料収入です。顧客がセブン-イレブン等に設置されているATMを利用するごとに口座のある銀行に手数料を払い，その一部が銀行からセブン銀行への手数料として支払われる仕組みになっています。つまり，既存の銀行業とはまったく異なるビジネスモデルを構築したのです。セブン銀行は全国の金融機関と提携しており，一般の銀行ATMが備えている主要な機能はおおむね利用できるという高い利便性を有しています。そのために，顧客はたとえ手数料を払ったとしてもセブン銀行を利用しますし，そうであるからこそ銀行のほうも，手数料を支払ってでもセブン銀行と提携します。こうした好循環によって，セブン銀行は拡大していきました。

　その好循環が実現できた背景には，もちろんセブン銀行のATMが設置されているセブン-イレブンが，全国各地に出店しているという強みがあります。セブン-イレブンは全国に約2万店舗あります。仮にすべてのセブン-イレブンにセブン銀行のATMが設置されているとして，同等の設置規模を1つの金融機関で実現するのは非常に困難な話です。それに加えてセブン銀行は，メーカーと協力して，どの銀行にとっても利用しやすく，かつ顧客が使いやすいATMの開発に，努力を傾けました。日本初の12言語対応機能など，きわめて高機能のATMを開発し続けています。これが実現できるのも，2万台を超える大量の導入が可能なセブン銀行ならではの強みです。

　ATMの設置が難しいのは，顧客の利用に備えて常に現金を補充しておかなければならない点です。多数のATMを設置すればするほど，銀行側には現金の補充や回収をするためのコストがかさむことになってしまいます。これをセブン銀行は，コンビニの売上金を入金するという手段で解決しました。セブン-イレブンの売上金がレジに貯まってくると，スタッフが専用カードを使って店舗に設置されたセブン銀行のATMに入金します。つまり，通常はコストがかかる現金の補充を，私たちがコンビニエンスストアで買い物した際に支払った現金をうまく使って賄っているのです。実際には，これに加えて提携先の

綜合警備保障という会社がATMの保守管理および現金の補充・回収を行っていますが，それも月1回程度に過ぎません。コンビニのATMサービスそれ自体は，新しいアイデアではなかったかもしれません。実際，セブン–イレブンの調査によれば，ATMの設置は以前から顧客の要望が強かったサービスだったといいます。しかし，それを実現するための仕組みは，非常に工夫の凝らされたものだったのです。

┃ ビジネスモデルの基本要素 ┃

　それでは，どのようにしたらビジネスモデルを考えることができるのでしょうか。ビジネスモデルのデザインに関してよく知られた書籍に，『ビジネスモデル・ジェネレーション　ビジネスモデル設計書』があります（オスターワルダー＝ピニュール［2012］）。同書では「ビジネスモデルキャンバス」という考え方が紹介されており，ビジネモデルを作るのに必要となる基本的な要素が，図2.1にあるように，**価値提案**（value proposition）を中心として合計で9つあげられています。

　「ビジネスモデルキャンバス」は，図中の9つのマスを埋めるだけで，ビジネスモデルの基本骨格ができると謳っているもので，非常にわかりやすい考え方です。上書も，ビジネス書として日本でも大きな評判を呼びました。今回はじめてこれを知った人にも，この図にどのような意味があるのかが理解できるように，先に少し大きな捉え方を説明しておきましょう。それぞれの細かい要素に関しては，今の段階で十分に理解しなくても大丈夫です。

　優れたビジネスモデルを構築するために考えなければならない要素は，大きく分けると4つあります。その4つとは，①価値提案の設計と，②顧客満足の設計，③事業フローの設計，④利益モデルの設計であり，それぞれが図中で太線で囲った部分に該当します（アミかけの濃さでも区別してあります）。

①　価値提案——顧客に対してどのような価値を提案するのか
②　顧客満足——価値を誰にどのように理解してもらい，顧客の満足を高めるのか
③　事業フロー——その価値を実現するための事業の仕組みはどのようなものか

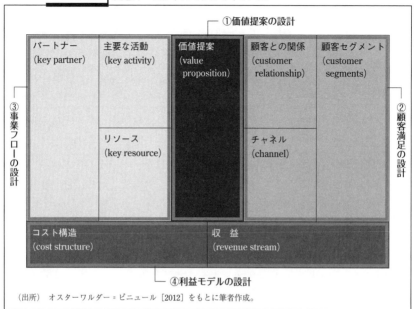

CHART 図2.1 ビジネスモデルキャンバス

① 価値提案の設計

| パートナー (key partner) | 主要な活動 (key activity) | 価値提案 (value proposition) | 顧客との関係 (customer relationship) | 顧客セグメント (customer segments) |

リソース (key resource)

チャネル (channel)

③ 事業フローの設計

② 顧客満足の設計

コスト構造 (cost structure)

収 益 (revenue stream)

④ 利益モデルの設計

（出所） オスターワルダー゠ピニュール［2012］をもとに筆者作成。

④ 利益モデル——事業として長期に存続するため，どのように収益を上げていくのか

　価値提案とは，その製品・サービスが社会や顧客に対してどのような価値を提供しているのかということです。図2.1でも中心に位置していることからわかるように，これがビジネスモデルの根幹をなします。たとえばセブン銀行の場合には，「利便性の高い現金出納サービス」が，これに該当します。ここで重要な点は，一見すると似たような製品・サービスを提供していたとしても，提供する価値が同じとは限らないということです。セブン銀行のATMサービスと，一般的な金融機関の自社ATMサービスは，同じような筐体を使っていますが，利便性は大きく異なります。セブン銀行のATMは，セブン-イレブンという全国規模のコンビニエンスストアのネットワークで展開していることから，24時間，そして日本全国の至るところで利用可能になり，「利便性の高い現金出納サービス」という新しい価値を実現することができています。

　2つめの要素が顧客満足の設計です。価値提案は，それが顧客に届き，顧客自身がその価値を認めることで，はじめて本当の意味で実現します。そのため

には，そもそも誰が顧客なのかや，その顧客にどういう経路を通じて，どのようにして価値を感じて満足してもらうのかを，具体的に考えていく必要があります。セブン銀行は，一般の消費者や，深夜帯に現金出納を行いたい事業者（タクシードライバーなど）が，おもな利用者でした。彼らに「利便性の高い現金出納サービス」を体験してもらうために，24時間いつでも利用可能にすることに加えて，高性能のATM機を開発することで操作をしやすくしたり，外国の人が母国語で利用できるサービスを提供しました。これらのことを通じて，セブン銀行の価値提案は顧客に認められるものになっているのです。

　3つめの要素が事業フローの設計です。価値を実現するためには，具体的にどのような資源を組み合わせてそれを達成していくのかを考える必要があります。また，多くの場合，事業は自社のみで達成できるものではありません。原材料・部品を供給する企業や，製品を販売する売り場を提供する企業といった，外部の企業の力を借りる必要があります。セブン銀行の例でも，ATMの設置場所については自社の経営資源であるセブン-イレブンの店舗ネットワークを利用しているものの，全国の多種多様な金融機関との提携関係によって，さまざまな金融機関に口座を持つ消費者の利便性を高めています。そして，高機能ATMの開発のために，外部企業との協力関係を継続しています。このようにビジネスモデルには，他企業との協力という要素が多分に含まれているのです。事業フローの設計では，事業を実現するために，自社の経営資源や外部企業とのネットワーク構築のあり方について考えることが求められます。

　そして4つめが利益モデルの設計です。いかに価値ある製品・サービスでも，その事業が適切に利益を生み出さない限り，事業としては継続できません。利益モデルとは，いかに利益を確保するのかにかかわるものです。そのためには，誰からどのように収益を得るか，コストを上回る収入をどう確保するかを考える必要があります。前述したように，セブン銀行は，一般の消費者から直接収益を得ているわけではなく，提携する金融機関から手数料収入を得ています。金融機関の顧客がセブン銀行のATMを通してサービスを利用するたびに発生する手数料から，収益を得ているのです。当然ながら1件当たりの手数料収入はそれほど大きくはありませんが，そうした中でも利益を確保するために，さまざまな点でコストを抑えています。コンビニエンスストアに設置されている

ために，24時間稼働であってもATMの保守管理に別途人員を配置する必要もありませんし，これも前述した通り，現金の補充もセブン–イレブンの日々の売上によって賄われており，一般的な銀行のATMに比べて低コストでの運用が可能になっているのです。

各要素と本書との対応関係

図2.1のビジネスモデルキャンバスを再び見てみましょう。前項で説明した4つの要素は，それぞれの中でいくつかのカテゴリに分かれています。合計で9つある，それらの細かい要素が何を指しているのかを，ここで簡単に紹介します。

① 価値提案の設計
- 価値提案——どのような価値を提供するのか（本章）

② 顧客満足の設計
- 顧客セグメント——誰に売るのか（▶第**3**章）
- チャネル——どのような経路で顧客に提供するのか（▶第**4**章）
- 顧客との関係——顧客との関係構築や維持をどのように行うのか（▶第**4**章）

③ 事業フローの設計
- パートナー——カギとなる外部のプレーヤーは誰か（▶第**5**章）
- 主要な活動——自社で行わなければならない重要な活動は何か（▶第**5**章・第**6**章）
- リソース——自社の強みとなる資源は何か（▶第**6**章）

④ 利益モデルの設計
- 収益——どのように利益を創出するのか（▶第**4**章・第**7**章・第**8**章）
- コスト構造——何にどれくらい費用がかかるのか（▶第**8**章）

本章第②節では，ビジネスモデルの中心にある「価値提案」について，その基本的な考え方を説明していきます。その他の各要素については，第**3**章以降で詳しく説明していきます。それぞれの章で，ビジネスモデルの設計に必要な各要素に関する基本的な考え方を理解できるようにしていますので，第**1**部を読み進めていけば，みなさんもビジネスモデルを一通り考えられるようになる

はずです。

 # 2 価値提案の考え方

　ビジネスモデルを考える上で重要なポイントの1つが，その事業が社会や顧客にどのような価値を提供しているのか，という点です。これは一般に，価値提案と呼ばれています。ある製品・サービスが顧客にどのような価値を提案しているのかは，思っているほど自明ではありません。同じ製品・サービスを扱っているからといって，常に同じとも限りません。

　コーヒーを例にとって考えてみましょう。スターバックスというアメリカ発のコーヒーチェーンがありますが，この企業は，コーヒーを提供する店舗を工夫し，贅沢なソファなどを設えて居心地のよいリラックスできる空間を作り上げています。おいしいコーヒーとそれを楽しめる空間によって，休日や仕事終わりなどにリラックスしてコーヒーを楽しむ時間を顧客に提供しているのです。これに対して缶コーヒーは，コーヒーを缶にパッケージすることで，持ち運び可能性や保存性の高い製品にしています。そのことによって顧客は，場所を問わず手軽に休憩をとり，コーヒーを楽しむことができます。どちらもコーヒーを提供しているという点では変わりがありませんが，両者が顧客に提案する価値は大きく異なっています。少し言い方を変えるなら，製品・サービスが決まっているからといって，企業が提供可能な価値提案が常に1つとは限らないということです。さまざまな価値提案を考案することが可能なのです。

価値提案の基本形：コストリーダーシップ戦略と差別化戦略

　優れた価値提案や新しい価値提案を具体的に考える前に，まずは価値創出の基本形を理解しましょう。何ごとにも基本的な進め方があります。経営学では，価値創出のあり方には，「低コスト」（低価格）を訴求することと，「独自性・高品質」を訴求することという，2つの方向があることが知られています。前者は**コストリーダーシップ戦略**（低コスト戦略），後者は**差別化戦略**と呼ばれており，この2つを「基本戦略」といいます。この2つの戦略は，上述のように，

価値を創出する部分に大きな違いがあります。コストリーダーシップ戦略は，製品・サービスにかかる費用（コスト）を大幅に低下させることで，顧客にとっての価値を創出しようとするものです。多くの場合，圧倒的に低価格であることが顧客に訴求する価値になります。これに対して差別化戦略は，製品・サービスの品質を高めたり，独自性を主張することで，顧客にとっての価値を上げようとする戦略です。

(1) コストリーダーシップ戦略

　コストリーダーシップ戦略とは，競合に対して圧倒的にコスト優位な状況を生み出すことで，顧客にとっての価値を高め，利潤を獲得することを目指す戦略です。この圧倒的にコスト優位なポジションを構築するためには，多くの場合，事業や生産の規模の拡大が求められます。なぜならば，規模を拡大することによって単位当たりのコストが低下するからです。

　この現象は，**規模の経済性**として知られています。規模の経済が生じる理由はさまざまです。大量に生産する体制だからこそ，専門的な機械を導入したり，従業員が特定の作業に特化したりでき，効率的な生産が可能になります。また，工場の立ち上げや機械の導入は，製品・サービスの生産量にかかわらず一律に発生する費用なので，生産規模が拡大すると，1個当たりの製品に占めるこうした費用の割合はどんどん小さくなっていきます。少し極端な例ですが，ある新しい事業を始めるのに，機械の導入に1000万円かかるとします。この事業が仮に10個しか製品を生産しない場合には，製品1個当たりに設備代として100万円（= 1000万円 ÷ 10個）の費用がかかっていることになりますが，1万個生産する場合には，1個当たりの設備費用が1000円にまで減少します。原材料の仕入れに関しても，規模の大きさが費用圧縮につながることがあります。大量に仕入れる場合に価格交渉を行うと，売り手に値引きに応じてもらいやすくなるからです。

　生産量の拡大は，生産者の習熟という点でも製品・サービスのコストを押し下げます。同じ製品・サービスを繰り返し生産するほど，その企業は生産に習熟していくので，より効率的に生産することができるようになります。アルバイトをしたことがある人は，入った直後と1年後では，同じ作業に対する習熟度がまったく異なり，1年後にはより効率的に作業できるようにな

効　果	内　容	具体例
規模の経済性	一度にたくさん生産すると コストが下がる	大規模に生産する
経験効果	過去にたくさん生産していると コストが下がる	他社に先駆けて生産する 大規模に生産する
範囲の経済性	他のものと一緒に生産すると コストが下がる	他の製品・事業との資源の共通利用

っているということがわかると思います。こうした現象は**経験効果**と呼ばれ，一般に「累積生産量が倍になるごとに，一定の比率で単位当たりの生産コストが下がる」こととして知られています。この比率は産業ごとに異なりますが，生産経験を積み重ねることが大きなコスト優位を生み出すことを示唆しています。

　また，直接的には規模の影響ではありませんが，同じようにコストを押し下げる効果として，**範囲の経済性**というものもあります。これは，取り扱う製品の種類が増加すると，個別に生産するより安く済むことを意味します。複数の種類の製品間で共通利用できる部分が生まれたり，あるものの生産から派生した副産物を別の製品に利用したりできるからです。このような場合，すでにあるものを利用できるだけ，一から生産や開発を行うよりも安く生産することが可能になります。

　このような効果があることから，コストリーダーシップ戦略は圧倒的な低コストを実現するために，顧客への広い浸透を目指します。より多くの顧客を獲得して，大量生産することが，規模の経済性や経験効果による低コスト化につながり，それによって得られた大きな収益が，競合よりも低い価格づけや新たな投資を可能にするため，マーケットシェアがさらに高まるという，好循環を生み出しうるのです。セブン銀行の例を振り返っても，同行がコスト面での恩恵をさまざまに受けていることがわかります。セブン-イレブンの店舗内に設置されることは，店舗という経営資源を活用できるという点で範囲の経済性がありますし，最先端の機能を持つATMが置けるのは，約2万5000台というセブン銀行の規模が背景となっています。

(2) 差別化戦略

　差別化戦略は，顧客に製品・サービスの独自の価値を認めてもらうことで高い付加価値を生み出し，利益の獲得を目指す戦略です。顧客が独自の価値を認識していると，高い支払い意思額を有したり，継続的なリピート顧客になったりするために，利益の確保がしやすくなるのです。差別化は顧客が重要だと認める特性を１つまたはそれ以上選び出して，「そのニーズを満たせるのは，この社以外にない」という体制を構築することで実現します。それには，さまざまな手段が考えられます。製品そのものが何らかの特異性を持っていたり，販売場所やプロモーションのあり方など販売手段が独自だという場合もあります。

　セブン銀行の ATM も，既存の ATM に比べて多くの点で差別化されています。コンビニエンスストアに併設され，24 時間いつでも利用可能という高い利便性もそうですし，多様な銀行への預金・引き出しが可能な点，また ATM そのものも，多言語化に対応するなどして独自に差別化されています。

　これまでの経営学では，基本的に，コストリーダーシップ戦略と差別化戦略のいずれかを選択し，それを実現するのが望ましい戦略であると考えられてきました。ところが近年は，新規性の高いビジネスモデルを考える上で重要なポイントの１つは，この２つの戦略，すなわちコストリーダーシップと差別化を両立させることだといわれています。従来，コストリーダーシップと差別化の両立は難しいと考えられてきましたが，新しい市場を開拓した製品・サービスの多くが，セブン銀行の例のように低コストと差別化の両方を実現しています。新しい市場を確立するには，差別化によって顧客に独自の価値を認めてもらうと同時に，世に広く受け入れられるためにある程度の低コストを実現することが求められるからです。

┃ 新しい価値提案の考え方：ブルーオーシャン戦略 ┃

　チャン・キムとレネ・モボルニュは『ブルー・オーシャン戦略』という書籍の中で，競合とは異なる新しい価値を創出する戦略を総称して**ブルーオーシャン戦略**と呼び，従来の企業が陥りがちな厳しい競争を生み出す「レッドオーシ

ャン」と対比させています。彼らによれば，基本戦略であるコストリーダーシップ戦略や差別化戦略の問題点は，既存の市場空間で激しい競争を繰り広げてしまうことであり，その結果，顧客に価値を十分に認識してもらえずに，利益の乏しい状況に陥ってしまうといいます。つまり，みながコストリーダーシップ戦略を追求しようとすると，ほとんど差がつかずに激しい価格競争となってしまい，また，みなが差別化戦略を追求した結果は，どの製品の独自性もよくわからない，という状況になってしまうのです。

　これに対し，「ブルーオーシャン戦略」と呼ばれる新規性の高い戦略は，新しい需要を掘り起こしながら，競争のない市場（＝ブルーオーシャン）を新たに切り拓きます。そのために，一方で顧客に提案する独自の価値を創り出し，他方でコストを押し下げて市場の多くの人に受け入れられることで，市場を拡大するのです。

　キムとモボルニュは，このブルーオーシャン戦略を立案するための方法として，「戦略キャンバス」と「アクションマトリクス」という分析フレームワークを提案しています。戦略キャンバスとは，既存の市場の現状を理解するための枠組みです。この枠組みでは，類似する製品・サービスを扱う競合企業がどのような特徴を有しているのかを，いくつかの属性に基づいて図2.2のようにチャート化します。横軸に業界各社が力を入れる競争要因を並べ，縦軸に各要因のパフォーマンスが高いか低いかを示します。それらをつないだ折れ線が，各企業の具体的な状況を表すことになります。

　この図は，以下のような手順で描かれます。

① 当該業界で中心となっている競争要因を列挙する

② その業界の主要なプレーヤーに関して，各競争要因の程度を考える

③ マッピングして図を作成する

　眼鏡業界を例にとって考えてみましょう。眼鏡小売業界では，2000年代前半にJINSやZoffといった新しい眼鏡小売業者が登場し，大きく成功を収めました。これらの企業は，従来2万円前後を平均価格としていた眼鏡小売業界において，1万円を下回る圧倒的低価格の製品を提供していました。しかも，単に価格を下げただけではなく，眼鏡の価値を大きく変えるビジネスモデルを伴っていました。

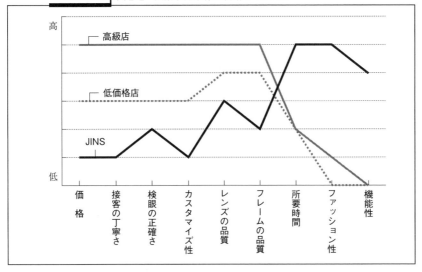

CHART 図2.2 眼鏡小売業界の戦略キャンバス

高

— 高級店

— 低価格店

JINS

低

価格　接客の丁寧さ　検眼の正確さ　カスタマイズ性　レンズの品質　フレームの品質　所要時間　ファッション性　機能性

　図2.2に, 2000年代までの伝統的な眼鏡小売業とJINSのビジネスモデルを示しています。従来の眼鏡小売業では, 医療器具である眼鏡を, 顧客1人1人の顔の形や目の状態に合わせ, それを丁寧に説明して提供することを, 重要な目的としてきました。そのため, 既存の眼鏡小売企業にとっては, 接客の丁寧さや検眼の正確さ, 顧客各人の状態に適合させるためのカスタマイズ性, レンズやフレームの品質といった要素が, 重要な競争要因でした。これは, 高価格の眼鏡を中心に取り扱う高級店だけではなく, 量販店のように低価格を訴求する店舗でも同様でした。図からも, 高級店はいずれの要因も高く, 低価格店では価格が安い代わりにこれらの要素がやや劣るという状況が読み取れます。ここから, 日本の眼鏡小売業には, 差別化を行う高級店と, 低価格・低コストを志向する低価格店という, 2種類の企業群があったことがわかります。

　こうした状況に対してJINSは, 価格を大きく引き下げ, 手軽に買うことができて, ファッションアイテムとして扱うことのできる商品として眼鏡を売り出しました。そのために同社は, 従来の眼鏡小売業にはなかったさまざまな施策を打ち出します。具体的には, ①ファッション性の高い眼鏡を自社で企画し頻繁に新製品を投入したこと, ②中国や韓国のメーカーに大量発注することで低価格を実現したこと, ③従来はレンズ加工のために1週間を要していた眼鏡

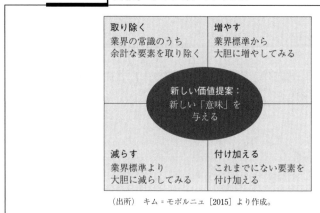

取り除く
業界の常識のうち
余計な要素を取り除く

増やす
業界標準から
大胆に増やしてみる

新しい価値提案:
新しい「意味」を
与える

減らす
業界標準より
大胆に減らしてみる

付け加える
これまでにない要素を
付け加える

(出所) キム=モボルニュ［2015］より作成。

を即日引き渡せるようにするために，店内でレンズを加工するようにしたこと，④顧客が手軽に商品を購入することができるようにサービスを簡素化したこと，があげられます。JINS はさらに，機能性という新しい訴求点も打ち出しました。ナイロン樹脂素材を用いて軽量化し，長時間かけても負担感のない「Airframe」や，PC などのブルーライトをカットするレンズを用いた「JINS PC」といった，機能性に訴求した眼鏡を商品化しています。このように JINS は，眼鏡小売業という既存の業態に，まったく違ったビジネスモデルを持ち込むことで，ファッション性や機能性という新しい価値を提供し，大きく成長することができたのです。

　図2.2 には，既存の眼鏡小売業だけでなく，JINS の戦略キャンバスも示しています。3 本の折れ線から，JINS がどのような点で既存の市場にはない新しい価値を創造したのかがよくわかります。JINS のように新しい価値提案の方法を考える枠組みが，「アクションマトリクス」です。この枠組みでは，従来の価値提案に対して，以下の 4 つの点を考えます（図2.3）。

- 取り除く——業界常識として製品やサービスに備わっている要素のうち，取り除くべきものは何か
- 減らす——業界標準と比べて思い切り減らすべき要素は何か
- 増やす——業界標準と比べて大胆に増やすべき要素は何か
- 付け加える——業界でこれまで提供されていない，今後付け加えるべき要

素は何か

　ここで重要な点は，新しい価値提案を行うためには，2つの要素が必要だということです。一方で，これまでにない要素を付け加えたり，大胆に増やしてみたりすることで，既存の製品・サービスにはない独自性を顧客に強く訴求し，他方で，既存の製品・サービスにおいては常識であった要素を大胆に減らしたり，取り除いたりします。そうすることで，十分な低コストを実現し，広い顧客に受け入れられるようになるのです。すなわち，よい価値提案とはメリハリのあるものである，といえるでしょう。

KEYWORD

ビジネスモデル　　価値提案　　コストリーダーシップ戦略　　差別化戦略　　規模の経済性　　経験効果　　範囲の経済性　　ブルーオーシャン戦略

さらに学びたい人のために　　　　　　　　　　　　　　　　**Bookguide** ●

- W. チャン・キム = レネ・モボルニュ（有賀裕子訳）[2015]『ブルー・オーシャン戦略——競争のない世界を創造する（新版）』ダイヤモンド社。

　　本章でも基本的な概要は紹介しましたが，「新しい価値をどう創出するのか」ということについて，一冊を通じて書かれています。事例も豊富なので，より詳しく知りたい読者はぜひ読んでみてください。

- 小倉昌男 [1999]『小倉昌男 経営学』日経 BP 社。

　　「クロネコヤマトの宅急便」でおなじみの，ヤマト運輸の元経営者である小倉昌男が，宅急便事業の創造やヤマト運輸の経営について自ら記した本です。今でこそ私たちは当然のように宅急便を使っていますが，かつて個人向けの宅配業は「絶対に儲からない」といわれていました。どのようにして事業を立ち上げるのか，ビジネスモデルをどう構築するのかを具体的に学べます。

参考文献　　　　　　　　　　　　　　　　　　　　　　　**Reference** ●

オスターワルダー，A. = ピニュール，Y.（小山龍介訳）[2012]『ビジネスモデル・ジェ

ネレーション　ビジネスモデル設計書――ビジョナリー，イノベーターと挑戦者のためのハンドブック』翔泳社。

キム，W. C. = モボルニュ，R.（有賀裕子訳）［2015］『ブルー・オーシャン戦略――競争のない世界を創造する（新版）』ダイヤモンド社。

ポーター，M. E.（土岐坤・中辻萬治・服部照夫訳）［1995］『競争の戦略（新訂版）』ダイヤモンド社。

第**3**章

顧客は誰か

セグメンテーションとターゲティング

EXERCISE　　「ゲーム」は，近年活況を呈している市場の1つです。スマートフォンでは，ソーシャルゲームの登場によって市場が大きく発展しましたし，従来型のハードを用いるゲームでも，Nintendo Switch が大きく売上を伸ばしています。また，コンピュータゲームだけでなく，ボードゲームなどのアナログゲームも，「人狼」のブーム以来，人気を高めています。あなたがゲーム市場でビジネスを始めようとしたとして，どのような人たちを対象にしようと思いますか。とくに，まだ十分にニーズが満たされていない市場がどこかにあるでしょうか。

（写真提供：左上・chee gin tan/iStock，
右上・Wachiwit/iStock，右下・Takumi.
Sekiguchi / PIXTA）

1 顧客を選ぶことの重要性

　革新的な製品・サービスを考えついたとしても，それがきちんと顧客に売れなければ商業的には成功したことになりません。第**2**章では，ビジネスモデルを考える上で，顧客への「価値提案」が非常に重要であると指摘しました。しかし，顧客によって価値の捉え方はさまざまです。したがって，優れた価値提案を考えるためには，そもそも誰が顧客なのかを考える必要があります。どのような顧客に売るのか，あるいは誰を顧客とするのかを決定することは，ビジネスモデルの成否にとって，きわめて重要な点の1つなのです。

　自社の製品・サービスを売る顧客を適切に選ぶには，①市場にどのような顧客がいるのかを体系的に理解する試みと，②その中で自社にとって最も望ましい顧客を選ぶ試みの，2つが必要です。このうち前者は**セグメンテーション**（市場細分化）と呼ばれ，後者は**ターゲティング**と呼ばれています。

　なぜこうした試みが必要なのでしょうか。買ってくれる人なら誰でもよいではないかと考える人もいるかもしれません。しかし，それは違います。なぜなら，顧客が誰かを考えなければ，適切な売り方が思いつかないことがあるからです。たとえば，化粧品を20代の女性に対して売る場合と，40代の男性に対して売る場合では，製品の原材料も，広告を出す先も，モデルとして起用する人も，実際に売るための店舗の種類や場所も，異なってくるでしょう。買ってくれる人なら誰でもよいというスタンスでは売れない可能性が高いのです。

　また，市場にどのような顧客がいるかを理解していないと，望ましい顧客を見つけられなかったり，そもそも本当にその製品を買ってくれる顧客がいるのかを判断できない可能性もあります。任天堂は近年，**Wii Fit**や「リングフィット アドベンチャー」といったフィットネス用のゲームソフトを発売し，いずれも大きく成功しました。この背景には，中高年層などに健康意識の高い人が増えていることに加えて，そうした人に合ったゲームソフトを提供したことがありますが，任天堂は，じつは1986年にも「ファミリートレーナー」というファミリーコンピュータを利用したフィットネスゲームを販売しています。

しかしながら，Wii Fit やリングフィットと違い，このゲームは大きな成功を収められませんでした。その理由には，現在ほど大人がゲームをするのが一般的ではなかったことや，健康意識が高い人も今ほど多くなかったことがあげられるでしょう。また，ファミリートレーナーはマットの上でユーザーが動きながらプレーするものだったので，集合住宅が多く，防音性能もそれほど高くなかった当時の住居では，周囲への騒音が問題となってしまうため，使える家庭があまり多くありませんでした。Wii Fit では，ユーザーがボードに両足を乗せて左右のバランスをとることで運動ができる仕組みを採用し，これによって騒音問題を見事に解決しています。リングフィットでも，手や上半身の動きは「リングコン」と呼ばれるリング状のコントローラーで，また足の動きは「レッグバンド」で認識できるようになっています。これらの後発製品に比べると，ファミリートレーナーは，市場に対しての理解が十分でなかったといえるでしょう。

　本章では，「顧客は誰なのか」を考えるためのアプローチとして，セグメンテーションとターゲティングについて説明していきます。

 # セグメンテーション

セグメンテーションを理解する

　セグメンテーション（市場細分化）を理解するポイントは，市場の差異性と共通性です。当然のことながら，世の中の人々は1人1人異なり，ある製品・サービスに対する嗜好も人によって違っています。映画を例にとってみても，恋愛映画が好きな人，アクション映画が好きな人，サスペンスが好きな人，あるいはそもそも映画に興味がない人など，個々人の嗜好は異なるものでしょう。同様に，企業を顧客とする場合でも，個々の企業のニーズは異なります。ある製品・サービスが世の中のすべての人々あるいは企業に求められるということは，ほとんど起こりえないわけです。だからこそ，自社の製品・サービスに対して人々の嗜好がどのように異なっているのかを理解する必要があります。し

かし，世の中のすべての人々の嗜好を個別に把握しようとすることは現実的とはいいがたく，仮にそれができたとしても，特定個人の嗜好だけに合わせて製品・サービスを提供することは，多くの場合費用が高くつきすぎてしまいます。

　とはいうものの，一方で，1人1人の嗜好が完全に異なっているというわけでもありません。ある製品・サービスに対し，共通した反応が見られることがあります。改めて映画の例を考えてみると，最近は，若い男性はどちらかといえば「邦画アニメ」を好み，中高年の男性は「洋画実写」を，若い女性は「邦画実写」を好むという傾向が見られるといわれています。この場合，映画に対しては，年齢と性別に応じて求めるものが異なるといえるでしょう。セグメンテーションとは，こうした共通点に着目して市場を分類する作業のことを指しています。このようにして切り分けられた部分を通常，「セグメント」と呼びます。つまり，何らかの分類方法によって顧客を分類することで，市場にどのような顧客タイプ（セグメント）が存在するのかということを示すのです。

　市場を切り分けることは，製品・サービスを提供する企業にとって非常に有益な作業です。たとえば，なるべく多くの顧客に売りたいと考える企業であれば，セグメンテーションを通じて，共通した嗜好を持つ顧客とはどのような人々なのかや，その人たちは何を重視しているのかを理解することができます。反対に，高い支払い意思額を持つ顧客に売りたいと考える企業も，どのセグメントがそれに該当するのかを見つけることができるでしょう。少し遠回りに思えるかもしれませんが，顧客を探すためには，まず市場全体を見通すことが必要だということです。また，セグメンテーションは，さまざまな分類軸を用いて行うことが可能です。常に1つの正解があるというものではなく，企業あるいは個人によって異なるセグメンテーションを行うことができます。

┃ セグメンテーションの軸（基準）

　顧客を切り分けるためのセグメンテーション方法については，過去に多くの研究がなされています。表3.1にあるように，代表的な軸（基準）として，デモグラフィック特性，地理的特性，心理特性，行動特性の，4つがあげられます。

デモグラフィック特性	
年　齢	6歳未満，6〜11歳，12〜19歳，20〜34歳，35〜49歳，50〜64歳，65歳以上
家族のライフサイクル	若い独身者，若い既婚者で子どもなし，若い既婚者で末子が6歳未満，若い既婚者で末子が6歳以上，年輩の既婚者で子どもあり，年輩の既婚者で18歳未満の子どもなし，年輩の独身者，その他
性　別	男性，女性
所　得	9999ドル以下，1万〜1万4999ドル，1万5000〜1万9999ドル，2万〜2万9999ドル，3万〜4万9999ドル，5万〜9万9999ドル，10万ドル以上
地理的特性	
都市の人口規模	4999人以下，5000〜1万9999人，2万〜4万9999人，5万〜9万9999人，10万〜24万9999人，25万〜49万9999人，50万〜99万9999人，100万〜399万9999人，400万人以上
人口密度	都市，郊外，地方
心理特性	
ライフスタイル	文化志向，スポーツ志向，アウトドア志向
パーソナリティ	神経質，社交的，権威主義的，野心的
行動特性	
オケージョン	日常的なオケージョン，特別なオケージョン
ベネフィット	品質，サービス，経済性，迅速性
使用量状況	ライトユーザー，ミドルユーザー，ヘビーユーザー

（出所）コトラー゠ケラー［2014］307頁より一部を抜粋し修正の上，筆者作成。

(1) デモグラフィック特性

　デモグラフィック（人口動態的）**特性**によるセグメンテーションとは，年齢や性別，所得，世帯規模，職業，世代などの客観的な属性によって，市場をグループ分けすることです。セグメンテーションの基準として最も多く使われるのがこの分類基準です。なぜなら，実際にこうした属性によって，消費者のニーズが異なることが多いからです。これまでも見てきたように，年齢や性別によって嗜好が大きく異なる例は容易に見て取れるでしょう。

(2) 地理的特性

　国や地域によっても，人々の嗜好が異なることがあります。たとえば，日清食品の「どん兵衛」や東洋水産の「赤いきつね」は，東日本と西日本でスープの味を変えていますが，これは，関東では鰹だしの濃いスープが，関西

では昆布だしの薄いスープが好まれるという，地域による食文化の違いを反映しています。都市部と郊外でも，消費者の嗜好は大きく異なることがあります。自動車を例にとってみても，都市部と郊外では利用頻度や世帯当たりの所持数，道路の混雑度等の条件が異なるため，求めるニーズは異なってくるでしょう。国別で見ても，たとえば，先進国と新興国では人々の所得やインフラの整備状況が異なるので，消費者のニーズに違いが出てきます。このように，地理的条件や文化，人々の所得が異なるがゆえに，**地理的特性**によって市場を分類することが有効な場合があります。

(3) 心理特性

パーソナリティやライフスタイルによっても人々のニーズは異なり，グループ分けをすることができます。同じような年齢・性別であったとしても，アウトドア志向が強い人と，インドア志向が強い人とでは，嗜好が異なる場合があります。こうした，人々の志向性による分類を**心理特性**によるセグメンテーションと呼びます。

よく知られた心理特性の1つに，新製品に対する感度や反応に応じた分類があります。この分類を最初に提唱したエベレット・ロジャーズは，イノベーションや新製品に対する顧客の志向が，5つのタイプに分かれることを示しました。**表3.2**を見ると，それぞれのタイプが異なる特性を持っていることがよくわかります。

「イノベーター」（革新的採用者）は，好奇心が強く，技術的な専門知識があり，新製品に強い興味を示す人々です。いわゆる「マニア」と呼ばれる人々が，このカテゴリに該当します。彼らは，知識や情報感度が高くて常に新しいものを求め，新しいものであれば高くても買います。ただし，市場に占める割合はごく少数（一般的には2.5％程度）であり，しかも内向的で内輪でのコミュニケーションを好みます。新製品に対して強い関心を持つ，もう1つのカテゴリが，「アーリーアダプター」（初期採用者）と呼ばれる人々です。彼らも新製品に対する感度が高く，加えて社会的な影響力があり，よいと思った製品を積極的に他者に勧めてくれます。「オピニオンリーダー」や「インフルエンサー」とも呼ばれる人々です。ただ，人数は先ほどのイノベーターに比べると多いのですが，それでも市場に占める割合は少数（13.5％）

採用カテゴリ	特 性	市場における比率 (%)[注]
イノベーター (革新的採用者)	新製品感度が非常に高く，価格感度は低い。製品知識は豊富だが，内輪でしかコミュニケーションをとらないので，社会的影響力は強くない	2.50
アーリーアダプター (初期採用者)	社会的影響力が強く，オピニオンリーダーの存在。情報感度は高く，価格感度はそれほど高くない	13.50
アーリーマジョリティ (前期多数派)	社会の平均的消費者。情報感度，価格感度はともに中程度	34
レイトマジョリティ (後期多数派)	変化をあまり好まない慎重な消費者。情報感度は高くなく，価格感度が高い	34
ラガード (採用遅延者)	保守的で変化を最も好まない消費者。情報感度が低い	16

(注) 正規分布を仮定して，平均から1SD（標準偏差）以内をアーリーマジョリティとレイトマジョリティ，1SD以上をアーリーアダプターとラガード，2SD以上をイノベーターと見なしている。
(出所) ロジャーズ［2007］より筆者作成。

だと考えられています。

　その他のカテゴリが，「アーリーマジョリティ」（前期多数派），「レイトマジョリティ」（後期多数派），「ラガード」（採用遅延者）と呼ばれる人々で，後にいくほどより保守的で慎重な態度を示す人々を指します。その一方で，「多数派」という名称が示す通り，イノベーターやアーリーアダプターと比べて，一般的にはアーリーマジョリティやレイトマジョリティが人口に占める割合は，圧倒的に多数になっています。

　このロジャーズの分類のように，人間の心理的な性向や志向性を軸に用いることで，同じ製品に対して顧客ごとに異なる反応を示すことが整理できるのです。

　さて，ロジャーズの分類が興味深いのは，これら5つのタイプで新製品を購入する時期も異なるという点です。これは，新製品に対する情報感度や価格感度が異なることによります。図3.1に示されているように，最も早く新製品を採用するのはイノベーターで，続いて興味を示すのがアーリーアダプター，次いでアーリーマジョリティ，レイトマジョリティ，ラガードと進んでいきます。

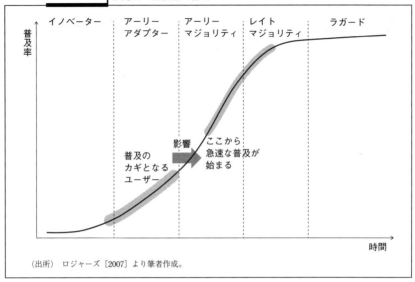

（出所）ロジャーズ［2007］より筆者作成。

　ここで重要なのは，新製品の普及という点では，「アーリーアダプター」に製品を採用してもらうことが決定的に重要だということです。影響力の高い彼らが購入することが，後に続く多数採用者の購入を促すからです。近年，Instagram などの SNS で多くのフォロワーを獲得している「インフルエンサー」と呼ばれる個人に対して，新製品を配布し使ってもらう企業が多くなってきています。これも，その製品の普及を促す上で彼らの役割が非常に大きいことを反映した現象です。

(4) 行動特性

　行動特性による細分化では，消費者は製品に対する知識や態度，使用頻度などに基づいてグループ分けされます。使用頻度であれば，「ヘビーユーザー」「ライトユーザー」「ノンユーザー」などに消費者を分類することができます。近年は情報技術の発達によって，消費者の購買行動を分析することが容易になりました。とりわけインターネット関連サービスでは，単なる売上データだけでなく，ウェブサイトの閲覧履歴，滞在時間，他コンテンツの利用傾向等の膨大なデータがリアルタイムで収集できるため，行動特性での分類を高い精度で行うことができ，重要性が増しているといえます。たとえばソーシャルゲームの「重課金者」「微課金者」「非課金者」が，どれほどの規

模で存在し，それぞれがどのようにゲームを利用しているのかを，企業は知ることができます。

　以上のようなさまざまな軸（基準）を組み合わせると，市場にいる顧客をいくつかのセグメントに分けることが可能になります。そして，それぞれのセグメントの特徴やニーズを考えていけば，私たちは市場全体にどのような顧客層が存在するのかが理解できます。

　こうした基準を利用することのもう1つ利点は，さまざまな製品・サービス，あるいは企業内の複数の部門や地域において，認識を共有しやすくなることです。企業全体で同じ基準を利用すれば，その組織のメンバーは同じように市場を見ることになります。そうすると社内での意思疎通が容易になり，また仮に他製品や他地域の担当へ異動になったとしても，異動先の市場の特徴をすぐに理解できるでしょう。企業が共通したセグメンテーションの軸を利用して，体系的に市場を分析することは，こうした意味でも重要な役割を持っています。

┃ セグメンテーションについて注意してもらいたいこと

　セグメンテーションについて，3つほど注意してもらいたい点があります。第1に，セグメンテーションは，製品ではなく市場や顧客を対象に行うものであるということです。企業はしばしば，自社の製品を，その機能・性能・価格帯に基づいて複数のラインナップに分けています。これは，それぞれの製品・サービスを異なるセグメントにあてるということを，暗黙的に前提としたものでしょう。しかし，製品を機能や性能に基づいて分類しただけでは，セグメンテーションを行ったことにはなりません。まず，どのようなセグメントが市場に存在しているのかを明確に考えた上で，複数の製品に分けるべきかを考える必要があります。Apple は 2013 年に既存端末である iPhone5s に加えて，価格帯を下げた iPhone5c を販売しました。結果，5s の販売は好調だったものの，5c の売上は不振に終わりました。製品ラインナップを価格帯で分けることは多くの企業が行っていますが，このケースでは必ずしも効果的ではありませんでした。低価格を好むセグメントは，実際にはより低価格の Android 端末を購入しており，廉価版の iPhone5c はそのニーズには合致していなかったので

す。その点で，5cが狙ったセグメントは不明確であったといえます。

　第2に，セグメンテーションは，自社の既存顧客だけを対象にするものではなく，市場全体を対象に考えるものだということです。つまり，すでに顧客となっている人々だけでなく，潜在的な顧客層をも含みます。定義からするとこれは当然のことなのですが，現実には，企業はしばしば自社の顧客を念頭に置いてものを考えがちです。それは，自社の顧客を大事にしたいという思いからきているのかもしれません。あるいは，自社の顧客についてはよく理解しているし，情報を収集することも容易であるのに対して，競合企業の顧客や，そもそもその製品・サービスを利用していない人から情報を収集するのは難しいからかもしれません。しかし，セグメンテーションの考え方からすると，これらは狭いものの見方です。前述したように，セグメンテーションでは，差異性と共通性という2つの観点から市場を分けていきます。したがって，あるセグメントの特徴を理解するためには，そのセグメントだけでなく，それが他のセグメントとどう異なるのかを理解することも，必要なのです。

　そして第3に，セグメンテーションは，その企業や，企業の中で当該製品・サービスを担当する担当者の市場観を反映するということです。市場の切り分け方は無数にありえます。市場をどう切り分けるかは企業によって異なります。そして企業は，切り分け方を考えることを通じて，市場がどのような構造になっているのかを理解していきます。不十分なセグメンテーションは曖昧な市場理解につながりますし，体系的にセグメンテーションを行うことができれば，市場の全体像を得ることができます。現実には多くの企業人が，日常の仕事を通じて異なる顧客タイプがいることを暗黙的に理解していると思います。しかし，それぞれの顧客タイプがどう異なるのか，あるいは何によって異なるのかという点について熟慮する機会は，なかなかないものです。ある意味，セグメンテーションとは，こうした点について意識的に，体系的に理解しようとする活動であるともいえます。企業がどのような戦略を考えるのか，何をして何をすべきでないかは，すべて，誰が顧客であるかが前提となります。セグメンテーションは市場を細かく切り分けることに過ぎず，単なる分析ツールの1つですが，すべての起点となるという点で，非常に重要なものなのです。

3　ターゲティング

┃ターゲットを考える┃

　市場をセグメントに分けた後にすることは，自社の製品・サービスのターゲットはどのセグメントかということの選択です。特定のセグメントを選択してもよいですし，セグメントに優先順位をつけるということでも構いません。自分たちの製品・サービスにとって最も「おいしい」セグメントから優先してターゲットとしましょう。ただし，適切にターゲットを選択する上では，以下の2点について注意する必要があります。

　第1が，調査の必要性です。魅力的なセグメントを選択するためには，それぞれのセグメントを評価する必要があります。そのためには，セグメントがどのくらいの規模か，将来的な成長性がどの程度か，収益性はどの程度かといったことを調査して，測定しなければなりません。この作業を怠ってしまうと，ターゲットは明確に選んだものの，そもそもの規模が小さすぎて，まったく売上が伸びないといったことになってしまいます。

　デモグラフィック特性によるセグメンテーションが頻繁に行われる理由の1つに，この調査のしやすさがあります。デモグラフィック特性で分けたセグメントは，その規模が測定しやすいことが多いのです。また，自社の目的や経営資源と適合しているのかも考えなければなりません。せっかくターゲットを選んでも，そのセグメントが求める製品・サービスを提供するための技術を持っていなければ，ニーズに合致したものを提供することはできないでしょう。したがって，それぞれのセグメントが何を重視しているのかについても調査して，適切に把握する必要があります。

　第2は，ターゲットの広さです。第②節で見たように，多くの場合，市場には複数のセグメントが存在します。その中で特定のセグメントを1つ選択するのが典型的なターゲティングです。この場合，ターゲットとなるセグメントがいかに固有，かつ，まだ満たされていないニーズを持っているのかを理解する

ことが重要になります。他のセグメントとの差異性が重要なのです。しかし，企業によっては複数のセグメントを対象に，広くターゲットをとる場合があります。こうした場合には，複数のセグメントに共通のニーズをいかにあぶり出せるかが，カギとなります。

ターゲティングの応用例

これまでの説明で，セグメンテーションとターゲティングがどのようなものかが，わかったと思います。基本的なアイデアは非常にシンプルなものです。しかし，実際にはさまざまな奥深い応用ができます。以下ではそうした例をいくつか紹介しましょう。

(1) 波及効果：セグメント間の相互作用

セグメント間の相互作用をうまく利用することで，波及効果を狙える場合があります。ナイキ（NIKE）は，ランニングシューズでの成功を受けて大きく成長した企業です。ナイキは，ランニングシューズを当初，プロのランナーに向けて積極的に売り出していました。プロランナーのセグメントは，規模としては非常に小さく，売上や収益性という観点では魅力的ではありません。しかし，ランニングをする一般大衆にとって，プロランナーは憧れの存在です。そのため，プロランナーに普及して，大会のテレビ中継などで放映され，こうした一般大衆の注目を集めることが，売上の増大につながりました。

ナイキの事例は，セグメント間の感情的な相互作用を利用して，成功した例といえます。こうした波及効果を狙うならば，最終的にターゲットとなるセグメントと，最初に攻略すべきセグメントは，分けて考えたほうがよいといえます。その上で，最終的なターゲットセグメントを攻略する上で影響の大きいセグメントを検討する必要があります。

(2) 長期で考える：セグメントの時間的な変化

時間的な展開を意識することでも，ターゲットをよりうまく利用することができます。当たり前ですが，人間は時間の経過とともに年をとります。当初10歳だった子どもも，10年経てば20歳になり，20歳だった人は30歳になります。一般的に，ある製品・サービスを使い始める年齢をエントリーポイントと呼びますが，このエントリーポイントとなるセグメントを押さえることが長

期的に大きな意味を持ってくることがあります。たとえばオンライン証券会社は，若年層をターゲットとしてきました。このセグメントは，証券取引を始めるエントリーポイントではありますが，収入がまだ少ないため，証券会社にとって必ずしも魅力的なセグメントとはいえません。しかし，彼らがそのサービスをずっと使い続けてくれて 30 代や 40 代になったとき，証券会社は非常に魅力的なセグメントを確保していることになります。もちろん，10 年も 20 年も利益が出ないまま事業を継続することは困難なので，若年層を対象としつつも利益を出す何らかの工夫をする必要はあります。しかし，エントリーポイントがどこなのか，そのセグメントを押さえることの長期的な意義は何なのかを考えることは有益でしょう。

(3) 意思決定者は誰か

通常の製品の場合，製品を実際に使う人が自分のニーズに基づいて購入を決めます。しかし，製品・サービスによっては，実際に購入する人とは異なる人が，実質的に意思決定を担っていることがあります。たとえば英和辞典は，実際に使うのは中学生や高校生ですが，多くの場合，学校が使う辞書を指定して一括で購入したり，先生からの推薦というかたちでいくつかの辞書が推奨されていたりします。このような場合，その製品・サービスがよいかどうかの評価を形成したり，意思決定に実質的に大きな影響を与えているのは，学校の英語の先生ということになります。大修館書店の『ジーニアス』は日本で最も多く売れている英和辞典ですが，同社はじつは英和辞典の出版社としては後発で，『ジーニアス』の前に出していた辞典はそれほど多く売れていたわけではありませんでした。こうした状況を改善すべく，大修館書店は『ジーニアス』の出版にあたって，教育現場にいる英語の先生たちから細かいニーズを汲み取るために，自社が発行する『英語教育』という専門雑誌にあった，読者（英語の先生）と専門家との質疑応答コーナーで蓄積された知見を活用しました。これによって，先生たちが実際に英語を教えるときに直面している課題や，辞書への要望を，辞書作りに反映できたのです。のみならず，『ジーニアス』の出版後には直接，中学校や高校の先生に対して積極的な売り込みも行いました。こうしたことが評判を呼び，『ジーニアス』は多くの学校で採用されるようになりました。

Column ❷　マーケティング論

　本章と第4章の内容は，一般的にはマーケティング論と呼ばれる領域の議論です。マーケティングとは，「市場」（market）を創造するために必要な諸活動，すなわち，顧客のニーズを理解し，そのニーズを体現した製品・サービスを作り，顧客へその価値を伝え，顧客がその価値を効果的に得られるようにすること，を指しています。マーケティング論は，いかにすればこれらの活動を効果的に行えるのかを探求する学問領域です。

　すでに見てきたように，市場を創造するには，企業は顧客に対して明確な価値を訴求し，その価値をきちんと顧客に理解してもらう必要があります。しかし，顧客というのはなかなか複雑な存在です。予算制約のもとで合理的に利得を計算して購入の意思決定を行うこともあれば，ブランドに惹かれて情緒的な判断をすることもあります。また，個人で判断することもあれば，他人の影響を強く受けて購入を決めることもあるでしょう。顧客は人間ですから，顧客を理解することは，人間そのものに対する理解を深めることに等しいといえます。顧客について理解を深め，常に顧客を起点にして考えるところが，マーケティング論という学問分野の大きな特徴です。

　マーケティング論の中にもさまざまな分野がありますが，大きくは以下の3つがあげられます。

- マーケティングマネジメント──企業がどのようにして市場創造や顧客価値の創出，ブランド管理を行うのかを考察する分野
- 消費者行動論──顧客がどのような消費行動をとるのかについて，おもに心理学的な側面から検討を行う分野
- マーケティングサイエンス──数式を使って科学的に消費者行動をモデル化しようとする分野

このように，市場を理解するということは，私たち人間の行動を深く考察することにつながっているのです。本章を読んで興味を持った人は，ぜひマーケティング論を学んでみてください。

　また，購入する人と，使用する人が，異なる場合もあります。贈答品の市場はその典型例です。贈答品では，実際に使用する人が何を求めているかを，購入する人が想像しながら，購入の意思決定をします。場合によっては，使用者の製品・サービスに対する評価が，自身の評価につながる可能性もあります。

そのために，自身が使用するものを購入するときとは異なる意思決定をしやすいといえます。自分自身が使う場合には価格に敏感な人でも，贈答品の場合にはこだわらないということがありえます。反対に，リスクや話題性には普段以上に敏感に反応することもあります。これらの結果として，品質に関して高い評価を受けている製品・サービスや，ブランド力の高い製品が，より好まれる可能性が考えられます。

４ 独自のセグメンテーションを考える

　第２節・第３節で，セグメンテーションやターゲティングの基本的な考え方を説明しました。デモグラフィック特性や地理的特性など，いくつかの基準によって市場を分けることで，私たちは市場にどのような顧客層がいるのかを，明確に考えることができます。ただし，こうした標準的な基準の利用には，注意も必要です。標準的な基準には，既存の考え方を利用でき，また社内で同じ基準の利用や共有が容易であるという利点が，たしかにあります。しかし，その基準を利用できるのは社内だけに限りません。標準的な基準は，世の中ですでに広く知られているため，社外の他の人間，たとえば競合企業の担当者も，同じ基準に基づいてセグメンテーションを行っている可能性があります。これはつまり他社と同じように市場を見ているということなので，おのずと同じような顧客をターゲットにし，同じような売り方をするということが多々起こりえます。そうなると当然，競争は激しくなり，その製品・サービスが成功する可能性は下がってしまうことになります。第**2**章で紹介したような，レッドオーシャンに陥りがちになるのです。

　これと対照的なのは，独自のセグメンテーションを行うという取り組みです。セグメンテーションは，その企業や担当者の市場観を反映していますので，他社と異なるセグメンテーションを行うことは，他社と違った市場の見方をしていることを意味します。これは，まったく異なるターゲット選択や新しい製品・サービスの売り方につながるため，ブルーオーシャンを発見できる可能性が高くなるのです。多くのスタートアップ企業が登場し，ブルーオーシャン戦

略のような新しい価値を訴求することの重要性が指摘されている近年は，こうした独自の市場の見方を獲得することが，より強く求められているといえるかもしれません。

　実際に独自の見方を持つことがどのような効果を有するか，ユニクロの例で考えてみましょう。ユニクロは全国各地に展開し，その製品は年齢・性別を問わず多くの人に受け入れられています。その点で，先にあげた地理的特性やデモグラフィック特性を用いて顧客を分けた上でターゲット選択をしているのではないと考えられます。従来，アパレル企業は，年齢・性別・心理特性などによって細かくセグメントを分け，その中から自社のブランドのターゲットを選択してきました。これは，こうした属性によって顧客の趣味嗜好が異なると考えているからです。それに対してユニクロは，同じ消費者でも趣味嗜好が異なる場合と，そうではない場合があると考えました。後者に該当するのがカジュアルウェアやインナーウェアであり，同社はそこに注力して大きな成功を収めたのです。

　それでは，どのようにしたら独自のセグメンテーションを考えられるでしょうか。残念ながら，独自のものの見方をするための方法論は確立されていないので，「これだ！」というものを説明することはできないのですが，2つほどヒントになる点を紹介します。これらの方法を通じて，独自のものの見方ができるか，みなさんもぜひ試してみてください。

セグメンテーションを繰り返す

Compete Smarter, Not Harder（Putsis［2013］）は，新しいビジネスの創り方を説明したビジネスパーソン向けの本ですが，この中でセグメンテーションに関して興味深い方法が提案されています。それは，「一度セグメンテーションを考えてみて，その後，それを破棄し，次にもう一度，先ほど使用した尺度を使わないでセグメンテーションを考えてみる。これを何度か繰り返す」というものです。この過程を通じて，最初は標準的な基準，言い方を変えれば常識に縛られた見方をしている状態から，その基準の使用が禁じられ，新たな考え方をすることを余儀なくされていきます。実際に独自のセグメンテーションを思いつくかどうかは，みなさんの頑張り次第ではありますが，少なくともそれを考

える機会を得ることができます。この方法で考えたセグメンテーションと，当初のセグメンテーションを比べれば，違いが明らかになるでしょう。

2軸で情報を整理して市場の隙間を見つける

グラフィックデザイナーの佐藤可士和は，著書『佐藤可士和の超整理術』の中で，問題解決を行うために，情報を整理することの重要性を指摘しています。この本はセグメンテーションについて書かれているわけではないのですが，書かれている内容は，いかに独自のものの見方ができるかという点で非常に参考になります。同書の中で，問題の本質を理解するためには，自分なりの視点で問題を「整理」する必要があると述べられています。詳細については実際に本を読むことをお勧めしますが，ここで重要なのは，何らかの新しい視点でもって既存の市場を整理し直すことが，本質的な理解につながる可能性があるという点です。

　具体的に説明しましょう。2010年ごろのアパレル産業を例に考えてみます。当時のアパレル産業を「店頭かオンラインか」という軸と，「新品か中古か」という軸で整理すると，店頭の新品販売では，既存のアパレル企業に加えてユニクロやZARAといった新興のアパレル企業が大きく成長していました。他方で，新品のオンライン販売でも，ZOZOTOWNが大きく成長を遂げていました。これに対して，中古品については，店頭販売には古着屋やリサイクルショップがありましたが，オンラインでの中古品販売は，オークション形式を用

CHART 図3.2　アパレル業界の例

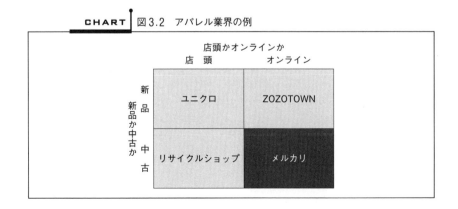

いたヤフオク！（当時の Yahoo! オークション）に限られていました。ここに目を付けたのがメルカリです。同社は，オンラインでの中古品販売が上記の他の市場に比べてまだ十分に満たされていないと考え，より簡単に利用できるサービスを考案し，フリマアプリ「メルカリ」を提供したのです。

「店頭かオンラインか」という軸と，「新品か中古か」という軸は，いずれも既知のものですが，これらを組み合わせて市場を整理したことで，新しい市場の隙間を考えることができました。こうした分類軸にはさまざまなものがありうるので，自分で試行錯誤しながら市場を整理し直してみてください。

KEYWORD

セグメンテーション　　ターゲティング　　デモグラフィック（人口動態的）特性
地理的特性　　心理特性　　行動特性

さらに学びたい人のために | Bookguide ●

● 池尾恭一・青木幸弘・南知惠子・井上哲浩 [2010]『マーケティング』有斐閣。

　本章で扱ったような，顧客に対するアプローチをより深く学びたい人は，マーケティング論を学ぶことをお勧めします。本書は，マーケティングの基本的な教科書ですが，とくに消費者行動や市場調査が丁寧に説明されている点に特徴があり，マーケティング調査の実際がよくわかります。

● 森岡毅 [2016]『USJ を劇的に変えた，たった 1 つの考え方──成功を引き寄せるマーケティング入門』KADOKAWA。

　著者の森岡毅は，日用品大手の P&G を退社後，ユニバーサル・スタジオ・ジャパンでマーケティングを担当し，同社のブランド戦略の大改革を主導しました。その結果，当時経営難に陥っていた同社の業績は V 字回復を果たし，現在の人気テーマパークの地位を確立するに至りました。本書では，この事例に基づいて，マーケティングの基本的な考え方がわかりやすく描かれています。

コトラー，P. = ケラー，K. L.（恩藏直人監訳，月谷真紀訳）［2014］『コトラー＆ケラー
　　のマーケティング・マネージメント（第12版）』丸善出版。（Kotler, P., and Keller,
　　K. L., *Marketing Management (12th ed.)*, Pearson Prentice Hall, 2006.）

佐藤可士和［2011］『佐藤可士和の超整理術』日経ビジネス文庫。

ロジャーズ，E.（三藤利雄訳）［2007］『イノベーションの普及』翔泳社。

Putsis, W. [2013] *Compete Smarter, Not Harder: A Process for Developing the Right
Priorities Through Strategic Thinking*, John Wiley & Sons.

第**4**章

売り方・稼ぎ方をどう設計するか

顧客へのアプローチと収益モデル

EXERCISE ディスカウントストアのドン・キホーテは，従来の常識を破った店舗運営によって大きな成功を収めた企業です。狭く動きにくい店内。ゴチャゴチャと大量に置かれ，見つけにくい商品。価格帯もバラバラな商品が同じ棚に並べられている。店内の色彩や雰囲気は怪しげですらあり，決して落ち着いて商品を見られる環境ではありません。にもかかわらず客足は伸び続け，日本の小売業界でも確固たる地位を築いています。ドン・キホーテが成功した理由を，顧客の視点から考えてみましょう。ドン・キホーテは顧客に何を提供しているのでしょうか。どうしてそれが成功したのでしょうか。

（写真提供：TkKurikawa/iStock）

1 製品・サービスの届け方を考える

　自分たちが提供する製品・サービスのコアバリューが決まり（▶第**2**章），ターゲットとする顧客も定まったら（▶第**3**章），事業デザインの次のステップは，どうやってコアバリューを顧客に届けるか，すなわちどう売るかです。よい製品が作れたとしても，それを知ってもらい，価値を理解してもらうためには宣伝が必要です。また，実際に購入してもらうためには，どこで売るか（販売チャネル）も大切です。値段も適切に設定されなければなりません。本章ではまず，そのような顧客へのアプローチを検討する際の基本的な視点を提供する，マーケティングの 4P という考え方を紹介します。その上で，「製品・サービスを，適切な価格で，適切なチャネルで届ける」という標準形から発展した，近年さかんになってきている製品・サービスの提供方法，および収益の上げ方を，紹介していきたいと思います。

マーケティングの 4P

　ある製品・サービスを顧客に売るときに，企業が考えなければならない必須の 4 要素があります。それは，製品（product），価格（price），販売チャネル（place），情報発信（ないしは広告：promotion）です。この 4 要素を，**マーケティングの 4P** だとか，**マーケティングミックス**などと呼びます（コトラー゠ケラー[2014]）。

　概要をつかんでもらうため，まずは 1 つ，実例を用いて説明します。製品は飲料用の水です。これを，日本，中国，アメリカで販売する場合を考えてみます。すると，同じ水であっても，まったく異なる売り方が求められることがわかると思います（表4.1）。

　じつは，飲料水を売るとき，この 3 国の中で最も難しいのは日本です。日本では公共の水道がよく整備されていて，水道水を飲むことができるので，わざわざ水を買わなくてもよいからです。したがって，日本で飲料水を売るときには，ただの水としてではなく，「買うとその収益が環境保全活動に使われる」

	日　本	中　国	アメリカ
製　品	味や成分ではなく「意味」をつける	品質の高さ，安全性や成分が問われる	生活水として大量購入が望まれる
価　格	やや高め	高いほどよい	安いほどよい
販売チャネル	コンビニが主	スーパーが主	ハイパーマーケット（コストコなど）が主
情報発信	エコをプッシュする	ハイブランド感を演出する	バーゲン情報を定期供給する

（写真提供）　左：共同通信社，中：Imaginechina/時事通信フォト，右：©Jonathan Hayward/The Canadian Press via ZUMA Press/共同通信イメージズ。

といった社会的意味を付与するなどして，購入を促します。また，運動後や，行楽のとき，あるいは会議の後など，何かの活動に伴って売れることが多いので，そうした場所に合わせて，近くのコンビニや自販機で販売するようにします。

　一方，中国では，水道水は飲用向きには品質管理されていないため，日常的に飲むものとして飲料水が販売されます。人々はスーパーで大量購入します。また，農薬や大気汚染など食の安全が国民の関心事になっていますから，製品は品質管理に優れた安全で健康なものであることが望まれ，それを保証するハイブランド感を消費者に与えることが大切となります。

　アメリカでは，やはり生活のための飲料水は購入するのが一般的ですが，食の安全や水の味などへの関心は低いため，いかに安価に提供するかが大切になります。人々はコストコなどのハイパーマーケットと呼ばれる巨大商業施設で1週間分を大量購入することが一般的です。

　このように，ただ飲料水を消費者に売るという場合にも，買ってくれる顧客が何を望んでいるか，どのような生活をしているかを十分に見極めた上で，製品の提供の仕方を整える必要があるのです。これは，もちろん飲料水に限ったことではなく，いかなる製品であっても同じです。自分が誰かのために心を込めて作り出した製品が，狙い通りの顧客に届き，社会に普及していくには，顧

客とみなさん（事業者）をつなぐ接点，すなわちマーケティングの4Pを，適切に設定する必要があるのです。

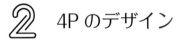 4P のデザイン

┃ 製品（product）：マーケティングの観点から，顧客体験を作り込む ┃

　本節では，マーケティングの4Pを1つずつ精査していきましょう。まずは，製品・サービスのかたちです。これについては，すでに第1章・第2章で，じっくりと議論してきました。第1章では，顧客の課題解決のために価値や機能をデザインすることが製品開発の基本にあることを，そして第2章では，そこに明確かつ新しいコアバリューを与える価値提案の大切さを説明しました。これらが製品・サービスのかたちを決める際の基本です。

　ここでそれらに加えて述べておきたいのは，機能やコアバリューが伝わるようにするために，製品・サービスは細部まで手を抜かずにデザインされる必要があるということです。製品・サービスをめぐる，すべての**顧客体験**（user experience；UXと書くこともあります）が，顧客にとっての価値を形成します。美しい，かっこいいといった見た目もやはり非常に大切ですし，ちょっとした使い勝手の良し・悪しも顧客体験に響きます。顧客が価値を感じ取れるように，体験として総合的にデザインする必要があるのです。

　一例として，学校の友達と東京ディズニーリゾートに行く場合の顧客体験を考えてみましょう。行く日を決め，当日までに計画を立てたりするところから，すでに顧客体験は始まっています。そうした準備の時間も顧客に幸せを与えているわけで，これも東京ディズニーリゾートが生み出した価値だといえます。したがって，ガイドブックやウェブサイトなどを整備することも，東京ディズニーリゾートの価値の増大につながります。当日は，アトラクションやショー，食事を楽しむのはもちろん，お土産を家族や他の友人に買って帰るのも，大切な顧客体験の一部です。帰宅後にお土産を配りながら思い出話をするのも，顧客にとって幸せな，価値ある時間だからです。そのため，お土産を充実させる

ことも顧客体験の高まりにつながります。このように，行く前，現地にいる最中，帰った後まで，すべてがテーマパークを楽しむ体験として作り込まれているからこそ，東京ディズニーリゾートは大ヒットし，リピート客も絶えることがありません（鎌田［2014］）。

つまり，製品・サービスをデザインする際には，そのものの美観や使いやすさはもちろんのこと，顧客がその製品・サービスをめぐって経験するあらゆるものに対して気を配り，それらすべてをデザインすべきということになります。この顧客体験という考え方は，後で述べる4Pの一貫性を作っていく上でも，大切となります。

┃ 価格（price）：値段の設定はアートである

マーケティング戦術の，第2の要素は価格です。価格というと，とりわけ日本に住んでいる人は，「とにかく安いほうがよい」という先入観に囚われがちです。実際，そのような価値観のもとで，消費者向けの製品も，産業界向け製品も，原料価格が変動したり流通コストが増大する中でも値上げが非常に難しいという状況が生じています。

ここで今一度，社会が持続するためには，まずもって製品やサービスを生み出すのに発生したコストが回収されなければならないということを，強調しておきたいと思います。原材料や部品にかかった費用だけでなく，その生産・流通に携わった人の人件費，工場やITなどの設備投資に使われた資金，さらには戦略や計画の立案などといった知的な労働の費用まで，すべてが回収されて拡大再生産に使われなければ，社会は発展していきません。その意味では，価格付けは原則として，発生したすべての費用を上回るように設定されなければなりません。価格が硬直化してしまうと，経済は回らなくなります。消費者も生産者も，価格は変動するものだという認識を持つべきなのです。

その上で，より大切なことは，製品・サービスの価格は，生産者側のコストで決まるのではなく，ユーザー側が受け取った価値で決まるのだということです。顧客にとって，それを作るのにいくらお金がかかったかは，本質的なことではありません。製品・サービスを作るのにどれだけ多くの費用がかかっていても，自分にとって価値のないものに顧客は対価を払いません。反対に，どれ

だけ費用が安く済んでいるとしても，顧客が感激するような素晴らしい価値を提供できていれば，それに見合った対価が支払われるのです。

このような視点から，ものの価格を見直してみることは，とても大切です。たとえば，世間ではメルセデスは高級車であると認識されています。しかし，メルセデスの生産・販売に携わる人々は，そうは考えていないようです。世界で最初に自動車を生み出した責任あるメーカーとして，妥協のないものづくりと，自動車という製品が現代社会で持つべき価値を考え，それに見合う値段として，価格を設定しているのです。そのほか，一般に同種の他社製品よりも価格が高いといわれている，ロレックスやスターバックスなども，決して高級品として売っているわけではなく，顧客のために価値や体験を作り込み，誠心誠意，生産やサービスをした対価を，よくよく見極めて価格付けをした結果なのです。

価格付けというと，とにかくコストを切り詰め，最低限の利益を乗せて安く売れば，顧客を増やせる……という考えになりがちです。しかし，消費社会が十分に成熟した今，まず顧客価値をしっかり作り込み，それに合わせて適切な価格を考える……という本来あるべきかたちに戻りつつあると考えるべきでしょう。

(1) 価格の持つ魔力：ヴェブレン効果

上で述べたように，製品・サービスが持つ価値に合わせて価格を決める，これが価格設定の基本です。しかしながら，5万円の値札が付いた鞄を見れば，私たちはその鞄は素晴らしい品なのだろうと「価格を見て，価値を判断」しますし，反対に1000円で鞄が売られていれば，すぐ壊れてしまうような品なのではないかと「価格を見て，価値を判断」します。このように，人間の心理というものが作用することで，「価値が価格を決める」だけではなく「価格が価値を決める」という逆転現象が起きることを，念頭に置いておかなければなりません。

近年，日本で大きく成功した会社の1つに，RIZAPがあります。従来のダイエットプログラムが「方法」を売りにしていたところ，RIZAPは「結果にコミットする」をコンセプトに参入し，食事制限と運動というシンプルな方法をとりながらも，顧客を確実にダイエットさせることで成功しました。成功理

由の1つが，その価格設定です。最も短い2カ月のプログラムでも，なんと30万円以上の料金がかかります。決して値下げも割引もしません。しかし，この価格設定こそがポイントなのです。

　自分の人生に多大な影響を及ぼす「お金」にまつわる数字であるだけに，人間は，製品やサービスに付けられた価格を見て，じつに多くのことを感じ，考え，判断します。その製品は一般的にどのくらいの値段なのか，費用対効果はよいか，最近値上がり／値下がりしているのか，他の製品と比べて高級品なのか低価格品なのかといったことを，いろいろと思案するのです（図4.1）。そして，一般的な品よりも高い値段が付いていたら，これは高級品なんだな，低価格なら低級品だなと，製品の水準を品定めします。高級品だから価格が高いのではなく，価格が高いから高級品だと，消費者は認識するのです。

　RIZAPのサービスの価格は，一般的なフィットネスダイエットと比べて桁が1つ違います。消費者はその値段を見て，「RIZAPのサービスはほかとは違う，すごいものに違いない」と認識します。価格付けとは，自分たちの製品やサービスのグレードを顧客に示す方法であり，高価格であるからこそ，それを売りに顧客を惹きつけることもできるのです。

　いわゆる「ブランド品」が，値下げをすることでブランド価値を毀損し，顧客がむしろ離れていってしまうというのも，同じ理由によります。顧客は，自分が高級な品物やサービスを使っているということ自体に満足を感じるのです。

こうした「高いものを買えて／使えて嬉しい」という心理効果を，この種の消費者心理があるということを発見した19世紀の学者の名前に因んで，**ヴェブレン効果**（Veblen effect）と呼びます（古川・守口・阿部［2011］）。

　この効果を踏まえるとやはり，不用意に低い価格を付けるのは避けるべきということになります。たしかに，値段を下げれば顧客を呼び寄せることはできますし，競合との競争の中で仕方なく進んでしまう「値下がり」は，どうしても避けがたい側面もあります。とはいえ，不用意な値下げが製品・サービスの価値を毀損してしまう可能性があることは，頭に入れておく必要があるでしょう。

(2)　市場を新規創造する低価格戦略

　しかし，同じ低価格設定を行うにしても，単なる値下げではなく，それを通じて新しい市場や価値を創出するのであれば，それは社会にとって意味のあるものとなります。

　JINS は，眼鏡の価格を大きく変えて成功した企業として知られています（▶第**2**章）。それまで数万円するのが普通であった眼鏡を，2000 円や 3000 円という思い切った低価格で販売して成長を遂げました。これが単なる値段の暴落であったならば，業界が崩壊して誰も儲からない世界になってしまうだけです。しかし JINS は，思い切って値段を下げることで，それまで「高級品を1本買って長く使う」ものだった眼鏡を，「どんどん買い替えたり，複数買い揃えたりするファッションアイテム」にしたのです。1本の値段が高いと，消費者も生産者も無難なデザインを選んでしまいますが，数千円で買えるようになったことが，遊び心のある品や変わったデザインの選択につながり，眼鏡に新しい価値を生み出して，日本の消費者の眼鏡ライフを大きく変えることに成功したというわけです。

　以上のように，価格付けでは，高値を付けるにしても，安値を付けるにしても，その背後に明確な意図を持つ必要があります。なぜこの製品がこの値段なのか，この値段でどのような価値を消費者に伝えられるのかを考えて，価格付けをすることが大切です。生産コストがいくらで，市場の相場がこれくらいだから，だいたいこういう値段，といったような単純な考え方ではなく，あくまでも自社が目指す未来のビジョンに沿って，価格設定を行うべきなのです。

販売チャネル（place）：必要なものが必要なとき手に入るようにする

　製品が用意できて価格が決まったら，次に考えるべきは製品・サービスを提供する場所です（販売チャネルなどといいます）。販路戦術で基本となる発想は，顧客が，その製品・サービスが必要だと思ったときに，すぐに入手できるような経路を設定すべきというものです。運動後のスポーツドリンクは，運動場のそばの自販機やコンビニでよく売れますが，百貨店では売れませんし，クラブなどでまとめ買いをするのでなければオンライン販売でもそれほど売れないでしょう。こういうものがあればいいなと顧客が感じる，まさにそのタイミングに，すぐそばにあるようにしておくことが大切なのです。

　今日，じつに多様な販売チャネルがあります。オフライン販売には，営業パーソンによる客先営業，都市・郊外の自社店舗，ショッピングモール，百貨店などが，インターネット販売を見ても，Amazon や楽天のようなオンラインモールから，専門サイト，さらには自社サイトまで，幅広い選択肢があります。ターゲット顧客のライフスタイルや行動を注意深く観察・分析して，どのような販売チャネルが適切かを選択することが大切です。

　加えて，そうした販売チャネル，および店舗・サイトのデザインによって，製品の適切な価格水準が変わってきてしまうということも，考慮しておく必要があります。百貨店で大切な人と買うから，ジュエリーは輝くのです。同じジュエリーが，オンラインで安く買えたとしても，顧客が同じだけの価値を感じることはありません。ボロボロの店舗でも同様です。素敵な空間を演出し，優れた接客サービスを提供することと併せて，奢侈品の価値は作られています。製品・サービスそのものと同じく，販売チャネルもまた，顧客体験の一部なのです。

プロモーション（promotion）：製品・サービスとその価値を知らしめる

　プロモーションとは，企業から顧客に向けての情報発信を指します。顧客のニーズを満たす素晴らしい製品・サービスであったとしても，そもそもそうした製品・サービスがあるということが知られていなければ，売上を上げることはできません。また，仮に製品・サービス自体は知られていたとしても，その

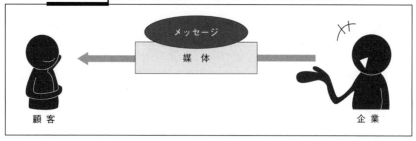

価値が正しく理解されていなければ，やはり顧客は購入しないでしょう。この意味で，製品そのものおよびその価値の両方を情報発信することが，企業には求められます。情報発信なしには，企業が収益を上げられないばかりか，顧客のニーズも満たされず，社会課題の解決機会をも逸してしまいます。

　情報発信においては，その手段（媒体）とメッセージが問われます（図4.2）。まず媒体は，対象顧客のライフスタイルをよく観察して選択することが大切です。彼・彼女が生活の中で接する媒体が何なのかを見極める必要があるのです。テレビ，スマホ，PCでのインターネット，動画配信サービス，新聞や雑誌，チラシやパンフレット，駅ポスターや看板，講演会など，さまざまな媒体が存在します。今日，人々は，そのライフスタイルに応じてかなり異なる媒体に接していますから，対象顧客から外れた媒体で発信すると，まったく反応がないということすらありえます。

　発信するメッセージについては，自社の製品・サービスの価値を端的に伝えることが求められます。直接的に「この製品にはこういう価値があります」「あなたの××を解決します」という表現が使われることもあれば，Red Bullの「翼をさずける」のようにキャッチフレーズに落とし込むこともあります。ドラマ仕立てであったり，インパクトや笑いを追求したものであったり，有名なタレントを起用したりと，顧客に知ってもらうべくさまざまな努力が払われますが，その基本は，対象顧客へ，端的に正しく価値が伝わるようにすることです。

一貫性が問われる

　現代マーケティング論の父であり権化でもあるフィリップ・コトラーは，以

下のように述べています。

　　「顧客の希望に応えるために社内の各部門が協力し合うとき，その結果は
　　『統合型マーケティング』となる。（略）営業，宣伝，顧客サービス，製品
　　マネジメント，市場調査などの多様な部門が手を取り合わなければならな
　　い。顧客の視点からこれらの機能が相互調整されなければならないから
　　だ」（Kotler［2000］p. 13）

　これらの言葉は，現代のマーケティングのポイントを的確に捉えています。
すなわち，マーケティングの要とは，顧客に対して一貫した意味，メッセージ，
イメージを与えることなのです。顧客はそれらにピンときたら購入します。み
なさんの製品がいかに社会に貢献するものでも，そのことが的確に顧客へ伝わ
らなければ売買には至りません。せっかく志をもって作り上げた製品・サービ
スを普及させたいと願うならば，みなさんは4Pのすべてにおいて，製品・サー
ビスに込めた意味をうまく表現し，伝える努力をしなければならないのです。
　したがって4Pは，製品・サービスのコアバリューに沿って，1つの顧客体
験として一貫した意味を持つように，総合的に設計される必要があります。製
品・サービスそのものと，価格，販路，プロモーションがちぐはぐになってい
ると，顧客はその製品・サービスの意味をうまくつかめません。顧客は，製品
の価格や，販売される店舗の様子，ウェブカタログ，SNSなど，あらゆるも
のから，その製品・サービスが何たるかを理解しようとします。そのすべてで
一貫性のあるメッセージが届けられ続けていることが大切なのです。

製品・サービスの新しい売り方

　本節では，製品・サービスの新しい売り方を紹介していきます。ここまでの
議論は，顧客にとって価値ある製品・サービスに，それに見合った価格を付け，
適切な流通チャネル・情報チャネルを介してそれを届けるという，「素直な」
ビジネスを前提としたものでした。20世紀まで，世界のビジネスのほとんど

は，この「製品・サービスを，それを使う相手に提供し，その相手から対価をもらう」というかたちをとっていました。しかし21世紀に入ってから，より複雑かつ巧妙な販売の仕方や，収益の稼ぎ方が，急激に発展しています。通常のやり方では顧客を十分に開拓できなかったり，費用に見合わず採算がとれなかったりする事業が，稼ぎ方の工夫で，事業として成立させられるようになってきているのです。

　新規事業を立ち上げよう，既存事業を刷新しようとするならば，こうした新しい売り方・稼ぎ方を，なるべく多く，自分の引き出しとして持っておくべきです。あるいは，そうでなくとも，今日の経済・経営を知る意味で，いま社会にはどのような売り方・稼ぎ方があるのかを知っておくのは有意義だといえるでしょう。

┃ Googleの収益モデル ┃

　まずはその典型的な例として，Googleを紹介したいと思います。検索エンジンをはじめとするGoogleのサービスは世界中で40億人以上に利用され，検索エンジンの年間利用回数は数兆回に達しているといわれています。同社の成功理由の1つは，ユーザーが多くのサービスを無料でいくらでも使えることにあります。管理費だけでも数千億円はするサービス群を，Googleは無料で私たちに提供しているのです。それでいて同社は年間10兆円以上の売上を上げ，利益も2兆円を超えています（2017年実績）。

　これを可能にしているのが，高度な広告機能です。Googleはユーザーの検索履歴などをデータサイエンスを駆使して分析し，ユーザー1人1人が検索を行うたびにピッタリの広告を表示して，消費者と広告主企業をつなぎます。ユーザーには利便性を，広告主には確実な収益をもたらしながら，広告主から得られる1クリック当たり数十円〜数百円の広告料を積み上げて，売上にしているのです。その収益の稼ぎ方は，**プラットフォームビジネス**と呼ばれます。「プラットフォーム」とは土台，基盤，場などの意味で，プラットフォームビジネスとは，不特定多数の顧客と製品・サービスの提供者とをマッチングさせる場を提供するようなサービスのことを指します（根来 [2017]）。

　Googleのサービスは，たしかにユーザーにも広告主企業にも大きな価値を

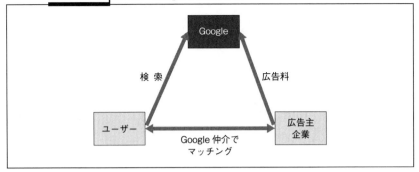

与えている，社会的に意義の大きなものです。しかし，その事業モデルは，受益者から対価をもらうという標準形から大きく乖離して，別の適切な相手から対価をもらいながら，事業の安定的発展を可能にする仕組みとして巧妙に考えられています。

　現代では，Googleのみならず多くの企業が，標準とは異なる販売戦術や利益の稼ぎ方を導入しています（表4.2）。みなさんも，まずは第②節で説明したような基本的な4Pの発想を身につけた上で，その応用型として，21世紀の新しい販売戦術をも学んでおく必要があります。

無料で提供する

　Googleのようなプラットフォームビジネスは，顧客に無料でサービスを提供しながら利益を獲得する典型例の1つですが，これ以外にも製品・サービスを無料で提供する手段があります。

　たとえば，スマートフォンのゲームアプリは，大半が無料です。まずは無料ということで惹きつけてゲームを始めてもらい，後で登場するキャラクターやアイテムの入手に課金をすることで収益を上げています。また，ビジネス用のアプリケーションの中には，基本機能は無料ですが，追加のプレミアム機能の利用には課金されているというものもあります。こういった，初期導入は無料で，アイテム入手やプレミアム機能使用のために後から追加的な料金を払うような価格設定のことを，フリーミアムといいます。

　同じく無料でも，テレビ放映やYouTubeは，また異なる収益モデルです。

収益モデル	製品・サービスの価格	何で稼ぐか	例
標準形	それ自体の持つ価値に見合った価格	製品・サービスそのもの	ユニクロの服 スーパーの野菜
プラットフォーム ビジネス	原則として無料(有料会員サイトもある)	消費者と生産者・サービス提供者のマッチング	Google
フリーミアム	無　料	製品・サービス内のアイテム入手や追加機能獲得	スマホゲームアプリ
広告ビジネス	無　料	広　告	テレビ放映 YouTube
消耗品ビジネス	割安価格	消耗品	プリンタ 髭剃り
アフターサービス	割安価格	事後的なサービス(メンテナンスなど)	コマツ
セット販売	付属品とセットの価格(単独としては割安)	メインの製品・サービスに付随する品	マクドナルド
サブスクリプション	期間定額料金	期間内に自由に利用する権利を売る	Netflix

これらのサービスは，広告主から広告料収入をもらって，番組を放映しています。顧客と製品・サービスの提供者，あるいは顧客同士をマッチングさせることに主眼を置くプラットフォームビジネスとは違って，これらは広く多様な人々にまさしく「広告」することを狙いとしているため，広告ビジネスとして区別されます。

収益ポイントをメインの製品・サービス以外のものに置く

　製品・サービスでも売上を稼ぎつつ，主たる収益のポイントを別のところに置くという事業モデルも存在します。たとえば，ネスレがオフィスや家庭向けに展開している「ネスプレッソ」や「ドルチェ グスト」などのコーヒーマシンは，本体は非常に格安です(オフィス用は無料です)。その代わり，コーヒーを1杯淹れるごとに必要となるカートリッジで稼いでいます。同じようなスタイルは，プリンタにも見られます。プリンタも本体価格は非常に安価なことが多いのですが，そうして機器を普及させておいて，主たる利益はインクカートリッジで稼いでいるのです。こうした手法は，消耗品ビジネス，あるいは，この方法を最初に採用して成功した髭剃り「ジレット」の名を借りて，ジレット

モデルとも呼ばれます。

　アフターサービスで収益を稼ぐ方法もあります。建設機械で世界的な成功を収めているコマツは，建設機本体の価格は抑えめにしていますが，メンテナンスサービスのクオリティを高め，メンテナンス費用で利益を稼ぐかたちを作って，建設機本体の販売で収益を上げようとするライバルに差をつけました。IT業界でも，導入したシステムの保守・運営を担って，そちらでも利益を上げるかたちが一般的です。

　付属品とセットにすることで，収益構造を改善するというアプローチもあります。マクドナルドでは，ハンバーガー単独の値段を下げることで顧客を惹きつけつつ，ポテトやドリンクなどとセットにし，それらのセット品のほうで利益を稼いでいます。

　これらの稼ぎ方のバリエーションのうち，いつ，何を使うべきかということに，明確な公式はありません。業界の慣行による部分が大きいからです。しかし，慣行に縛られることなく，消費者が何に対して，どういうタイミングならばお金をたくさん払ってもよいと感じるかをよく考えながら，これらの手法をうまく工夫して導入すれば，他社に抜きん出て収益を改善できるかもしれないのです。

｜ サブスクリプション ｜

　そしてもう1つ，近年大きく注目されている収益モデルが，**サブスクリプション**です。サブスクリプションとは，「登録」や「購読」を意味する英語です。期間内に，自由に利用する権利を，定額料金で提供するサービスのことをいいます。典型的には，動画配信サービス（Netflix，Amazon プライム・ビデオなど）や，音楽配信サービス（Spotify，Apple Music など）があげられます。定額料金で契約したユーザーは，その期間内，自由にいくらでも動画や音楽を楽しむことができるのです。

　こうしたサービスは，現在，インターネットコンテンツだけでなく，物質的なモノの提供にも応用されようとしています。月額契約をすることで，何かが食べ放題になる，飲み放題になる，乗り放題になる，使い放題になる……そのようにして「時を選ばず，自由に使える権利」を販売しているわけです。

こうした多様な売り方・稼ぎ方が，現代では急激に発展をしています（したがって，本章の執筆後，みなさんが読むまでの間にも，もっと多様な売り方・稼ぎ方が生まれていることでしょう）。標準形で提供していては，事業が成り立たない，十分に稼げないときにこそ，こうした収益モデルが有効になります。それは同時に，現代経済を理解することにもつながりますから，多様な売り方・稼ぎ方によく目を配っておくとよいでしょう。

4 マーケティングのサイクル

製品・サービスを売り，収益を上げていくためのマーケティング戦術は，一度立案されて終わりというものではありません。長期にわたって製品・サービスが販売され続ける中で，状況の変化に合わせて何度も見直すべきものです。そのマーケティングのサイクルは，図4.4の通りです。第2章や第3章で見てきたような，どういう価値を，誰に届けるのかといったことに関する分析や方針の策定から，本章で扱ったターゲット顧客に合わせた4Pや収益モデルの立案，さらにその後の実行・管理までが1サイクルとなります。その結果を吟味しながら，これを何度も，状況に合わせて修正していくという繰り返しが，成功のカギです。

ただし，この1サイクルにどれくらいの期間がかかるかという点は，製品の成熟度合いによって大きく変わります。定番の飲料や食品といった，成熟し切った製品であれば，マーケティング戦術は4半期や半年といった期間ごとに，投入される予算と合わせて決められます。目標の販売数量が明確に定められ，それを達成するための詳細な販売計画が立てられます。また，製品は確定しており，おおよその価格帯も決まっていますから，ここでのマーケティング戦術は基本的に，どのような販売チャネルで，どのような地域を重点的に攻めるかといった販路と，そこにいる顧客に向けてどのように情報発信するのかに絞られます。価格については，競争状況を踏まえて若干の見直しが行われます。

新製品を導入するときや，完全な新規事業を立ち上げるときは，こうした場合とはまったく異なります。新製品・新事業は9割がた失敗するといわれてい

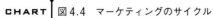
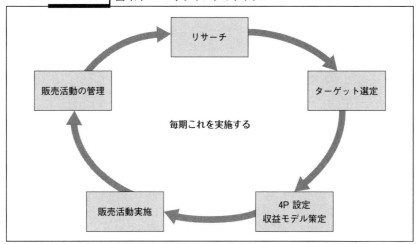

ます（▶第1章）。どのような顧客が本当にその製品を必要としてくれているのかもわかりませんし，その顧客に対して的確なマーケティング戦術を描くこともまた難しいからです。新製品・新事業を担う人物は，そのことを踏まえた上で，ターゲット顧客とマーケティング戦術とを仮説的に設定し，数週間，時には毎日のように，小さな規模で仮説検証を行って，適切な顧客や適切なマーケティング戦術を探していくことになります。こうした中では，製品の仕様も頻繁に見直されるべきですし，価格帯から，販路，情報発信策まで，4Pは総合的に見直される必要があります。

　いずれの場合も，このサイクルがきちんと回り，より適切な顧客や売り方・稼ぎ方が探索され続けている限りは，だんだんと正解が見えてきます。1回のサイクルが，大きく失敗してもよいのです。マーケティング活動は，部屋中に散らばったトランプカードで神経衰弱をするようなものです。適切な顧客と，適切な売り方・稼ぎ方のペアを見つけるためには，ハズレもまた前進です。この神経衰弱で正解を見つける方法は，なるべくたくさんカードを引くことです。いろいろ試してみる中で正解を探すという行動様式こそが求められているのです。

KEYWORD

マーケティングの4P　　顧客体験　　ヴェブレン効果　　一貫性　　プラットフォームビジネス　　フリーミアム　　ジレットモデル　　サブスクリプション　　マーケティングのサイクル

さらに学びたい人のために | 　　　　　　　　　　　　　　　　Bookguide ●

● 和田充夫・恩藏直人・三浦俊彦［2016］『マーケティング戦略（第5版）』有斐閣アルマ。

　　マーケティングに関する議論を全般的に扱ったテキストです。本章で説明した4つのPや，その応用としての消費者コミュニケーション，顧客体験にも目配りされていて，マーケティングの基本を網羅的に押さえることができきます。

● 三谷宏治［2014］『ビジネスモデル全史』ディスカヴァー・トゥエンティワン。

　　本章後半で紹介した，さまざまな稼ぎ方の工夫が，歴史的にどう発展してきたのかを丁寧に説明し，それぞれの稼ぎ方についても掘り下げて解説されています。

参 考 文 献 | 　　　　　　　　　　　　　　　　Reference ●

鎌田洋［2014］『ディズニーを知ってディズニーを超える 顧客満足入門』プレジデント社。

コトラー，P. = ケラー，K. L.（恩藏直人監修，月谷真紀訳）［2014］『コトラー＆ケラーのマーケティング・マネジメント（第12版）』丸善出版。

根来龍之［2017］『新しい基本戦略 プラットフォームの教科書――超速成長ネットワーク効果の基本と応用』日経BP社。

古川一郎・守口剛・阿部誠［2011］『マーケティング・サイエンス入門――市場対応の科学的マネジメント（新版）』有斐閣アルマ。

Kotler, P.［2000］*Marketing Management (millennium ed.)*, Prentice Hall.

外部と連携する

サプライチェーンと補完財

EXERCISE　「GAFA」という言葉を聞いたことがありますか。これは、Google, Apple, Facebook, Amazon という、世界の時価総額ランキング上位を占める4社の頭文字をとった略語です。どの企業も 2000 年代に入って大きく発展し、多くのユーザーを獲得し高い収益を上げてきました。この4社に共通する特徴として、他社も利用する「プラットフォーム」（▶第**4**章）を構築したことがあげられます。プラットフォームを構築することで、なぜこの4社はこれほど大きな成功を遂げることができたのでしょうか。

（写真提供：左上・dolphfyn/iStock，右上・ViewApart/iStock，右下・bombuscreative/iStock，左下・AdrianHancu/iStock）

1 外部企業との連携

エクセレンスをつなぎ合わせる

　現代は「世界のエクセレンスをつなぎ合わせる時代」ともいわれます。たとえば Apple は，世界有数の規模を誇る企業ですが，自社製品の生産はしていません。iPhone や iMac の生産はすべて，鴻海など，協力関係にある電子機器の生産専業企業に委託しています。また，日本国内に目を向けてみるとわかると思いますが，Apple は都心部の旗艦店を除き，直営店など自前の販路をほとんど持っていません。宣伝と販売は，ソフトバンクや NTT ドコモといった国内の通信会社が肩代わりしています。ブロガーやユーチューバーと呼ばれる人たちも，Apple の製品を宣伝してくれます。このように Apple は，他の会社や個人に頼ることで，自社の資源を新しい製品・サービスの開発に集中させることができているのです。

　Apple のように専門技能に長けた外部者に頼ることができれば，自分たちが手がけるよりも優れた成果を彼らが上げてくれるばかりか，自社の資源を得意領域に集中させることができ，無理なく自社のアウトプットを大きくしていけるのです。もちろん，外部者に頼ると，時には連携体制にほころびが生じたり，獲得した利益を分配しなければならなくなるといった課題を伴います（表5.1）。しかし，自分自身の投資は少なく抑えつつ，素早く事業展開をしていくには，優れた能力を持つ外部者に頼るほうが理に適っています。年間数十兆円を売り上げる世界最大規模の企業である Apple ですら，自社製品の生産や販売の一部あるいは全部を外部の専門家に頼っているわけですから，それよりもはるかに小さい保有資源で事業を営もうと考えるならば，積極的に他社との協業を考えるべきだといえるでしょう。

CVCA：自社を取り巻く事業のフローを設計する

　したがって，優れたビジネスモデルを構築するにあたっては，他社との連携

	自社で全部やる	他社と強みをつなぎ合わせる
事業展開のスピード	遅　い	速　い
事業展開のコスト	大きい	小さい
競争力の源泉	自社のみ	パートナー企業各社
連携体制の強さ	強　い	利害対立が生じやすい
利益の帰属	自社のみ	パートナーと分配
学　習	全領域で学習できる	学習機会は限定される

を当初から念頭に置いて，自社を取り巻くネットワーク全体を構想することが大切になります。ビジネスモデル構築の具体的な手法の1つとして，ここではCVCA（customer value chain analysis：**顧客価値連鎖分析**）を紹介しましょう。これは，自社の事業にかかわる関係者（ステークホルダー）を経由して，最終的に顧客まで向かっていく価値の流れを描き出してみる手法です（石井・飯野［2008］）。要するに，ステークホルダーの間でのモノ・カネ・情報のフローチャートを描き出せばよいのです。図5.1にボルヴィックの例を示しました。

　ボルヴィック（Volvic）はフランスのダノン社のミネラルウォーターブランドであり，ペットボトル入りの飲料水を世界中で販売しています。しかし，ボルヴィックが飲料水を製造し，小売店を通してそれを顧客に提供し，その対価をもらう……という，図の上部の流れにとどまらない価値の流れを，この製品は作り出しています。顧客がボルヴィックを購入することが，社会課題の解決につながっているのです。

　ボルヴィックは水を販売して得た収益の一部を，社会貢献事業に寄付することを消費者に約束しています。中でも著名なのが，ユニセフを通じて行われている，アフリカ・マリ共和国での井戸建設です（「1ℓ for 10ℓ」プログラム）。そのほか，ヨーロッパの森林再生事業などへ寄付も行っています。こうした取り組みは，単なる慈善事業ではなく，むしろボルヴィックの掲げる「世界の人々に信頼できる水を」というビジョンを体現する中核的な活動です。

　そしてボルヴィックは，これを積極的に事業戦略に組み込みます。有力な広告代理店と連携し，「1ℓ for 10ℓ」（1ℓのボルヴィックで，アフリカの人々に10ℓの水を届けよう）という印象的なキャッチフレーズに乗せて，この活動を世界

CHART　図 5.1　ボルヴィックの CVCA

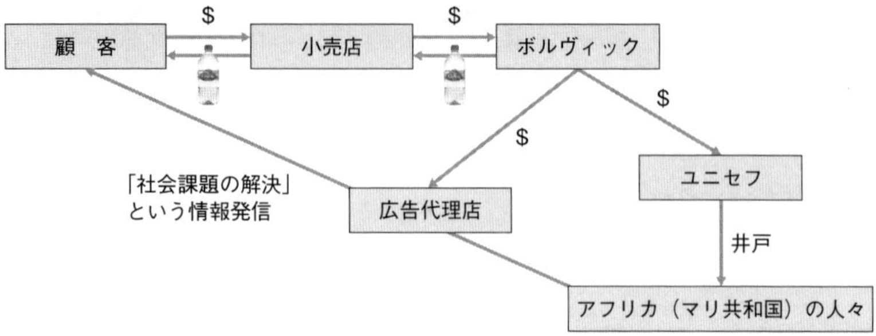
顧　客
小売店
ボルヴィック
$
$
$
$
ユニセフ
井戸
広告代理店
「社会課題の解決」
という情報発信
アフリカ（マリ共和国）の人々

（写真提供）memoriesarecaptured/iStock。

的に発信したのです。このプログラムは 2007 年から 2016 年までの 10 年間，断続的に続けられ，企業の社会的貢献として大きな評判を呼びました。これに賛同して，より多くの人がボルヴィックを購入してくれれば，ボルヴィックの事業は，直接的なミネラルウォーターの製造・販売と，ユニセフや広告代理店といった専門的な外部組織との連携による社会貢献事業とで成り立っていることになるわけです。

CVCA はこのように，ステークホルダー間のモノ・サービス・金・情報のフローを描き出すことを通じて，自社の事業が外部者との連携の中で効率的に成り立っているかどうかを確認するために用います。このフローのどこかに破綻があれば，それが事業効率を悪化させる原因になります。ボルヴィックの事例が，参加しているステークホルダーの誰にとっても利益のあるものとなっていることを，改めて確認してみてください。このようなフローを維持できている限り，顧客を含めた周辺のステークホルダーはボルヴィックを支えるように行動してくれます。しかし，この中の誰かにとってメリットが少なかったり，デメリットを被るステークホルダーがここにいたとしたら，その人たちはボルヴィックの事業活動を妨げていたかもしれません。そうしたほころびから，ビジネスモデルは安定性を欠いていきます。破綻なくすべてのステークホルダーにメリットのあるフローを作り出すことが，効率的かつ持続可能なビジネスモデル構築のカギといえます。

安定して高い事業成果を上げている企業は，必ず優れた価値のフローを有しています。とりわけ，プラットフォーマーと呼ばれる Apple や Google におい

ては，こうした事業の全体モデルを構想することが，トップ経営者の重要な仕事となっています。自分でも実際にこれらの企業の事業フローを図に描き出してみると，それがいかに巧妙に作り上げられているかに気づくと思います。この作業は，自分たち自身の事業を構想する際にも，たいへん参考になるはずです。

　本章では，このように外部と連携した事業の全体モデルを構築する上で，カギとなるポイントを確認していきます。具体的には，①どのようなプレーヤーを考えればよいのか，②何を自社で手がけるべきか，③どうやって他社とうまく協調するのか，の3点です。

どのようなプレーヤーを考えればよいか

┃ サプライチェーン ┃

　1つの製品・サービスは，複数の段階を経て，顧客に届けられます。一般的には，原材料や部品の製造を行う段階，それらを組み立てて製品・サービスを作り出す段階，小売店で消費者に販売する段階が考えられます。こうした，ある製品・サービスの提供にかかわる一連の活動のことを**サプライチェーン**と呼びます。すべてを1つの企業で行うこともありますが，多くの場合，それぞれを別の企業が担当します。第①節で見た飲料水の製造・販売を例にとると，原材料となる水を水源から汲み出す段階，水をペットボトルに充填して「ボルヴィック」という製品を製造する段階，それを消費者に販売する段階というふうに分けることができます。

　サプライチェーンを考える上で重要なのは，いかに安定した関係を構築できるかという点です。東日本大震災は，日本経済や日本企業に深刻な打撃を与えたのみならず，海外の企業にも非常に大きな影響を及ぼしました。なぜならば，海外企業の生産しているエレクトロニクス製品の中に，日本企業の生産する電子部品・電子材料が多く使われていたからです。東日本大震災によって，これらの日本企業の工場が生産停止に陥ったことで，部品や材料の確保が難しくな

ってしまいました。サプライチェーン全体が安定的に動いていないと，効率的な事業運営が難しくなってしまうということがわかります。

　有力なサプライチェーンを確保することが，他社との競争にきわめて優位に働く場合もあります。アメリカに「ソフトソープ」という液体石鹸があります。現在は，コルゲート・パルモリーブという大手の日用品メーカーが所有しているブランドですが，もともとはミンネトンカという会社が始めた事業でした。同社は，ポンプ式の液体石鹸をアメリカで先駆的に発売して大きな成功を収めましたが，それは必ずしもミンネトンカの石鹸が他社よりも優れ，高い評判を得ていたからというわけではありません。石鹸をめぐってはP&Gをはじめとする強力な競合企業がいくつもありましたし，ミンネトンカも競合の模倣を大きな脅威に感じていました。じつは，ソフトソープの成功の秘訣は，その容器にありました。同社の発売したポンプ式の液体石鹸は，プラスチックの容器に入れられ，ポンプを押して使用する製品です。今では当たり前となっている製品ですが，ソフトソープの発売当時，このポンプを製造している企業は2社しかありませんでした。そこで，ミンネトンカは大金をはたき，この2社に対して1年間の全生産量の合計にあたる1億個を発注しました。これによって，競合他社は液体石鹸をすぐに発売するのが難しくなり，ミンネトンカは競合が追いついてくるまでの時間的な猶予を得ることができました。そしてその間に，液体石鹸市場での大きなシェアと競合に負けないブランドイメージを確立したのです。

▌補　完　財▐

　視点をさらに広げていきましょう。サプライチェーンは，モノやサービスの流れなので，それに関連する企業のことは考えやすいと思います。しかし時には，一見まったく別の製品・サービスが自社の製品・サービスにかかわってくることがあります。しかも，そうした別の製品・サービスが，自社の価値創出に重要な影響を与えることもしばしばあります。ボルヴィックの例でいうと，ユニセフや有力な広告代理店は，飲料水の製造・販売に必要不可欠なプレーヤーではありません。しかし，ユニセフを通じた慈善活動やそれを消費者に伝える広告代理店の存在は，明らかにボルヴィックの魅力を高めることにつながっ

製品単体ではなく
太枠の範囲内同士を
比較して選択

ています。このような，自社の事業や製品の魅力をより高める事業や製品・サービスのことを，**補完財**と呼びます。

価値を創出する上で，補完財がきわめて重要な要素となることは少なくありません。顧客は，補完財との組み合わせで購買を判断することが多々あるからです。Apple の iPhone が大きく売上を伸ばしたのも，iPhone 自体がパナソニックやソニーの携帯電話と比べて高性能であったからだけではなく，iTunes を通じてさまざまな音楽が購入でき，App Store を通じて多種多様なアプリケーションが利用できたことが大きく寄与しています。

また，魅力的な補完財と組み合わせることで，新しい顧客や市場を創造できる場合もあります。iPhone をはじめとしたスマートフォンが，それまでの携帯電話と比べて大きな売上を上げ続けることができているのは，従来よりも多くの顧客を魅了し続けているからです。携帯電話の電話機能をあまり使わない人は，最新の携帯電話にあまり興味を示さないかもしれません。しかしそうした人も，スマートフォンであれば，インターネットを利用でき，またそれを通じてさまざまなアプリが利用できるので，より高スペックの新しい機種に魅力を感じることがあります。しかも，スマートフォンが登場したことで SNS やソーシャルゲームのような新しい市場が次々に生み出され，それがスマートフォン市場全体の活性化につながっています。このように，魅力的な補完財を発見することは，価値あるビジネスモデルの創出にとって，きわめて重要な要素なのです。

補完財は，さまざまなところに存在します。ボルヴィックの例のように，一見すると無関係な製品・サービスも補完財になりえますし，**表5.2** に示したように，競合企業や供給業者，顧客の中にも，補完的関係を構築する余地のある

供給業者	高品質の原材料，部品，コンテンツによる訴求
競合企業	共同開発や部材の共同調達，競争が生じることによる市場の拡大や技術の向上
代替品	組み合わせることで用途ごとに使い分ける
顧客	ニーズの情報源，他の顧客への波及効果

場合があります。

　魅力的な補完財を見つけることが，ビジネスモデルを構築する上で最も重要なポイントになる場合があります。ヤマト運輸は，宅急便というCtoC（個人消費者→個人消費者）の配送事業を営んでいますが，当初この事業を成立させる上では大きな問題がありました。BtoBやBtoCの配送事業とは異なり，送り主が一般の消費者であるため全国に散らばっており，荷物を集めるのが困難だったのです。この問題を解決するために同社は，既存の米屋や酒屋に目を付けました。彼らを取次店として，顧客にはそこへ足を運んでもらい，取次店に集約された荷物をヤマト運輸が集荷するという仕組みにしたのです。すなわち，運送業とは無関係の米屋や酒屋が，ヤマト運輸にとっての重要な補完財になったわけです。このシステムは，ヤマト運輸・取次店・顧客のいずれもが得をする仕組みでした。ヤマト運輸は，既存店舗に集荷を担ってもらうことで効率よく荷物を集められますし，取次店は，自分たちの事業（米や酒類の販売）を継続しながら，集荷の際の手数料収入をヤマト運輸から受け取ることができます。また個人客も，自宅までわざわざ集荷に来てもらうより手数料が安く済むようになっていました。

③ 自社は何を手がけるか

　事業フローを考えていくと，ある製品・サービスを提供するには，非常に多くの活動そして企業が関係していることがわかります。それらの活動の中の何を，自社で手がければよいのでしょか。最も単純な考え方は，関連するすべて

の企業や事業を買収し，自社ですべての活動を行うことでしょう。買収して自社のものにすれば，どのように運営することもできるため，活動を統合しやすくなります。しかし，本章の冒頭でも説明したように，関連するすべての活動を自社で行うというのは，あまり現実的ではありません。自社で行うべき事業，買収などを通じて自社の傘下とするべき事業を，選ぶ必要があるのです。

何を基準に事業を選択すればよいのでしょうか。戦争において重要な地点を**戦略的要衝**と表現したりしますが，それと同じように，ビジネスにおいても「要衝」となる製品・サービスや流通段階が存在します。

この要衝に関して，対照的な2つの例があります。1つは，Apple の iPhone であり，もう1つは IBM のパーソナルコンピュータ（PC）です。どちらも現在の私たちの生活に欠かすことができない製品ですから，これらが生み出す市場の大きさは計り知れないものがあります。しかし，両社が生み出した利益はどうでしょうか。

iPhone の魅力の1つが多様なアプリにあることは，前述した通りです。アプリは魅力的な補完財であり，それがスマートフォン市場を広げているのは間違いありません。しかし，Apple はアプリの生産や開発を他社に委ねています。その代わりに同社は，App Store というアプリのプラットフォームを自社で有しています。App Store は，無数のアプリ開発企業が消費者にアプリを販売するために利用するチャネルであり，アプリの登録や売上が生じるごとに販売手数料が Apple に支払われる仕組みになっています。iPhone を使用している消費者は App Store を通じてしかアプリ開発企業の提供するアプリを購入できないため，ほかに替えが利かない存在です。アプリのプラットフォームという重要な「要衝」を押さえているために，Apple は多額の利益を上げることができているのです。

これと対照的なのが，IBM の PC です。IBM は，世界に先駆けて PC を開発・発売した企業です。同社は，OS や CPU，ハードディスク（HDD），メモリなどを供給業者から購入し，それらを組み立てて IBM の PC として発売していました。IBM は PC の普及を目指し，PC の仕様を他社にも公開しました。これにより，多くのメーカーが PC を組み立てて発売できるようになり，たしかに PC の普及が促されました。しかし，IBM が PC から利益を確保し続ける

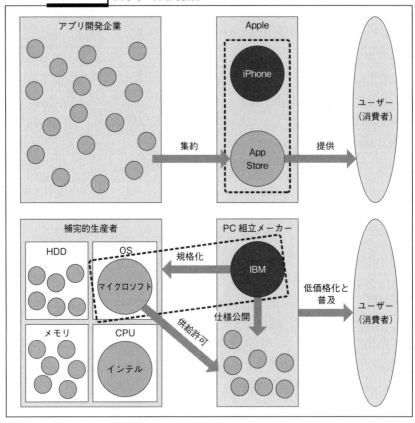

ことができたのかというと，そうではありません。利益は次第に鈍化し，最終的に IBM は PC 事業を中国のレノボに売却しました。なぜ IBM は利益を上げ続けることができなかったのでしょうか。同社が PC の仕様を公開したことにより，ほとんどの消費者は IBM がいなくても PC を購入できるようになりました（一部に「IBM でなければどうしても嫌だ！」という熱心なファンはいたかもしれませんが）。それに比べると，同じ PC 業界にあっても，OS を作っているマイクロソフトや CPU を作っているインテルは，彼らがいなければ現在のWindows 機と呼ばれる PC を作ることは難しい（厳密には，他の OS やインテル以外の CPU を使って作ることは可能ですが，やや異なるものになってしまいます）ために，現在でも高い利益を維持し続けています。

この2つの事例は，事業が成功するためには，単に製品が売れるというだけでなく，戦略的な要衝を押さえる必要があることを示唆しています。それでは，何が事業の要衝となりうるのでしょうか。その製品・サービスが生み出す「価値」と「希少性・代替性」の問題を考える必要があります。

　上で検討した2社は，いずれも高い価値を生み出していました。IBMの販売していたPCは，消費者が個人で使えるコンピュータという点で非常に魅力あるものですし，App Storeのアプリ販売も，スマートフォンの魅力を高めていました。しかし，希少性・代替性という観点から見ると，App Storeがほかに替えの利かない存在であるのに対して，PCの生産はIBMの仕様公開によって他企業にも可能になったため，消費者にとってみればIBMは必要不可欠な存在ではなくなってしまいました。この「価値」や「希少性・代替性」の重要性については，次の第6章でも詳しく見ていきます。

　現在も，要衝をめぐって多くの競争が繰り広げられています。たとえば近年，Netflixのようなインターネットのストリーミングサービスを視聴するためのプラットフォームの競争がさかんになっています。Amazon・Apple・Googleといった名だたる企業が，自分たちのプラットフォームを構築し，消費者に提供しています。本来，業種の違うはずのこれらの企業がなぜ競争しているのかというと，そこが要衝となりうる部分だからです。

⚃ どうやって他社とうまく協調するか

　自社で手がける活動の範囲を決めた後，他の活動については他社に協力を求めることになります。しかし，自社でやる場合と異なり，他社に任せる場合には，協力の合意を取り付け，しかも安定的にその活動を継続してもらう必要があります。

　このような場合，どのようにしたら自分たちの望むように活動を遂行してもらえるでしょうか。そのためには相手への**インセンティブ**，すなわち自社の求める行動が，相手にとっても望んでとるような行動になる仕組みを考える必要があります。その1つの方法は，相手にとってのメリットを確保したり，高め

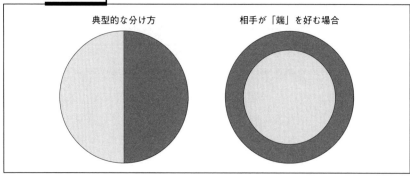

CHART 図5.4 アップルパイの分け方

典型的な分け方　　　　　　　相手が「端」を好む場合

たりすることです。最も簡単なのは，事業の利益を他社にもきちんと還元することですが，他社にあまり利益を渡してしまうと，当然ながら自社の利益は減ってしまいます。また事業を始める段階では，本当に利益を出せるのかが不確実で，なかなか協力を取り付けるのが難しい場合もあるでしょう。しかし，相手が何にメリットを感じるかが，自社と同じとは限りません。たとえば以下のような問題を考えてみてください。

QUESTION

　今，あなたと相手の目の前に，ホールのアップルパイが1つあります。これを2人で平等に分けてください。

　典型的な分け方は，図5.4の左にあるように，真ん中で2つに分けることでしょう。どちらにとっても偏りなく分けることができます。しかし，相手が端の部分を好み（「カリッとした食感が好き」などの理由で），あなたが真ん中を好む場合には，同図の右のような分け方でも相手は納得してくれるかもしれません。このほうが，自分にとっても，相手にとっても，左よりも望ましい分け方であるということもありえます。

　この問題のように，相手が望むものと自分が望むものは必ずしも同じと限らず，双方が異なる部分により大きな魅力を感じていることがあるのです。第1節のボルヴィックの事例にあてはめるならば，ユニセフからの協力が得られるのは，寄付金の額によるのかもしれませんし，ユニセフの慈善活動がボルヴィ

ックによる広告活動によって広く世に知られることを魅力的に感じているから
なのかもしれません。したがって，まずは協力してもらいたい相手が何に魅力
を感じるのかを理解することが，適切なインセンティブの設計には必要です。

　相手のインセンティブを高めるもう1つの方法は，相手がその行動をとるコ
ストを下げることです。ヤマト運輸の例で考えると，米屋や酒屋などが取次店
になるためのコストはきわめて小さなものでした。取次店となるために必要な
追加的投資はあまりなく，また自分たちのもともとの商売を継続しながらでき
るので，その売上が下がる心配もありません。小さなコストをかけるだけで追
加の手数料収入を得ることができ，そればかりか，荷物を出しにきた消費者が
ついでに商品を購入することにもつながる可能性があります。このように見て
いくと，米屋や酒屋には，ヤマト運輸の取次店となるインセンティブがあった
ことが確認できるでしょう。Apple も，アプリを開発する企業や個人のコスト
を下げるために，アプリ開発に使えるさまざまなツールを無料で提供していま
す。しかも，より簡単に高性能のアプリが開発できるように，開発ツールを常
にアップデートし続けています。こうしたことによって，iOS で動かせるアプ
リを開発するインセンティブを高めているのです。

KEYWORD

CVCA（顧客価値連鎖分析）　　サプライチェーン　　補完財　　戦略的要衝
インセンティブ

さらに学びたい人のために

Bookguide ●

- アダム・ブランデンバーガー゠バリー・ネイルバフ（嶋津祐一・東田啓作
  訳）［2003］『ゲーム理論で勝つ経営──競争と協調のコーペティション戦
  略』日経ビジネス人文庫。
  　経済学のゲーム理論という分野をベースに，補完財の概念を用いて経営戦
  略の考え方を説明している本です。本章で扱った，補完財の作り方や要衝の
  考え方が，より体系立てて説明されています。
- アレックス・モザド゠ニコラス・L. ジョンソン（藤原朝子訳）［2018］『プ

ラットフォーム革命──経済を支配するビジネスモデルはどう機能し，どう作られるのか』英治出版。

　扉頁の EXERCISE にあげた GAFA のような，プラットフォームを構築するビジネスモデル（プラットフォームビジネス）について，さまざまな事例を用いながら，その特徴を具体的に描いています。

参 考 文 献 ┃　　　　　　　　　　　　　　　　　　Reference ●

石井浩介・飯野謙次［2008］『設計の科学　価値づくり設計』養賢堂。
ブランデンバーガー，A.＝ネイルバフ，B.（嶋津祐一・東田啓作訳）［2003］『ゲーム理論で勝つ経営──競争と協調のコーペティション戦略』日経ビジネス人文庫。

CHAPTER

第 **6** 章

持続的な競争力のため，内部基盤を整える

経営資源の分析

EXERCISE 　　孫正義や柳井正など，名の知れた日本の経営者を思い起こしてみてください。彼らはいつも，自社の状況についてどのような見解を持っているでしょうか。「わが社は完璧だ，もう一分の隙もない」と述べることがあるでしょうか。優れた経営者は，自社を取り巻く状況について，決して楽観視をしません。目指すべき未来がはるかに遠く，常に上を見ているので，現状では決して満足をしないのです。

> 「僕の実績はまだまだ上がっていない状態で，恥ずかしいし，焦っています。やっぱり米国や中国の企業の成長を見ると，この程度ではいかんという思いは非常にあります。米国や中国の市場の大きさを羨ましいと思ったこともありましたが，東南アジアのように自国市場が小さい国からも熱く燃えて急成長している会社がたくさん出てきている。僕を含めて日本の起業家が言い訳をしている場合ではないのです」孫正義（『日経ビジネス』2019 年 10 月 7 日）

　あなたがもし，こうした経営者を横で支えることになったら，どうしますか。ソフトバンクグループや，ファーストリテイリング，トヨタ自動車など，日本で最も成功した企業と考えられている会社でこそ，内部の弱点を見つけ出し，それを克服していく意識が求められます。上にあげた企業を含めて業績好調な会社を 1 つ選んで調べ，その企業内部にある課題を見つけて，対策を立ててください。

（写真提供：時事）

1 　長期成功の要因とは

　第1~5章では，事業を成功に導く製品・サービスがどういったものなのか
や，事業のデザインの仕方を議論してきました。しかし，以下の例題から，ど
れだけ上手に事業の仕組みを工夫できたとしても，それだけでは不十分だとい
うことがわかるはずです。

QUESTION

　駅前に2軒の味噌ラーメン屋があります。隣同士，まったく同じ値段です。
店舗の雰囲気や清潔さ，従業員のサービスも同レベルです。同じ材料を使ってい
るようですが，片方には秘伝のスープがあるらしく，そちらの店はとてもおいし
く，もう一方はあまりおいしくありません。どちらの店に，あなたは行きますか。

　もちろんみなさんは，おいしいラーメン屋のほうを選択するでしょう。この
2軒のラーメン屋のビジネスモデルはまったく同じであり，2軒を取り巻く環
境もまったく同じです。2軒の差を説明するものは，ただ1つ「秘伝のスー
プ」だけです。この秘伝のスープは，それを持っているラーメン屋に持続的な
高業績をもたらします。スープのレシピが盗まれたり，顧客に飽きられたりし
ない限りは，他社には真似できない安定した強みとなるからです。
　優れた企業は，この「ラーメン屋の秘伝のスープ」にあたるものを持ってい
ます。トヨタ自動車のトヨタ生産方式は，高効率な多品種少量生産を実現する
仕組みですが，なかなか他社に真似できるものではなく，トヨタに長年安定し
た利益をもたらしています。Apple のブランド力と工業デザインの技能は，同
社の固定的なファンを生み出しています。他社がまったく同じビジネスモデル
を構築しようとも，この「簡単には真似できないもの」が社内にある限り，そ
の企業がそうそう負けることはありません。
　ヒト・モノ・カネ・情報などと呼ばれて，事業をするために使われる，有
形・無形の財産のことを，**経営資源**と呼びます。じつは経営学の世界では，こ
れまで幾度となく「企業が長期的に成功するためには，何が最も大切なのか」

が研究されてきました。そして、トヨタ生産方式やP&Gのブランドマーケティングに該当するような「秘伝のスープ」、すなわち他社が簡単には真似できない社内の経営資源こそが長期成功の要であることが、繰り返し実証されてきました。事業を強固にし、持続性を高めるのは、策略ではなく、内部に蓄えられた実力である。本章ではこの観点に立って、経営資源を磨いていくための理論と手法を紹介していきましょう。

 VRIO　Ⅲ▶ 経営資源が持続的な優位をもたらす条件は何か

　まずはじめに、どのような経営資源が会社に持続的な優位性をもたらすのか、その特徴から確認していきましょう。それにはVRIOというフレームワークが有用です。value（価値）、rareness（希少性）、imitability（模倣可能性）、organized（組織化）、という4つの基準を満たしたとき、その経営資源は持続的な優位性をもたらすものになることが知られています（バーニー［2003］）。

value：価値がどのくらいあるか

　持続的な優位性をもたらす経営資源の基準の第1は、value：価値です。大前提として、そもそもその経営資源が価値を生んでいるかどうか。時代の流れなどの影響で、企業の中にいつの間にか価値を持たなくなった資源が残ってしまっていることは少なくありません。かつては他社との違いを際立たせる要因になっていた技術やノウハウが、今や無用の長物となっていたりするわけです。

　たとえば、あるラーメン屋が、長年の経験の中で「他社にはできないような圧倒的な短時間でラーメンを出せる能力」を鍛え上げたとしましょう。これはたしかに、そのラーメン屋に固有の経営資源です。しかし、これがその店にとってどれくらい価値ある能力かということは、条件によって変わってきます。この店が繁華街の中心にあり、たくさんの客が次々に訪れるのであれば、圧倒的な短時間でラーメンを出せることには大きな価値があります。一方、もしこの店が郊外にあり、客も比較的のんびりしていて、店でゆっくり過ごしたいと思うような人が多かったら、素早くラーメンを出せる能力は、邪魔にこそなり

ませんが，積極的に価値を生む資源にもなりません。このように，各種の資源を評価するときには，まずそれが今後自社に価値をもたらしてくれるものかどうかを検討しなければならないのです。

rareness：希少かどうか

次の基準は rareness：希少性です。誰もがその資源を容易に入手可能であれば，それは自社だけの強みにはなりません。たとえばスマートフォンは，みなさんにとって典型的な「価値はあるけれども希少ではない資源」でしょう。便利で価値がありますが，誰もが持っています。今日，スマートフォンを持っていることが，あなただけの特別な能力にはならないはずです。

ただし，希少ではない資源が競争力をもたらさないからといって，それを捨て去る必要はありません。価値はあるけれども希少ではない資源は，言い換えれば「必要だけれども，特別ではない資源」です。スマートフォンは，みなさんに特別な優位性を与えてはくれませんが，みなさんの生活になくてはならないものになっているでしょう。企業内部にある大抵の経営資源は，スマートフォンのような，「価値はあるけれども希少ではない」範疇に入ります。それらは，事業運営に必要なので保有している必要がありますが，それを使って，他社に差をつけることはできない資源です。これに対して，他社にはない，世の中で希少な資源を持つことができれば，それこそが他社との間に明確な違いを生み出してくれるでしょう。

imitability：模倣可能かどうか

第3の基準は imitability：模倣が可能かどうか（模倣困難性が高いか）です。価値があり，かつ現時点では希少な資源であっても，競合他社が少し努力すればすぐに同じような資源を持つことができるのであれば，将来的には追いつかれてしまいます。簡単には真似できないものであるかどうかが，ここで問われているのです。

なお，「模倣可能である」とは，まったく同じものが再現できるかどうかという意味ではないことを強調しておきます。同じ効果を発揮するものであれば，別の手段でも相手に追いつくことは可能だからです。

value： 価値はあるか	rareness： 希少か	imitability： 模倣困難か	organized： 組織に組み込 めているか	資源の状態
×	×	×	×	事業に不要
○	×	×	×	事業に必要だが，競争力には貢献していない
○	○	×	×	一時的には競争力があるが，持続性はない
○	○	○	×	持続的な競争力の源泉となるものだが，うまく使えていない
○	○	○	○	持続的な競争力の源泉として，組織内で機能している

価値が出ていないとき……
- より価値を発揮できるように能力を鍛える，あるいは外部調達する（企業買収など）
- 不要ならば捨て，外部の企業・機関に委託する

希少性が低いとき（他社にも同じようなものがあるとき）……
- 積極的に競争力の源泉にするつもりがないのであれば現状維持
- 競争力の源泉にしたいならば，他社との違いを生み出すレベルまで育てる／調達する

模倣可能性が高いとき……
- 他社に追いつかれないように継続的に磨きをかけたり工夫を施したりする

うまく組織化できていないとき……
- その資源を十分に活かせるように，周辺の経営資源を磨く
- まったく違う使い方をしてみる

　たとえば，「その道一筋 30 年の職人のものづくり」を素直にそのまま再現するには「その道一筋 30 年」の時間が必要ですが，もしそれが 3D プリンタで簡単に再現できるのであれば，模倣困難であるとはいいません。日進月歩で技術が進化する現在，こうしたことはさまざまな領域で起こっていますから，模倣が可能かどうかも，冷静な目で見つめ直す必要があります。

organized：組織にうまく組み込めているかどうか

　最後の基準は organized：その経営資源が，他の資源とうまくつなぎ合わせられているか（組織化できているかどうか）です。いかに優れた資源であっても，それが機能するように組織に組み込まれていなければ，まったく真価を発揮し

ません。秘伝のスープがいかにおいしくとも，麺を適切に茹でられなければ，ラーメンとしては失敗作になってしまいます。世界最優秀選手に何度も選出されているサッカーのリオネル・メッシ選手でも，1人で試合に勝てるわけではなく，その才能を活かせるチームの中でのみ活躍できます。

　会社も同じです。優れたものづくり能力も，その素晴らしさを適切に伝えるマーケティングや，安定的に高品質の材料・部品を揃えてくれる調達部門などに支えられてはじめて，業績に貢献します。資源は，持っているだけで成功を約束してくれるわけではなく，「活かせる環境を整え，正しく使われてこそ」なのです。

VRIO 分析の運用

　以上の4つの基準を満たしているならば，その資源は「価値を生んでおり，希少であり，今後模倣される可能性も低く，しっかり組織の中に組み込まれている」ため，会社の持続的な強みとして機能します。反対にいうと，4つの基準を考えることで，会社の中にあるさまざまな経営資源には，現状，何が足りていないか＝会社の弱みもまた，見えてくることになるわけです。

　表6.2は，VRIO の4項目の基準で，ある会社の経営資源の状態を評価して

CHART 表6.2　ある企業の経営資源 VRIO 分析の例

経営資源	value： 価　値	rareness： 希少性	imitability： 模倣可能性	organized： 組織化
生　産	○ 他社にはないものを作れる	○ 現時点では優位性あり	○ 簡単には真似できない	○ 自社の中核に組み込んで活用
マーケティング・販売	○ 製品の魅力を伝える技はある	× より上手なライバルが多数	× すでに後塵を拝している	○ より活用できる形がありそう
技　術	△ 重要技術は外部に依存	○ 他社にはあまり技術がない	× 他社も外部から導入する可能性	○ 事業に組み込まれている
管理システム	× 事業に必須だが優れてはいない	○ 他社にも優れたシステムはない	× 特別，リードできていない	× 事業に活用できていない

みたものです。この会社の場合，他社に真似できないものづくりが強みである一方，管理のシステムが弱みであることがわかります。もし事業を持続的なものへと育てたいと考えるならば，この分析に基づいて，自分たちの弱いところを育成・強化したり，強みがより活きるように工夫するなどして，事業活動の内容と自分たちの資源とがよく嚙み合った状態を作り出す必要があるでしょう。

③ 組織内の経営資源リストを作成する

　企業の経営資源の総チェックは，医師による健康診断に似ています。健康診断では，身体をすみずみまで調べて，どこに不調があるか，どこに将来的なリスクがあるかを見つけようとします。経営資源分析も同様に，自分たちの組織をすみずみまで分析して，企業としての健康状態を調べ，現在と将来の問題点を見つけ出していくことが肝心となるからです。

　第②節では，資源が自社に固有の強みを与えてくれているのか，それとも自社にとっての弱点になってしまっているのかという，資源の健康状態を「判断する」基準を説明しました。組織の健康診断を行う上で，次に必要となるのは，組織を「すみずみまで調べる」方法です。健康診断で身長・体重，視力検査，聴力検査，血圧……と，人体を要素別に順番に調べていくように，企業組織の資源分析をするときも，経営資源を要素別に切り分け，順番に調べていくことで，漏れなく会社の状態を知ることができます。

　ここでは，バリューチェーン分析と，7S分析という2つの方法を紹介したいと思います。バリューチェーン分析は，自社の事業活動を部門ごとに切り分けて，どの部門が強く，どの部門が弱いかを調べる方法です。一方，7S分析では，企業を構成する特徴を，組織やシステム，価値観など7つの要素に分け，そこにある特色や課題を見つけようとします。それぞれの方法でしか捉えられない側面がありますから，両方を併用し，多面的に企業を見ていくのがよいでしょう。わずか1分の自己紹介で相手のことを理解するのは難しくても，何時間も話をすれば，それだけ相手のことがわかってきます。企業の内部分析も同じです。その企業のことを深く知ろうとすることで，それまで気づかなかった

よさや課題が浮かび上がってくるのです。

バリューチェーン分析

　事業組織を要素ごとに分解して調べる，1つめの方法は，経営戦略論者マイケル・ポーターによる，バリューチェーン分析です（ポーター［1985］）。原材料から顧客の手元に至るまでの一連の事業活動（これをバリューチェーンと呼びます）を，生産・販売・開発といった活動内容ごとに切り分け，それぞれの活動の特徴や強み・弱みを分析していく手法です（図6.1）。

　ポーターのバリューチェーンでは，企業内部の活動を，実際に製品を作り，顧客に届ける「主活動」と，それらの活動を支える「支援活動」とに区別します。主活動には，調達，生産，物流，販売とマーケティング，アフターサービスが含まれます。支援活動には，事業やそこに必要となるカネ（財務）を統制するための管理活動，人を採用・育成・評価する人事，新しい製品や技術を生み出す技術開発が含まれます。気をつけるべきは，主活動だからより大切というわけではないということです。企業を運営する上では，すべての活動が健全に行われている必要があり，まさに健康診断のように全体を見ながら，良いところ・悪いところをチェックしていくことが重要です。

　バリューチェーン分析を行うときには，必ずしも図6.1のかたちに縛られる必要はありません。ポーターはあくまで基本的な会社のかたちとして，製造業を念頭にこれを提示したに過ぎません。サービス業では異なるかたちになるは

CHART | 図6.1　ポーターのバリューチェーン分析

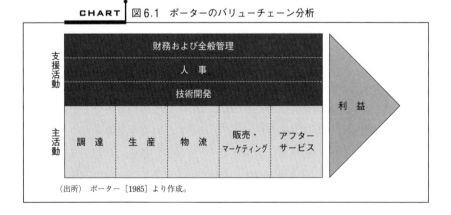

（出所）　ポーター［1985］より作成。

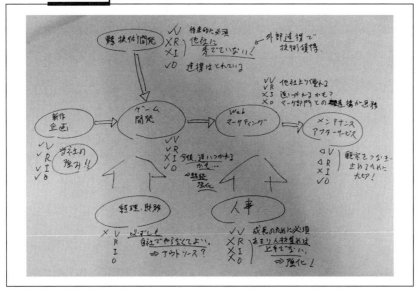

ずですし，究極的には1社1社異なってくるのが自然です。したがって，バリューチェーン分析をするにあたっては，まず，自社のバリューチェーンを描き出すことから始まります。図6.2は，筆者の講義で，あるゲームアプリ開発ベンチャーのバリューチェーンを描き出し，活動ごとに VRIO 分析を実施してみたものです。このように，自社のかたちに合わせてバリューチェーンを描いてみることで，使い勝手もよくなり，漏れなく自社の状況を調べられるようになります。

なお，この図のように，バリューチェーンの分析には，VRIO を併用することがとても有効です。バリューチェーン分析では，会社を1つ1つの活動に分類します。加えて VRIO を用いれば，その1つ1つの活動が「会社の強みなのか，弱点なのか」を調べ出すことができるからです。

┃ マッキンゼーの 7S ┃

2つめの方法は，マッキンゼーの 7S と呼ばれるもので，企業をかたちづくる要素を「strategy：戦略立案力」「structure：組織構造」「system：人事や経理のシステム」「shared value：社風・価値観」「skill：技能・技術」「staff：人

企業の構成要素	人間にたとえると	具体的内容
strategy：戦略立案力	頭　脳	戦略立案能力は高いか
structure：構造	骨　格	適切な組織構造が作られているか
system：仕組み	筋　肉	人事・会計などの制度が適切に作られているか
shared value：価値観	精　神	望ましい価値観が共有されているか
skill：技能・技術	器用さ	固有の技術やノウハウなどが蓄積されているか
staff：人材	血　流	個々の人材はよく開発されているか
style：仕事の流儀	振る舞い	仕事の仕方，意思決定の仕方は望ましいものか

材」「style：仕事の流儀」の7つに分解して分析します（表6.3）。名称にもある通り，世界的な大手コンサルティング会社マッキンゼー・アンド・カンパニーが開発した手法で，同社では現在でも活用されています。考案から数十年が経過したにもかかわらず，いまだによく利用されている理由は，組織の中のハードの部分（戦略，構造，仕組み）と，ソフトの部分（価値観，技能，人材，仕事の流儀）に，バランスよく目配りされていることにあります。価値観や仕事の流儀といった，目には見えないけれども会社の活動にじつは重大な影響を与えている要因にまで光を当てているところが，評価されているのです（大前［2014］）。

　バリューチェーン分析は，会社が行っている活動を1つ1つチェックするという，企業の分析手法としては非常に素直なものです。ただ，これでは各活動の背後にある会社の社風や，人材の質，会計システムなどといった，会社をかたちづくっている構成要素に目を配ることができません。そこを補えるのが，マッキンゼーの7Sだといえます（図6.3）。

　7Sとバリューチェーン分析は，それぞれに足りない部分を補える手法です。構成要素がしっかり整っていても，活動としてうまく束ねられていないこともあれば，反対に，活動としてはうまく回っているけれども，構成要素が十分に育っていないということもあるからです。必要に応じて，うまく使い分けたり，両方を用いたりして，自分たちの課題をあぶり出すことが求められているのです。

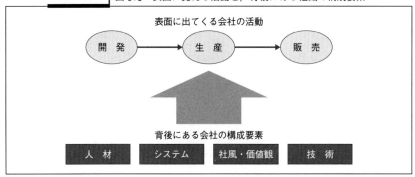

CHART 図6.3 表面に見える活動と，背後にある組織の構成要素

表面に出てくる会社の活動

開 発 → 生 産 → 販 売

背後にある会社の構成要素

人 材 | システム | 社風・価値観 | 技 術

4 リソースベースド"ビュー"

　2014 年度にトヨタ自動車は，日本企業として史上はじめて純利益 2 兆円の大台を達成しました。同社はその後も安定して 2 兆円前後の純利益を上げ続けています。トヨタがこのように利益を稼ぎ出せている理由は，技術開発から，生産，販売まで，バリューチェーンの各領域で高いレベルの能力を持っているからです。たとえば，同社は 1990 年代の不況期から現在に至る 20 年以上もの間，毎年およそ 1000 億円にも達するコストダウンを全社を挙げて実現しています。単純に計算すれば，毎年 1000 億円のコストダウンの成果を 20 年積み上げれば，2 兆円に達するわけです。乱暴な計算ではありますが，日々の努力を着実な成果につなげる，経営資源に立脚した経営が目標にすべき 1 つのかたちであるといえるでしょう（藤本 [2013]）。

　一方，20 世紀に世界最大手として自動車産業に君臨し続けたゼネラルモーターズ（GM）は，2009 年，経営破綻に陥りました。再建活動を続ける中，2014 年度の決算は約 3000 億円の黒字にとどまりました。トヨタと同規模でありながら，経営業績の差は歴然としています。GM も経営努力を惜しんでいるわけではないのでしょうが，破綻した当時は，リムジン，SUV，ピックアップトラックといった目先の利益を生みやすい車種にばかり注力し，長期的な能力構築の視点がやや欠けていたことに問題があったとされています。

この2社のエピソードは，企業経営における経営資源の長期的な重要性を，私たちによく教えてくれます。一度や二度は策略や幸運で勝てたとしても，継続的な勝利は約束されません。経営の基盤となる能力が高ければ，より安定的に，高い確率で勝利を収めることができるようになります。強いチームと弱いチームが試合をしたら，強いチームが勝つ可能性のほうが高い。きわめて当たり前のことです。

　企業経営は経営資源に根ざして行うべし，経営資源の充実なくして持続的な競争優位は得られない。「企業経営に際しては，社内の経営資源をまず見よ」との精神から，経営資源分析のことは一般に，リソースベースドビュー（resource-based view）＝資源を基点とする見方と呼ばれています。策に溺れることなく，企業をその資源からきちんと見ていこうという意味で，リソースベースド"ビュー"という表現が使われているのです。企業の未来はその基盤をなす能力構築の先にあるということを，ぜひ深く胸に刻んでおいてください。

KEYWORD

| 経営資源 | VRIO | バリューチェーン分析 | 7S | リソースベースドビュー |

さらに学びたい人のために ｜　　　　　　　　　　　　　　　　**Bookguide** ●

- 伊丹敬之［2012］『経営戦略の論理（第4版）——ダイナミック適合と不均衡ダイナミズム』日本経済新聞出版社。

　　企業の根幹が経営資源であること，なぜそれが大切か，そしてそれを事業経営の中でどう育てていくべきかについて，長く議論を先導してきた日本を代表する研究者の，経営に対する考え方のエッセンスが詰まった本です。

- 藤本隆宏［2013］『現場主義の競争戦略——次代への日本産業論』新潮新書。

　　日本の自動車産業が長期的に競争力を維持できている理由は，ものづくりを中心に，内部での実力強化を継続してきたからであるという考察をベースに，現場の経営資源を育て，それを土台として経営することの大切さが，丁寧に，熱く，説明されています。

大前研一［2014］『マッキンゼー 成熟期の成長戦略（2014年新装版）』masterpeace good.book 編集部。

バーニー，J. B.（岡田正大訳）［2003］『企業戦略論——競争優位の構築と持続』上，ダイヤモンド社。

藤本隆宏［2013］『現場主義の競争戦略——次代への日本産業論』新潮新書。

ポーター，M. E.（土岐坤・中辻萬治・小野寺武夫訳）［1985］『競争優位の戦略——いかに高業績を持続させるか』ダイヤモンド社。

第**7**章

事業のさらなる展望をひらくには

外部にある脅威と機会

EXERCISE　日本を代表するゲーム会社・任天堂は，2010 年ごろから の数年間，「よい製品を作っているのに，利益が上がらない」という状況に陥りました。同社は当時，革新的な家庭用据置型ゲーム機 Wii U（2012 年）や小型ゲーム機 3DS（2011 年）を生み出し，また「マリオ」「どうぶつの森」など根強い人気のシリーズや，新作ゲーム「スプラトゥーン」が，子どもだけでなく，女性や高齢者なども含めた幅広い顧客層に喜ばれていたにもかかわらず，売上・利益は振るいませんでした（下図）。このとき，どのような問題が起きていたのでしょうか。その後 2017 年に新しいゲーム機 Switch を発売し，同社の業績は向上します。この理由は何だったのでしょうか。

　繰り返しますが，Wii U や 3DS を主力としていた時期も，Switch を主力とするようになってからも，任天堂は一貫してよい製品を作り続けていました。製品の魅力度が問題でなかったならば，一時期の業績悪化の原因は，どこにあったのでしょうか。

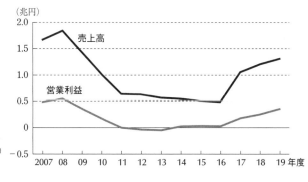

（出所）　任天堂株式会社・
　　　　有価証券報告書より
　　　　筆者作成。

1 よいものを作っていても，儲からない？

　事業を運営していると，顧客に価値ある製品・サービスを提供できているのに，低収益に悩まされることがあります。製品・サービスはよくデザインされ，ターゲットとする顧客に的確なマーケティングを実施できている。それにもかかわらず，十分に売上・利益を上げられない，というような状況です。本章扉頁の EXERCISE で取り上げた任天堂の 2015 年ごろも，同様の苦況であったといえます。

　こうしたときには，会社をめぐる内外の状況に，「利益を減らしたり取りこぼしたりしている原因」が潜んでいるのかもしれません。会社の外には，たとえば，顧客の値下げ要求や，原材料費の高騰，代わりになる製品・サービスの登場といった利益圧迫要因があります。一方で，会社の内側でも，人材の技能が十分に育っていなかったり，社内の情報システムが未整備だったり，新技術が活かせていなかったりして，狙ったような事業活動が実現できていないかもしれません。これら社内外の要因があるゆえに，ビジネスモデルとしては問題がない場合にも，利益が残らない可能性があります。言い換えれば，ビジネスモデルは，それを支える社内・社外の条件が整ったときにしか機能しないのです（図 7.1）。

　任天堂の場合は，スマートフォンのゲームアプリが原因でした。無料で気軽に楽しめるスマホのアプリという新しい種類のゲームが登場し，それに顧客を多く奪われていたのです。加えて，同社は原材料費の高さにも苦しみました。タッチパネル付き 3D 表示ディスプレイなどの高額なハイテク機能をたくさん盛り込んだことで，任天堂はどれだけゲーム機を売っても，あまり利益が上がらなくなってしまっていました。

　要するに，ビジネスはキレイゴトだけでうまくはいかないということです。各社が利益を争って繰り広げる「競争」を勝ち抜かなければ，企業は生き残っていけません。しかし，そうして各社が競争を繰り広げる中でこそ，新しい製品・サービスが生み出され，経済と社会は発展していきます。

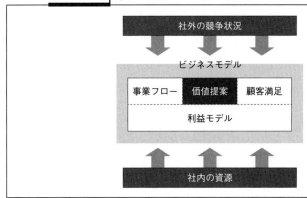

　競争の中で，いかに生き延び，勝ち抜き，利益を得るか。これを考えて策定するのが**経営戦略**です。事業の持続的成功に責任を持つ人物として，経営者は，会社をめぐる内外の状況を冷静に分析した上で，目の前にある脅威を解決し，未来をひらく機会をつかむための長期的な方策を定め，実行します。じつは，第6章で見た経営資源についての議論がすでに，この経営戦略策定のためのものでした。長期的な成功の可能性を高めるために，企業内部をよく観察し，どこを克服し，どこを改善すべきかを考えることは，まさしく会社の方針となる経営戦略の重要な構成要素なのです。続く本章では，視線を企業外部に向けたいと思います。再び，企業が長期的に生き抜いていくことを目的に据えて，今度は企業を取り巻く脅威と機会を分析していくことにしましょう。

外部の脅威をどう知覚するか

┃ ポーターの5要因分析 ┃

　任天堂の事例で見たように，事業の採算が悪い状況においては，会社の周りに，何か利益を圧迫する要因，すなわち差し迫った「脅威」があると考えられます。企業を取り巻く外部の脅威を包括的に分析するモデルをまとめ上げたのが，経営戦略論の大家マイケル・ポーターです。彼は，事業の儲かりやすさを

Column ❸　経営戦略論

　第6章と本章で取り扱っているのは，経営学の中でも，経営戦略論と呼ばれる領域の，中心をなす部分です。本文でも説明したように，経営戦略は，企業の未来をひらくために策定される行動計画です。多くの人々が組織の中で迷わずに行動していけるよう，経営者は経営戦略を明確に示し，それを通じて仲間たちの進むべき方向を定める必要があります。

　経営戦略を構想するには，何よりもまずあるべき未来の自社像を検討し，その上で企業を取り巻く現状を知り，最後にその未来像と現状とを結ぶためにはどのような行動が必要なのかのシナリオを考えることが求められます。この①あるべき未来像の検討，②現状分析，③シナリオの構想が，一般的な戦略立案の3ステップとなります。

　経営戦略論は大きく，会社全体の方針を策定する全社戦略と，1つの事業の方針を策定する事業戦略とに区別されます。全社戦略では，複数の事業のどれに投資をするかとか，それらの事業にどのような関連づけや全体の方向性を与えるかといった，事業の束の管理が中心となります。これに対し，事業戦略は，1つの事業を成功に導くため，いかにしてその事業の収益性を高めるかが焦点となります。事業のデザインを中心的に議論している本書では，後者の事業戦略を主として取り扱いました。

　経営戦略論はまた，企業内部のことを検討する理論と，企業外部のことを検討する理論にも区別されます。今から2500年くらい前の中国の兵法書『孫子』には，軍事戦略の要諦として「彼（相手）を知り己（自分）を知れば百戦危うからず」という言葉が残されています。この考え方は現代経営戦略論でも踏襲されており，戦略の構想においては企業の外部および内部の分析を個別に行い，その成果を統合して未来へのシナリオを描くのです。

　本書でも，この企業外部・内部という区別に即して，第6章で企業内部の資源の状態を分析するすべを，そして本章で企業外部にある脅威や機会を分析するすべを紹介します。ただし，経営戦略として大切なのは，そうした分析を踏まえて，現状を打破し，新たな未来への道筋を描くことであるという点を忘れてはなりません。「分析上手の戦略下手」は，最も避けなければならないことです。方針を立てるまでが経営戦略であると，強く肝に銘じる必要があります。

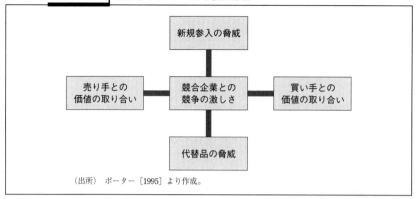

CHART 図7.2 ポーターの5要因分析

新規参入の脅威

売り手との
価値の取り合い

競合企業との
競争の激しさ

買い手との
価値の取り合い

代替品の脅威

（出所）　ポーター［1995］より作成。

左右する外部要因を，大きく5つに分類しました。これは現在，**ポーターの5
要因分析**として知られています（図7.2）。競合企業との競争の激しさ，新規参
入の脅威，代替品の脅威，買い手との価値の取り合い，売り手との価値の取り
合い，というのがその5要因です。ポーターは，企業がどのくらいの利益を得
られる可能性があるかは，大枠では，これら5つの要因によって決まるとしま
した（ポーター［1995］）。

｜ 顧客を取り合う3要因 ｜

この5つの要因は，中央の縦3つと左右の2つに分けて考えることができま
す。まずは縦の3つから考えていきましょう。「競合企業」「新規参入」「代替
品」は，自社と同じ顧客を取り合っています。競合企業は文字通り，自社と同
種の製品・サービスを扱い，直接的に同じ市場で戦っている相手です。新規参
入は，その市場にこれから参入しようとしている別業界の企業やスタートアッ
プ企業です。代替品とは，結果的に自社の顧客を奪っている別種の製品・サー
ビスです。短期的には潜在的な顧客人数は一定だと考えるならば，会社が売上
を伸ばせないのは，これらの競合・新規参入・代替品に顧客をとられているか
らだと考えるのです。

ここで大切なのは，会社の利益を最も圧迫しているのは何かという観点から，
3要因を概観することです。利益に深刻なダメージを与えている要因にこそ集
中すべきで，それ以外の要因にも警戒は怠れませんが，限られた経営資源を有

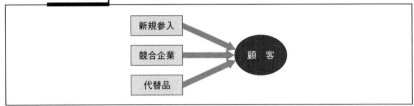

CHART 図7.3 縦の3要因：顧客の奪い合い

新規参入 → 顧客
競合企業 →
代替品 →

効活用するならば，最も重要な問題に集中して，会社の業績を立て直すことが求められます。

　改めて，任天堂の事例を考えてみましょう。同社から最も市場を奪っていたのは何でしょうか。第1節でも少し説明しましたので，多くのみなさんが，さほど苦もなく，スマホアプリという「代替品」であると気づくはずです。したがって，任天堂の経営陣は，スマホアプリからどう顧客を取り戻すかに集中すべきだといえます。市場で直接競合しているのはソニーのPlayStationとマイクロソフトのXboxです。また，これから任天堂よりも大きな売上規模を持つ世界的な大企業がゲーム業界に参入してくるかもしれないというリスクもあります。これらの相手にも十分に警戒・対策をしておく必要はありますが，経営者としては，何よりもまずスマホアプリへの積極的反撃策を考えるべきなのです。

　なお，任天堂の場合は，何が脅威となっているかが比較的わかりやすかったと思いますが，多くの場合はこうした構図は必ずしも明確ではありません。だからこそ，丁寧に3つの要因を分析してみて，何が一番自社にとって深刻な問題なのかをつかむことが大切です。

価値を取り合う2要因

　ポーターの5要因分析がユニークなのは，顧客や，部品・材料・設備などを提供してくれる取引先すらも，自社が儲かりにくくなっている原因である可能性がある，と分析する点です。通常，顧客は自社製品を買ってくれる大切な「お客さま」ですし，自社に材料・部品・設備などを提供してくれる取引先は，ビジネスをする上での大切な「パートナー」です。しかし，ポーターの5要因分析では，それらの顧客や協力者を，価値を自社から奪っているかもしれない

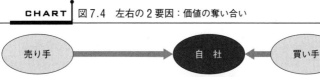

売り手　　　　　自　社　　　　　買い手

部品・材料・設備業者が得た価値　　自社が得た価値　　顧客が得た価値

製品・サービスが社会に生み出している総価値

交渉相手（「買い手」「売り手」）と見て，自社が過剰に安く商品を売ったり，過剰に高く材料や設備を買ったりしていないかを分析します。事業の収益性が悪いときには，あえて，顧客関係や取引先関係も見つめ直してみるべきなのです。

　たとえば，自社がバッグを販売する会社だとして，素敵なデザインで機能性にも優れた製品を7000円で販売したとしましょう。ところが，もし顧客が，そのバッグをとても素晴らしいと思い，2万円の価値があると考えているなら，顧客は両者の差額の1万3000円をいわば「儲けた」ことになります。会社としては，2万円の社会的価値のある製品を，わずか7000円で販売した，ということです。また，そのバッグを作るための材料は，5000円で購入しているとしましょう。つまり，この製品の生産によって，材料メーカーは5000円の価値を手に入れ，自社は製品価格との差額の2000円の価値を手に入れます。

　事業の状態がこの通りであるならば，2万円もの社会的価値を生み出していながら，自社は分け前としてはわずかに2000円しか手にしていない，ということになります。一方，顧客は1万3000円の価値を手にし，材料業者は5000円の価値を手にしています。よい製品を生み出しているのに，自社の取り分が少なすぎるのかもしれないのです（図7.4）。このような可能性を考慮して，5要因分析では，顧客といわずに「買い手」，事業パートナーといわずに「売り手」という淡々とした呼び方で，相手を単なる自社の関係先と見て，冷静に分析してみるわけです。

　買い手に対しても売り手に対しても，自社が利益をより得られるようになるかどうかのポイントは，どちらがその取引で主導権を握っているかという「パワーバランス」であることが知られています。まずは，顧客（買い手）との取引関係を見てみましょう。自社が相手の生活や仕事にとって重要な製品・サー

- 相手にとって，自社は重要な取引先か。自社は替えの利かない存在か
  - ・重要である（替えが利かない）としたら，それはなぜか
  - ・重要でない（替えが利く）としたら，それはなぜか
- 自社にとって，相手は重要な取引先か。相手は替えの利かない存在か
  - ・重要である（替えが利かない）としたら，それはなぜか
  - ・重要でない（替えが利く）としたら，それはなぜか

ビスを扱っていれば，顧客に対して強気の価格設定ができたり，あまり広告・宣伝を行わなくても顧客のほうから「買いたい」と接近してきます。反対に，自社の製品が顧客にとってあまり大切なものでなかったり，他社の商品で代用できるときは，自社の立場は弱くなり，値下げをしたり，多額の広告宣伝費を投じなければならなくなります（表7.1）。

　部品や材料の供給業者（売り手）にとっても，問題は同じです。今度は立場が逆になるわけです。自社が相手にとって関係を切られては困る大切な取引相手であれば，こちらは強気の価格交渉ができます。一方，自分たちのほうこそ相手から部品・材料・設備の供給を受けられなくなってしまったら困るというときには，相手のほうが強いパワーバランスとなります。

　自社の取り分を増やすための具体的な対応策を考えるに際しても，表7.1のチェックリストが役に立ちます。製品・サービスを販売するときは，自分が相手にとって「替えの利かない，大切な取引相手」になるようにし，材料や設備などを調達するときには，自社が「代わりの取引相手を見つけて，特定の相手に依存しない」ようにすればよいのです。

　自社が顧客にとって「替えの利かない存在」になる策としては，他社にない優れた機能を実現したり，ブランド価値を高めたり，他社への乗り換えのコストを高めたり，自社商品を継続利用してもらえるような工夫をしたりします。Apple の戦略などは典型的です。自社製品のブランドイメージを徹底的にコントロールし，また，ありとあらゆる IT・通信系サービスを自社プラットフォーム（▶第5章）で提供して高い利便性を実現することで，他社製品への乗り換えコストを高めています。その結果，消費者は Apple の製品がそれなりに高い価格であっても，快く支払う意思を示します。

反対に，自社が買い手の立場のとき，たとえばある部品を特定の売り手だけから調達していては，相手に取引の主導権を握られてしまいます。1社からしか調達できないような状況を回避し，別の調達先を見つけたり，育てたりすれば，自社は特定の売り手に依存することなく，部品・材料・設備の調達価格を安価に抑えられるようになります。

　ただし，取引の主導権を握れたからといって，いくらでも買い叩いてよいわけではありません。適切な価格水準を見つけ出し，互いに利益のあるサステイナブル（持続可能）な取引関係を構築することこそが，事業を継続していくポイントとなります。安く買い叩いた結果，取引先が事業を継続できなくなってしまったり，高値で売りつけて顧客が嫌気を感じるようになれば，あなたの会社は長期的には立ち行かなくなってしまうでしょう。

３　外部にある機会

┃ PEST 分析 ┃

　企業の外部環境にあるのは，差し迫った脅威だけではありません。社会や産業が変化することによって，新たな事業機会が生まれることもあります。脅威を取り除くだけで，経営戦略は成り立ちません。経営者の役割が自社の未来を切り拓くことであるならば，経営者は，時代を読み，機会をつかんで，さらに成長を遂げていく方策をも考える必要があります。

　時代の変化をつかんで大きな成功を収めた事例を紹介しましょう。日本ではかつて，ビールは商店街の酒屋で買うことが一般的でした。しかし，1980年代，消費者が日用品を商店街ではなくスーパーマーケットで買う動きが加速しました。この変化を捉え，積極的にスーパーマーケットで販売することで成功を収めたのが，アサヒスーパードライです。技術も変化します。かつて機械式時計の時代にはスイスが時計の一大生産地となっていましたが，電子式のクオーツ時計の技術が登場してからは，その機に乗じ，クオーツ時計の生産に先駆けて乗り出した日本のセイコーやシチズンが市場を席巻しました。

CHART 図7.5　PEST分析：X年後にはどのような時代が訪れているか

policy 政治・法律・政策	economy 日本経済・グローバル経済
society 社会・文化	technology 技　術

　こうした社会や産業の変化を分析する方法の1つが，PEST分析です。policy（政策），economy（経済），society（社会），technology（技術）という4つの観点から，世の中がどう変わりつつあるのかを分析し，そこから機会を探すというものです（図7.5）。

　社会の変化をうまく捉えて成功した事例として，第4章でも取り上げたRIZAPの事例をPEST分析してみましょう。同社が事業を開始した2000年代半ば，政策面では，歳出（政府予算）削減のために医療費の個人負担割合が増えるなど，人々の関心や不安が健康に集まっていました。経済に関しては，格差社会がさかんに論じられ，貧困層が増えると同時に富裕層も増えるといった二極化が指摘されていました。社会を見れば，アイドル文化の隆盛や「美魔女」と呼ばれるような美容意識の高い中高年女性への賛同が起こり，美しくありたいという意識がいっそう高まっていました。技術に目を向けると，IT技術が進化していく中で，人が人にサービスをするということがむしろ高い価値を持つようになってきていました。こうした時代背景を受けて，厳しいコーチがつき，叱咤激励されながら美しい身体を手に入れるというプログラムを，数十万円の高価格で富裕層向けに売り出したRIZAPが，大きな成功を収めたのです。

ペルソナ分析

　事業機会につながる変化は，顧客その人の思考や行動にも見出すことができます。今やマンガはスマートフォンで読む時代になりました。そうした顧客の生活様式の変化に対応せずに，大判の雑誌だけで提供し続けていては，売上低

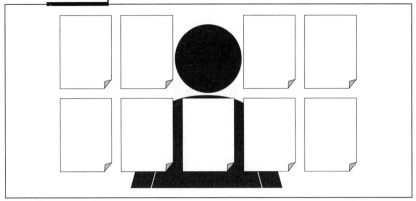

下は避けられませんが，積極的にスマートフォン閲覧に対応していけば，新し
い顧客を獲得することもできるでしょう。ファッションでも，足が痛くなるこ
とや，臭いがつくことを嫌って，素足ではなく靴下でサンダルを履く若い女性
が増えるといった変化が見られました。これに対して，素足を前提としたサン
ダルだけでなく，靴下履きに映えるサンダルも売り出せれば，やはり，それま
でになかった市場を獲得できます。

　こうした顧客の変化を探る方法としては，ペルソナ分析と呼ばれるものが知
られています（井上・中川・川瀬［2019］）。具体的な顧客像を自由記述でたくさ
ん書き出してみて，顧客がどういう人であるかを，なるべくリアリティをもっ
て把握しようとする方法です。そこに見られる大小さまざまな生活・思考様式
の変化から，新しい機会を見つけ出すわけです（図7.6）。

　例として，日本の都市部における自動車ユーザーの変化を分析してみましょ
う。自動車はかつて，経済的な成功の証，家族の移動手段として，誰もが買い
たい・持ちたいと望むものでした。しかし，都市部のユーザーの姿をよくよく
分析してみれば，公共交通機関が発達していて日常で使う機会が減っています。
駐車場代の負担が家計を圧迫しています。共働きで忙しい中，自動車で出かけ
るような遠出の回数は限られます。道幅が狭く交通渋滞も多いため，必ずしも
便利な乗り物とはいえません。こうした分析結果に基づくなら，たとえば自動
車販売にとっての 4P（▶第4章）を考えるにしても，都市部ではレンタカーや
カーシェアリング向けの展開を考えたほうが望ましいということになります。

以上のように，社会や顧客の動向を注意深く見つめる中から，新しい市場機会が見出されてきます。

4 視野を広げ，冷静に事業の状況を見つめ直す

　本章を読んで，第6章までとは少し話の調子が変わったと感じた読者がいるのではないでしょうか。これまでは，どういう製品を生み出し，誰に，どう届けるかといった，自社のビジョンや顧客との関係を議論していたのに，この章では急に利益が話題の中心になり，企業を取り巻くさまざまな周辺状況に目を配るようになった，と。

　本章で学ぶべき最も重要な点は，この「一段高い視座を持つこと」かもしれません。経営者は，よい製品・サービスを生み出して社会に貢献するという熱意を持つことがもちろん大切ですが，同時に，きわめてクールな視線で自社を取り巻く機会と脅威を分析し，利益をきちんと上げていくという，勝ち抜く・生き抜くための思考も持ち併せなければならないのです。事業が存続できなければ，社会をよくする製品・サービスも提供できなくなるわけですから，経営者はある面できわめて怜悧に，自社状況を好転させるために状況を俯瞰することが求められます。

　経済の仕組みを解き明かし，よき社会を構築しようとした経済学者アルフレッド・マーシャル，アメリカにおいて黒人差別と闘ったマーティン・ルーサー・キング牧師は，それぞれ以下のような言葉を残しています。

　　「クールな頭脳と熱い心」アルフレッド・マーシャル
　　「愛なき力は暴力であり，力なき愛は無力である」マーティン・ルーサー・キング

　世の変革を願うならば，人々のリーダーたる人物には，情熱や愛といった熱い心と同時に，それを実践するに足る頭脳や能力が求められるというわけです。経営者をはじめ，組織の未来を担って戦略を立てる人に求められるのは，まさ

にこの「**クールな頭脳と熱い心**」，事業を成し遂げようとする強い思いと，それを実現せしめる怜悧な知性だといえるでしょう。

KEYWORD

経営戦略　　ポーターの5要因分析　　PEST分析　　ペルソナ分析　　クールな頭脳と熱い心

さらに学びたい人のために　　　　　　　　　　　　　　　　**Bookguide ●**

- 網倉久永・新宅純二郎［2011］『経営戦略入門』日本経済新聞出版社。
  　日本の事例で書かれた経営戦略論のテキストとしては最も充実したものです。とりわけ，分析的な競争状況の理解について，さまざまな方法が網羅的に取り扱われています。
- 楠木建［2010］『ストーリーとしての競争戦略──優れた戦略の条件』東洋経済新報社。
  　勝ち抜くための戦略とは何か，それを構想するためのポイントは何かについて吟味された，ベストセラー書です。

参考文献　　　　　　　　　　　　　　　　　　　　　　**Reference ●**

井上達彦・中川功一・川瀬真紀編著［2019］『経営戦略』中央経済社。
ポーター，M. E.（土岐坤・中辻萬治・服部照夫訳）［1995］『競争の戦略（新訂版）』ダイヤモンド社。

CHAPTER

第**8**章

事業をめぐるお金の流れを理解する

財務・会計

EXERCISE

序章でも述べたように，現代においては，ほとんどの製品・サービスが，企業という仕組みによって提供されています。それはつまり，世の中の多くが，売上・費用・利益といったお金の流れと，それに関する仕組み・ルールのもとにあるということです。したがって，経営を学びたいならば，お金にまつわることについても，やはり理解を深めていかなければならないでしょう。

実際，事業をめぐるお金の流れを調べてみると，想像だにしていなかったような大きなお金が動いていたり，反対に，ほとんどお金をかけずに提供できている製品・サービスがあったりします。そうした，さまざまな製品・サービスをめぐるお金の流れを知ることでもまた，みなさんのビジネス感覚は磨かれていきます。

本章では，ラーメン屋，サッカークラブ（J1リーグ），個人タクシーという3つの事業について，一般的な売上と費用の例を紹介しています。ここでぜひ訓練として，本文を読む前に，この3つの事業の売上と費用がそれぞれどのくらいかを，自分で見積もってみてください。

（写真提供：左・gyro/iStock，中・vov1977 / PIXTA，右・holgs/iStock）

第1部の最後に取り上げるのは，お金の流れの計画と管理です。人もモノも情報も，事業活動に必要なすべての資源の獲得に先立つものが，お金です。お金が入らなければ，仲間たちも，自分自身も，健全な生活を送ることができません。原材料や設備を入手した取引先にも支払いをすることができませんし，事業ために資金を提供してくれた人・機関の恩にも報いることができません。お金のことしか考えられない経営者は問題ですが，お金のことがまったくわからない経営者も，やはり問題です。

　しかも，事業をめぐるお金の話は，経営者と，財務・経理の専門職だけが理解していればよいというものではありません。部門の管理を行う管理職も，実際の業務を遂行する現場も，高いパフォーマンスを発揮したいと願うならば，自分たちが担っている事業活動をめぐって，財務状況がどのようになっているのかを正しく理解していることは大切です。自社の事業の，どんなところに，どれくらいお金がかかっているのか。それらの元手となるお金は，どこから出ているのか。ヒトの仕事のシステムとしての事業の背後にある，カネの流れのシステムとしての事業のかたちがわかってくると，自らの仕事がよりよく理解できるようになるはずです。

1 資金調達　　▶事業をするための資金を調える

　事業を営むためには，設備や材料などのモノも手に入れなければなりませんし，事務所や工場も用意する必要があります。データベースサービスの利用料などにもお金がかかりますし，もちろん人を雇用するにもお金が要ります。これらの必要資金は，どうやって調達すればよいのでしょうか。

　ここで，基本的なアプローチは3つあります。①自分でお金を出す，②他人に出資してもらう，③金融機関から借りる，の3つです（図8.1）。

　企業経営においてリスク・負担がともに小さいのは，①自分でお金を出すか，②他人に出資してもらう方法です。事業のために出資されたこれらのお金は**自己資本**と呼ばれ，会社経営の元手となりますが，これらには返済する義務がないというところがポイントです。資金の提供者は，事業がうまくいって報酬が

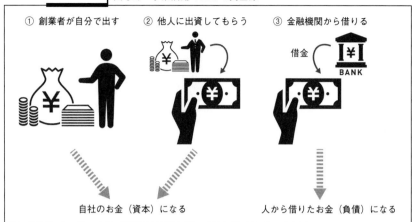

① 創業者が自分で出す　② 他人に出資してもらう　③ 金融機関から借りる

借金　BANK

自社のお金（資本）になる　　　人から借りたお金（負債）になる

得られるかどうかのリスクを，自ら背負って出資をします。事業が成功すれば，その報酬として，上がった利益から配当を受け取ることができますが，事業が失敗してしまえば，出資したお金は戻ってきません。事業に投資をするということは，まさしく自己責任なのです。

　なぜ，この自己資本という資金集めの手段はリスクが小さいといえるのでしょうか。それは，もう1つの資金集めの方法である③金融機関から借りる，を選択した場合，借りたお金ですから，返さなければならないためです。返済義務を負うという意味で，こうした資金を**負債**と呼びます。負債は，自己資本と比較すると，費用負担も大きいのが特徴です。毎期，利子を払う必要があるからです。自己資本であれば，返す必要もなく，利子も払わなくてよい。負債の場合は，返さなければならない上に，利子も付く。このように書くと，負債を利用するメリットはないようにも思えてしまいますが，そこにはもちろん企業経営における重要なカギが眠っています。ともあれ，まずはこの2種類の資金の性質を理解しておきましょう。

　ところで，自己資本として資金を提供すると，会社の成功も失敗も自己責任と見なされるため，出資者たちには会社の経営に参加する権利が与えられます。①あるいは②の方式でお金を出した人は，その出資額に応じて**株式**というものをもらいます。これは，その企業の所有者であることの証明です。株式の保有比率に基づき，自分が×％，○○さんが×％，また別の□□さんは×％という

ように，企業は各人の出資分に応じて分担して所有されます。企業の所有者た
る株主たちは，この出資分に応じた多数決の原理で，株主総会という企業の経
営方針を決定する場に参加することができます。株主総会においては，誰に経
営を任せるか，すなわち経営陣を決めるほか，会社経営をめぐる将来的に重要
な決断について話し合われます。

　この出資比率に応じた多数決という仕組みを考慮するならば，もしあなたが
ベンチャー企業を創業したときには，自分の保有比率をしっかり確認すべきで
す。自らが過半数の株式を保有しておくことが，基本的には望ましいといえま
す。もちろん，創業間もない資金繰りが苦しい時期に，資金を出してくれる出
資者はとても有り難い存在です。しかし，創業者よりも大きな資金を出した他
人に，過半数の株式を握られると，その会社はもはやあなたの会社ではなく，
その人の会社になってしまいます。その人は，株主総会で自由に経営者を選任
できるほか，経営方針も決定できるようになってしまうのです（磯崎［2015］）。

　そうかといって，小口の出資をたくさん募り，出資比率の小さな株主が多数
に上ってしまうことにも，リスクがあります。みながバラバラで，経営方針に
ついて意見が割れたりすると，身動きがとれなくなってしまう恐れがあるから
です。このように考えると，とりわけ創業時に，企業が出資者をドシドシ募っ
て資金集めをするというのは，現実的ではないことがわかります。

　そこで，出資比率を変えずに資金を得る方法として，③金融機関からの借入
が注目されるわけです。お金を出してもらうにしても，出資としてではなく，
貸付金として出してもらえば，原則として会社の経営には口出しをされずに済
みます（とはいえ，貸したお金をちゃんと返してもらえるように，貸し付けた金融機関
が経営にアドバイスをしたり意見をいったりすることは少なくありません。ただし，そ
れはあくまでアドバイスや意見です）。決定権は出資者たちにあるのです。

　前述の通り，金融機関からの借入には返済義務があり，利子も付くので，借
入によって資金集めをするのは，基本的には返済できる自信があるときだけで
す。金利負担や返済義務を負ってでも，今こそ機動的に資金を投入し，機会を
つかんで事業を大きくしようと考えるからこそ，お金を借りるわけです。自分
ではお金を出さずに，他人のお金を借りて利益や売上を増やせることから，金
融機関からの借入には自分たちの小さな力を大きくする「てこ」（レバー）のよ

CHART | 図8.2 貸　方

負　債

自己資本

企業の資金源

うな効果があるということを表した表現として，レバレッジ効果が働くという言い方をすることもあります。

　また負債は，事業の資金が足りなくなって，金融機関に急ぎ助けてもらうというときにも用いられます。事業活動はいつでも順風満帆とはいきません。ヒット商品に恵まれなかったり，不良品を出してしまったりと，一時的に資金繰りが苦しくなる原因はさまざまに存在します。そのようなときに，毎回株式を発行するのは現実的ではありません。金融機関は，そうした一時的な資金の必要性に応える役割も担っています。このように負債は，機運をつかんで事業を拡大したいときや，反対に資金繰りが苦しいときなど，出資というかたちよりも機動的な資金を欲する場合に頼れる手段なのです。

　以上，事業活動を行うための資金には，自己資本と負債の2種類があることを説明してきました。自社が，誰からいくらくらい，どのような形式（自己資本か負債か）で，資金を出してもらったかは，きちんと企業の会計帳簿上に記録しておくことが義務づけられています。この資金の出し手に関する記録を，貸方（かしかた）といいます（図8.2）。

2　資金の使い道

⚫ 現金，資産，有価証券

　会社が集めた資金の使い道は，大きく分けると3種類あります。第1は，現金あるいは預金として持っておくことです。日々の支払いや次なる投資へとすぐに振り出せるように，事業活動においては現金を一定額持っておく必要があ

現金

負債

資産

自己資本

有価証券

財産の状態　　　資金源

ります。

　ただ，そうはいっても，現金を企業の中に貯め込んでいるだけでは何も価値を生まないので，オフィス・工場・設備・販売店などといった価値を生み出せるものに，かたちを変えていかなければなりません。こうした，事業活動の中で使われる数々の価値あるもののことを，**資産**といいます。

　また，企業が別の企業に出資をすることも許されています。自社の事業に使うだけでなく，他社の事業に投資をするというお金の使い方もできるということです。他社に出資して得た株式のことを，**有価証券**と呼びます。現金として寝かせておくには十分すぎる額が手元にあり，自社の事業活動を行うための資産は足りている。そんなときには，他社に投資をすればよいのです。自社の事業活動を支えてくれている部品・材料メーカーや，物流企業，販売会社などを育てる目的でも，こうした他社への投資は有効活用できるでしょう。

　このようにして企業は，自己資本と負債で得た資金を，現金・資産・有価証券という3つのかたちで保有することになります。この3つのかたち：企業が今どのように財産を保有しているのかは，借方と呼ばれ，企業はこれについてもきちんと管理しておくことが義務づけられています。企業が集めた資金（貸方）と，それをどのような財産として保有しているのか（借方）の金額は，当然，一致します。こうした，企業のお金の保有状態は，貸方を右側に，借方を左側に配し，左右が同額になっている，バランスシート（balance sheet：BS，貸借対照表）というものに整理されます（図8.3）。

　Apple の，2018 年の貸借対照表を見てみましょう（図8.4）。資金源として，同社が意外と金融機関からの借入に頼っていることがわかると思います。とは

現　金 886 億ドル	負　債 2570 億ドル
資　産 1057 億ドル	
有価証券 1697 億ドル	自己資本 1070 億ドル
使い道	資金源

（出所）　Apple Inc., Financial statements 2018 より筆者作成。

いえ，2570 億ドル，日本円にして 30 兆円近い金額を借り入れることができる
のは，それだけ同社の事業が儲かっているからにほかなりません。返済される
見込みが非常に高いからこそ，金融機関は安心して Apple にこれだけの金額を
貸し付けているわけです。

　一方，その使い道を見ると，有価証券の金額がかなり大きいことがわかりま
す。Apple が自社で iPhone や MacBook を開発・販売するのに使っている資産
が約 1000 億ドルであるのに対し，他社への投資に回しているお金が約 1700 億
ドルと，後者のほうが大きいのです。Apple という会社が，製造機能を持たな
い，身軽な会社であることは，よく知られています。そうした特徴が，この比
較的少額な資産から見えてくるとともに，多額の有価証券を持っていることか
らは，同社が積極的に他の有望企業に投資する，ベンチャーキャピタルのよう
な側面を持っていることも見えてきます。

　以上のように，企業の資金源とその使い道を整理した貸借対照表から，その
会社のお金をめぐる状況を見て取ることができます（実際はもう少し細かい項目
に分かれていますが，おおよそこの 5 項目にまとめて，企業の状態がどうなっているの
かの概観をつかむことが肝心です）。こうした表のかたちで企業の資金状態を整理
し把握しておくことは，事業運営ではとても大切です。しかも，それは他社の
状態を分析するのにも役立つということがわかったのではないでしょうか。

3 売上と費用を見積もる

　第2節までは，企業の資金源とその使い道に関するお金の状態の話でした。企業をめぐっては，もう1つ別のお金の流れがあります。それはもちろん，事業活動を通じた売上と費用です。事業を立ち上げ，運営していくにあたっては，自社の売上と費用がどのような構造になっているかを理解することが，きわめて重要です。これが何となくしか把握できていないようだと，懸命に事業をしていたが，じつはまったく儲かっていなかった……ということも，ありうるからです。

売上の見積もり

　まずは，売上の見積もりから始めましょう。そのためには，自社のかたちに合わせた期間当たりの**売上方程式**を用意します。たとえば，ラーメン屋が1カ月の売上を見積もるのであれば，以下のようになると思います。

　　ラーメン屋の売上方程式
　　＝（ラーメン平均単価×1日客数
　　　　＋サイドメニュー平均単価×1日販売量）×営業日

　いきなり数字を考えるのではなく，まず，自分たちの会社の売上が，どのようなかたちで決まってくるのかを考え，理解することに，意味があります。その上で，実際の数字を入れてみて，いくらくらいになるかを見積もります。

　　ラーメン屋の月間売上見込み：
　　　ラーメン平均単価 800 円×1日 40 杯＝3万2000円
　　　サイドメニュー平均単価 200 円×1日 5 個＝1000円
　　　合計＝1日の売上見込み 3万3000円
　　1日の売上見込み 3万3000円×営業日 25 日＝月間売上見込み 82万5000円

　売上方程式は，企業のかたちによって，まったく違ったものになります。Jリーグクラブと個人タクシーの例を以下に示しました。方程式のかたちのみならず，年次・四半期・月次・日次など，どのような期間で区切るのが適切かも，

各社の特徴によって変えるべきです。ラーメン屋のように，ほぼ毎日営業するのであれば，どのくらい休みをとるかで売上が変わってくるので，月次で計算するのがよいでしょう。一方，Jリーグのクラブは，まずもってシーズンのオン／オフがありますし，スポンサー集めも年間の特定の時期に集中します。こうした中では，月当たりの売上を見積もってもあまり意味がありませんから，年間で計算すべきでしょう。

> Jリーグクラブの年間売上方程式
> ＝Jリーグ配分金＋広告料収入＋入場料収入＋グッズ収入
> Jリーグクラブの年間売上見込み＊
> ＝Jリーグ配分金 5億円＋広告料 15億円＋入場料 12億円＋グッズ 6億円
> ＝38億円
>> ＊ Jリーグ2018年度クラブ経営情報開示資料に基づくJ1クラブの平均値。
>
> 個人タクシーの月間売上方程式
> ＝客単価×顧客数×営業日数
> 個人タクシーの月間売上見込み
> ＝1500円×15人×25日＝56万2500円

このように，まず式を作り，そこに数字を入れていくという段階を踏むことで，数値予測を正確にするとともに，売上を分析しやすくします。こうすることで，見込みが外れたときにも，式が間違っていたのか，それともいずれかの数字が予想と違っていたのかと，分析を深めていくことができるのです。

┃ 費用の見積もり ┃

費用の見積もりについても，基本的な発想は変わりません。自社の活動の中で，どのように費用が発生しているのかを，適切な期間を区切って，**費用方程式**を独自に作り，そこに数字を入れていくことで見ていきます。上記と同様に，ラーメン屋，Jリーグクラブ，個人タクシーそれぞれについて，費用方程式と数値例を紹介しましょう。

> ラーメン屋の月間費用方程式
> ＝ラーメン1杯当たり材料費×販売量
> 　＋サイドメニュー1品当たり材料費×販売量

＋賃料＋人件費＋水道光熱費＋広告キャンペーン費

ラーメン屋の月間費用見込み：

　　ラーメン1杯当たり材料費240円×1000杯＝24万円

　　サイドメニュー1品当たり材料費80円×125個＝1万円

　　賃料15万円＋人件費20万円＋水道光熱費8万円＋広告キャンペーン費1万円

合計＝69万円

Jリーグクラブの年間費用方程式

＝選手人件費＋スタッフ・フロント人件費

　　＋試合運営費＋交通宿泊費＋広告費

Jリーグクラブの年間費用見込み：

　　選手人件費20億円

　　スタッフ・フロント人件費10億円

　　試合運営費3億円

　　交通宿泊費3億円

　　広告費2億円

合計＝38億円

個人タクシー月間費用方程式

＝車ローン＋ガソリン代＋車両維持費＋保険料＋組合費

個人タクシー月間費用見込み：

　　車ローン10万円

　　ガソリン代10万円

　　車両維持費5万円

　　保険料3万円

　　組合費5万円

合計＝33万円

　ここで大事なのは，最終的には細かい費用にまできちんと目を配る必要がありますが，最初は大きな費目から特定していくべきだということです。どれだけ正確な売上・費用の方程式を作れるかよりも，まずはざっと見積もって，そのビジネスにおけるお金の流れがどういうかたちになっており，どのくらい利益が出ると見込まれるのかを把握することが大切です。

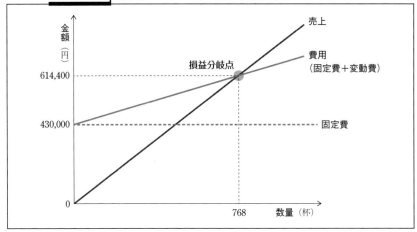

損益分岐点を知る

　こうした売上・費用の構造把握の中でも，とりわけ重要なのが，どのくらい売ったら利益が出るのか，また反対に，販売量がいくつを下回ったら損失になるのかという，利益か損失かを分ける販売数量，すなわち**損益分岐点**を知ることです。

　先ほどのラーメン屋の例で考えてみましょう。ラーメン屋の売上のほとんどは，メイン商品であるラーメンそのものでした。したがって，ラーメンを何杯以上売れば利益が出るのかがわかれば，事業運営の目安にしやすいはずです。そこでまず売上について考えると，これは，ラーメンを1杯売るごとに800円ずつ増加します。売上の構造は，ごくシンプルです。

　ところが，費用のうち，賃料15万円，人件費20万円，水道光熱費8万円は，ラーメンを何杯売るかに関係なく毎月かかります。これらの合計43万円は，ラーメンの販売量にかかわらず発生する決まった費用です。このような，販売量（生産量）によって変動しない費用を，固定費といいます。一方，ラーメン1杯を作るのにかかる材料費は240円です。これは，ラーメンの販売量によって変化することから，変動費と呼ばれます。

　これら売上・固定費・変動費の関係をグラフ化すると，**図8.5**のようになります。ラーメンを月間768杯以上販売すれば，利益が出ることがわかります。

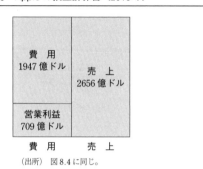

費　用
1947 億ドル

売　上
2656 億ドル

営業利益
709 億ドル

費　用　　　売　上

（出所）　図8.4 に同じ。

ラーメン屋は固定費が大きく，利益を出すためにはかなりの量を売らなければ
ならないのです。この損益分岐点のことを理解できていれば，日々の売上を見
ながら，もう少し販売量を増やすべく広告を行うだとか，ラーメンの単価を上
げるべく新商品開発に取り組むとか，レジや厨房の設備を工夫・改良し，より
少ない人数でオペレーションが回るようにして人件費を削減するとか，いろい
ろな計画が立てられるようになります。

　ラーメン屋の例だけでなく，Jリーグクラブと個人タクシーの売上・費用か
らも，損益分岐点を計算してみてください。どの事業も，利益を出すのがなか
なか難しいということが，理解できたのではないかと思います（いずれの例も，
筆者によるインタビューに基づくものです）。だからこそ，売上・費用の構造を把
握し，どこをどう改善すれば利益がより出やすくなるのかを，よく考えること
が大切なのです。

　これで，企業をめぐるもう1つのお金の流れである，売上と費用の構造も把
握できました。企業の会計では，これらもきちんと管理しておくことが求めら
れます。これは，損益計算書と呼ばれます。英語の profit and loss statement
から，PL と呼ばれることもあります。貸借対照表と同様に，Apple の例を用
いて，図で表現してみましょう。同社は，売上2656億ドルに対し，費用は
1947億ドル，利益は709億ドルとなっています（図8.6）。日本円でじつに7兆
円以上もの利益を上げているのです（Apple の利益額が世界最高です）。

4 企業をめぐる第3のお金の流れ

Ⅲ▶ 利益はどのように使われるか

　ここまで，企業をめぐっては，資金を集めて事業活動のための財産を調えるお金の流れと（第2節），その財産を用いて行った事業活動の結果である売上と費用というお金の流れがあることを（第3節），説明してきました。本節では，この2つのお金の流れの間に，どのような関係があるのかを見ていきましょう。

　事業活動を通じて企業が上げた利益は，その企業の成功に協力した人々で配分されます。第1は，企業にお金を貸した金融機関への，借金と利息の返済です。成功を見込んで資金を貸してくれた相手に，元金を含めて，その対価を支払うのです。

　第2の使い方は，出資してくれた株主たちに配当を支払うことです。株主たちは，無償のボランティアとして事業活動にお金を供出したわけではありません。倒産するかもわからない，そして倒産すれば1円も返ってこない可能性がある中で，お金を出してくれたのですから，事業に成功したあかつきには，そこから上がった利益を配当として受け取る権利があります。

　事業の成功に大きく貢献した経営陣にも，ここで報酬が支払われます。じつは，労働の対価である従業員の人件費とは異なって，経営陣の報酬は事前には決まっていません。事業が成功すればそこから役員報酬を得られますが，事業がうまくいかなければ役員報酬は少額になったり，支払われないこともある，というルールになっています。現実には，まったく支払われないということはまれですが，経営陣への報酬は，事業の成功・失敗に強く紐づけられているのです。

　ちなみに，従業員の人件費はというと，年度の決算をする前に，年間の事業活動の中でPL上の「費用」として支払われています。つまり，会計の仕組み上，従業員への報酬は，金融機関・株主・経営者よりも先に支払われていることになります。労働への対価のほうが権利を保障されているわけです。ただし，その金額が十分であるかどうかという点には注意が必要です。

話を戻しましょう。利益から，負債の返済，株主への配当，経営者への報酬を支払った残りが，次なる事業活動のための資金となります。このお金は自己資本の一部に組み込まれ，工場・オフィス・設備といった自社の事業活動のための資産に使われたり，他社への投資（有価証券）のために使われたり，あるいは現金としていつでも振り出せるように手元に取り置いたり……と，それぞれの会社の方針に沿って，再び自社の活動の中で活用されていきます。

　なお，企業が損失を出した場合には，以上とは反対に，自己資本が減少することになります。結果的に自己資本がゼロになってしまえば，倒産です。実際には，本当にゼロになる前に，見切りをつけて会社を清算することにしたり，負債の返済が困難な債務超過状態に陥るなどして倒産に至ることも多くあります。とはいえ，さしあたっては，自己資本こそが企業の残り体力のバロメーターだと考えておいてよいでしょう。利益が出れば自己資本は増え，損失を出せば自己資本は減ります。したがって，その増減を見ていれば，経営状態がよいか，あるいは苦しいのかを窺い知ることができるわけです。

⑤　お金のことがわからなければ，企業経営はわからない

　以上が，企業をめぐる基本的なお金の動きです。整理すると，企業の中には，大きく3種類のお金の流れがあります。第1は，資金調達をし，それを用いて事業活動のための財産を構築する流れ。第2は，事業活動の結果として生じる売上と費用，そして利益。第3には，得られた利益が，みなに配分され，残りが再び企業の資本として使われていく流れ。ここまでの議論によって，みなさんはもう十分に，企業をめぐるお金の流れの大切さに気づいたことでしょう。冒頭で述べたように，企業はお金だけのシステムではありません。人が織りなす組織であり，また，材料を提供してもらって製品・サービスを生み出し顧客に届けていく価値のシステムでもあります。したがって，お金だけでそのすべてがわかるわけではありませんが，しかし，お金のことがわからなければそれは，企業の重要な一側面を見落としていることになるのです。

　事業というもののデザインを，一通り修めたいと望むならば，ぜひ，会計

Column ❹ ファイナンスと会計

　本章では，ファイナンスと会計と呼ばれる分野の，入り口にあたる基本的な部分を，新規に起業した場合を想定して説明しました。ヒトが織りなす組織の管理・運営や，戦略立案に関するトピックスだけを，とくに経営学と呼び，カネをめぐる議論をファイナンスと会計学といって区別することもありますが，本書では，そのすべてが，企業経営について考える大きな意味での「経営学」の中に入るものと見なしています。本章を読んでもらえれば，ヒトの仕組みもカネの仕組みも学ばなければ，企業経営はわからないということが理解できるはずです。どちらかを毛嫌いすることなく，両方を修めることを，経営への扉となる本書の筆者としてお勧めします。

　さて，カネを扱う学問も，大きく2つに分かれています。上述の通り，ファイナンスと会計です。ファイナンスは，ピッタリと合致する日本語がないため，カタカナでそのまま呼ばれることが多いのですが，強いていえば金融がこれにあたります。ファイナンスは，企業経営者の立場から見たときには，どうやって資金調達を行い，その資金をどう運用すべきかを扱う分野といえます。本章の第1節と第2節がおおよそ，その範囲にあたります。ファイナンスではまた，経営者とは逆の立場＝お金を出す立場から，どのような基準でどう投資をしていくかについても研究・議論・教育されています。

　一方，会計は，調達された資金を使って事業を行っていく中での，お金の流れについて扱う学問です。会計はさらに大きく2つに分かれます。どのように資金の計画を立てるか，どのように収益を上げていくかといった，企業経営の立場からお金の計画と管理を行う活動を，管理会計（management accounting）と呼びます。第3節で説明した売上・費用の計画であるとか，それを踏まえて今後どのようにお金をやりくりしていくかについて，議論されます。

　会計のもう1つの領域に，事業活動の外側にいて普段は会社の内部を見ることができない利害関係者＝株主や債権者のために，企業のお金の状態を貸借対照表や損益計算書にまとめて，正しい情報を提供する活動があります。これは財務会計（financial accounting）と呼ばれています。

（アカウンティング）や財務（ファイナンス）と呼ばれる，お金の流れに関する学びをも深めてもらいたいと思います。それらも備わったとき，みなさんはまさに，企業経営の基礎を修めた，といえるでしょう。

KEYWORD

自己資本　負債　株式　資産　有価証券　売上方程式　費用方程式
損益分岐点

さらに学びたい人のために｜　　　　　　　　　　　　　　　　　　Bookguide ●

- 山根節［2015］『「儲かる会社」の財務諸表——48 の実例で身につく経営力・会計力』光文社新書。
  じつに 50 社近い会社の財務諸表を，気軽な読み物として読むことで，会計の考え方が身についてくる良書です。お金という観点から見た現代産業社会の状況が，頭の中に構成されてくることと思います。
- グロービス経営大学院編著（西山茂監修）［2008］『グロービス MBA アカウンティング（改訂 3 版）』ダイヤモンド社。
  実際に企業経営に役立てていく視点から，管理会計と財務会計を説明している，実用性の高い教科書です。
- 磯崎哲也［2015］『起業のファイナンス——ベンチャーにとって一番大切なこと（増補改訂版）』日本実業出版社。
  実務に沿って整理されたファイナンスのテキストです。起業する人を対象として書かれているので，自分が起業したと想定して読んでいくと，今の世の中がどのようなお金の仕組みででき上がっているかが理解できてくるでしょう。

参 考 文 献 ｜　　　　　　　　　　　　　　　　　　　　　Reference ●

磯崎哲也［2015］『起業のファイナンス——ベンチャーにとって一番大切なこと（増補改訂版）』日本実業出版社。

第 2 部

組織デザイン

PART

第1部では、「アイデアや新事業を着想する」「自/
社の製品・サービスを売る顧客を選ぶ」「サプライチェーンを構築する」といっ
た言葉を、それが誰によって担われるかということを特段気にせずに使ってきま
した。しかし、現実の組織においては、会社や大学といった人格を持った1つの
主体が存在するわけではなく、それを構成するさまざまな個人（経営者、マネジ
ャー、現場の社員など）がとった行動を、擬似的に「会社が〇〇をした」とか
「大学が××をした」と表現しているに過ぎません。アイデアや新事業の構想に
せよ、顧客の選択にせよ、サプライチェーンの構築にせよ、「会社が〇〇する」
というとき、実際に行動しているのは、全体としての組織を構成している個々の
具体的な個人なのです。

では、会社にとって、実際に行動する「具体的な個人」とは、誰なのでしょう
か。もしそれが会社を代表する経営者自身なのであれば問題はじつにシンプルで
すが、多くの場合、これらを実際に行っているのは経営者自身ではなく、彼らと
はまったく別の人格と目的を持った社員たちなのです。自分1人ではなく他の誰
かとともに働くことを選択したとき、経営者は、1人では到底できない大きなこ
とを成し遂げる可能性を手にするわけですが、その一方で、自分1人のときには
絶対に経験しなかったような悩みをも抱え込むことになります。そのように、と
もに働く仲間をどうやって見つけ、彼らをどう導いていくか。こうしたことを考
えていくのが、第2部の目的になります。

第9章では、人材の採用について考えます。組織に新しいメンバーを迎え入れ
る、採用という取り組みに関する基本的な考え方を紹介した上で、いったん採用
した人々の期待と組織側の期待とを長きにわたって良好なものに保つために必要
な、心理的契約という概念を紹介します。

第10章では、採用を通じて組織の中に入ってきた人材に対して、仕事行動へ
のエネルギーであるモチベーションをどのように喚起させるか、という問題を扱
います。会社の仕組みやリーダーとのやりとりを通じて人々のモチベーションを
コントロールするという古典的な理論に加え、人々が自身のモチベーションを自
らマネジメントするという新しい考え方についても紹介していきます。

第11章では、組織メンバーを導くための最も原始的にして最も重要なメカニ
ズムである、リーダーシップに注目します。一部の偉人やカリスマだけでなく、
すべての人にかかわる問題としてリーダーシップを位置づけた上で、古典的なリ
ーダーシップ理論から始め、サーバントリーダーシップやオーセンティックリー
ダーシップといった比較的新しい理論を紹介、さらには、リーダーシップを実/

践的に活用するための持論というアイデアについても議論します。

　第12章では，組織の成長に伴って発生する，組織の階層化とマネジメントコントロールの問題を扱います。組織が成長しメンバーが増加していくと，経営者のリーダーシップは，現場の人々に対してきめ細かいマネジメントをする上で，どうしても限界を迎えることになります。そこで，多くの経営者が，組織を階層化し，マネジメントコントロールと呼ばれる仕組みを導入するようになります。そうしてさまざまな評価の仕組みを導入することで，経営者とは別の人格や目的を持った社員たちを，組織の目標達成に向けて導こうとするのです。

　第13章では，組織のデザインについて考えます。洋服や自動車といった製品がそうであるように，組織もまた，周到にデザインする必要があります。この章では，複数のメンバーからなる組織をデザインする際の基本的な考え方について説明した上で，実際の組織デザインにはどのようなバリエーションがあるかということを紹介します。加えて，既存の知識を深めることと新しい知識を探索することとの両立の難しさという，組織が根本的に抱えるジレンマにどう取り組むべきかを考えます。

　第14章では，階層関係によらない新しい組織マネジメントについて考えます。組織と個人は基本的には別々の方向を目指しているので，組織の中の個人を経営者にとって望ましい方向へと導くためには，互いの目指す方向性を調整する何らかの仕掛けが必要になります。リーダーシップ（▶第11章）やマネジメントコントロール（▶第12章）は，いずれも，組織の中の上位者が決めたことを下位者に伝達することを通じて人々のマネジメントを行う，という考え方に基づくものでした。一方，この章では，そうした関係性によらない，現場での人間関係に基づくマネジメントに注目します。

　最後の第15章で扱うのは，組織学習です。企業が直面している環境は日々変化していきます。その変化に企業が適切に対応するためには，今そこで何が起こっているのか，自社に何が必要なのかといった新しい事柄を，常に学んでいく必要があります。ビジネスに終わりがないように，組織の構築にも終わりがないということです。この章では，どうすれば組織は学習を続けていけるのか，それは個人が学習することとはどう異なっていて，どのような難しさがあるのか，そこにあって経営者が果たす役割とは何か，といったことを考えていきます。

第 **9** 章

よい出会いをどうデザインするか

採用と心理的契約

EXERCISE 以下に示したのは，世界で最も優れた広告として有名な文章です。20世紀初頭にアーネスト・シャクルトン卿が，南極探検の隊員を募集するにあたって新聞に出したといわれています。実際の南極探検は，ここに述べられている通りの過酷なものになりましたが，募集には5000人を超える応募者が集まりました。現実にこのような募集広告を目にしたら，あなたは応募したいと思いますか。広告主はどのような意図を持っていると推測するでしょうか。

「求む隊員。
至難の旅。
わずかな報酬。
極寒。
暗黒の日々。
絶えざる危険。
生還の保障はない。
成功の暁には名誉と賞賛を得る。
　　　　アーネスト・シャクルトン」

シャクルトン卿の南極探検
（エンデュアランス号の難破）
（写真提供：GRANGER/時事通信フォト）

1 ともにものごとを成し遂げる仲間を探す

序章で，「他者を通じてものごとを成し遂げること」あるいは「他者とともに何かを成し遂げること」が経営だと確認しました。社会に価値あるものを届けるためには，それを可能にする人々の協働の仕組みを作らなければなりません。そのための第一歩が，メンバーの**採用**です。採用は，経営者とともに，あるいは経営者の代わりに，ものごとを成し遂げてくれる仲間を見つけ出す活動です。

▌ なぜ組織は人を採用するのか ▐

より厳密には，採用とは「企業内の労働需要を満たすため，外部労働市場から労働力を調達する」活動であり（八代 [2009] 76頁），企業にとって少なくとも2つの意味があるといわれています。

第1に，事業をデザインし，それを実際に動かすために，ある時点で不足している，あるいは将来時点で不足すると予想される分の人材を獲得することです。中途採用に多く見られるように，求職者に対して，すでにある程度の職務遂行能力やスキルを身につけていることを求める場合には，採用時点で「何ができるか」が問われるでしょうし，採用時点で職務能力を身につけていないことが多い新卒採用の場合には，「何ができるようになりそうか」が問われます。こうした違いがあるとはいえ，中途であれ新卒であれ，アイデアや新事業を着想したり，自社の製品・サービスを売る顧客を選んだり，サプライチェーンを構築したりするために必要な人材を確保するということが，採用活動を行う最も基本的かつ重要な理由になります。

第2に，職場や組織の活性化があげられます。組織論の古典的研究から，組織や職場に長期にわたって同じメンバーが所属し続けると，人々の間の活発なディスカッションや情報交換の頻度が下がり，外部に対して職場が閉塞的になり，人間関係における緊張感がなくなって，集団が「緩んで」いくことが知られています。時間の経過とともに，人々が仕事やメンバーのことを「わかった

気」になって活発なディスカッションや情報交換を行わなくなったり，集団への同調圧力によってメンバーの思考や好みが同質化したりしていくからです。「慣れ」や「同調圧力」によって均質化した集団は，一方でメンバーにとって居心地のよさをもたらすというメリットもあるのですが，他方で活発な意見交換やディスカッションのために必要な緊張感が失われていきます。つまり，組織や集団というのは，何もせずに放っておくと緊張感のない緩んだものになってしまうのです。新しいメンバーの加入は，職場や組織に新しい息吹を吹き込むことで緊張感をもたらし，こうした閉塞感と硬直性を打ち破ってくれる役割を果たします。企業が採用を行う2つめの理由が，ここにあります。

採用が「組織らしさ」を作る

　企業の文化や雰囲気は，そこにどのような人々が惹きつけられ（魅了：attraction），組織の中で選抜され（選抜：selection），そして淘汰されるか（淘汰：attrition）ということに，大きく影響されます。真面目で実直な人が多く集まれば，全体としての組織もまた真面目で実直なものになるでしょうし，明朗闊達で明るい人ばかりが集まれば，組織もまたそのような雰囲気になっていくはずです。もう少し，時間の経過を加味して具体的に考えてみましょう。

　就職活動中の求職者は，企業の経営者・人事担当者・採用担当者といった具体的な個人，あるいはそこから類推される企業の文化や雰囲気などを見て，エントリーするかどうかを検討することが多いでしょう（魅了）。そのため，ある企業にエントリーする人々は，どうしても，その企業の既存メンバーと似たような気質や価値観，思考パターンを持っていることが多くなります。エントリーの時点で，すでに，集まった人材群に企業ごとの差が生じるわけです。しかも，そうして集まった人々の中から，その企業になじむ気質・価値観・思考パターンを持った人々が面接やテストで高く評価され，そうでない人が低く評価されるとすれば，結果として企業に入る人材は，さらに均質化していくかもしれません（選抜）。仮に，何かの具合で当該企業に支配的な要素を持たない人が入ってきたとしても，入社後に時間をかけて行われる育成や配属・昇進の中で，同化するか，あるいは合わないままであれば転職するなどしていなくなってしまいます（淘汰）。

このように，魅了し，選抜し，淘汰するというメカニズムがあるからこそ，長い目で見るとさまざまな人が出たり入ったりしていたとしても，組織は組織らしくあり続けることができるのです。しかし見方を変えれば，これは組織が硬直化し，閉塞化していくメカニズムでもあります。すでに見たように，同じ場所に同じメンバーが長期間いると，組織や集団から緊張感が失われて緩みが出てくることが多いからです。したがって企業としては，採用活動を通じて，採用する人材の気質・価値観・思考パターンを意図的に分散させつつ，入社後の育成や配属・昇進によっても，人材の多様性が保たれるように努力する必要があるのです。

時間軸で見る採用活動

採用活動とは具体的にどのようなものなのでしょうか。本章では，時間的な流れと，そこで行われているマッチングの中身という，2つの観点から見てみたいと思います。まず本節で，時間的な流れから確認しましょう（図9.1）。なお，ここでは新卒採用を念頭に置いて記述していきますが，基本的には，中途採用にも同じ原理・原則があてはまるといえます。

募集段階

企業は，本格的な採用活動に先立って，当該年度の採用に関してさまざまな計画を立案する必要があります。自社の戦略や景気動向などを踏まえて，今年度はどのような人材を採用したいのか，そのためにどんな方法で募集をし，どのような選考基準を定め，どのような方法を使って測定するのか。こうした点にかかわる緻密な計画を立てることから，採用活動は始まるのです。

その上で，**募集**活動が行われます。企業側から提示する募集情報をきっかけに，自社に関心を抱いてエントリーしようという意欲を持つ求職者を生み出し，以降の段階のために求職者のプールを作り出す活動です。就職ナビサイト，社員紹介や口コミ，大学のキャリアセンター，大学の研究室（ゼミナール）を通じた募集，学生職業安定センターやハローワークを通じた募集など，多様な募

CHART 図9.1 時間軸で見る採用の段階

募集 ➡ 選抜 ➡ 定着

集ルートがあります。

選抜段階

応募してきた求職者たちに対し，エントリーシートや履歴書の審査，適性検査，面接などを行うことで，自社の社員として望ましい人を選び内定を出すのが，**選抜**の段階です。選抜とは，募集段階で出会った求職者集団の中から自社の社員にふさわしい人を見つけ出す活動だといえます。募集をどれほど注意深く設計したとしても，求職者集団の中には，自社にとって魅力的ではない求職者や，自社には合わない求職者が，どうしても含まれてしまいます。そのため企業には，求職者集団の中から自社にとって優秀で魅力的な求職者を選り分ける必要が生じます。

優れた選抜手法とは，「現時点で優秀である，あるいは将来時点で優秀な人材になりそうなメンバーに関する，最も正確な情報を提供する手法」だということになります。**表9.1**は，能力テスト，構造的面接，非構造的面接，ワークサンプルといった手法が，それぞれどの程度将来の仕事業績を予測するかに関する研究成果の一覧です。「妥当性係数」と書かれた列にある数値は，それぞれの研究で報告された各手法の予測力を表し，1.0 に近いほど将来業績の予測力が高いことを意味します。

この表から，各手法が「優秀さ」をどのくらいの精度で予測するかという，予測力の違いがわかります。日本でしばしば適性検査と呼ばれる認知的能力テストは，総じて将来の業績をより正確に予測することがわかっていますし，同じ面接をするにしても，構造的面接のほうが，非構造的面接よりも，将来の業績をより正確に予測することがわかっています。とりわけ優れた予測力を持つとされるのが，実際の仕事のサンプルを求職者にやらせるワークサンプルです。就職後に携わることになる仕事をさせてみて評価するわけですから，当たり前といえば当たり前なのですが，求職者がどのような仕事に就くかがある程度わかっているときには，とても有望な手法といえるでしょう。また，手法ごとに

	方　法	測定対象	妥当性係数
認知的能力テスト	紙・ペンあるいは PC ベース	ロジック，読解力，言語的数学的推論，知覚能力	0.51
構造的面接	標準化された質問に対する反応を見る	さまざまなスキルと能力（対人スキル，リーダーシップスタイル等の非認知的スキル・能力）	0.51
非構造的面接	標準化された質問ではなく，候補者ごとに違った質問をして反応を見る		0.31
ワークサンプル	実際に仕事をさせ，成果を見る	仕事スキルを測定（例：機器の修理，計画）	0.54

（出所）　服部［2016］より。

捉えやすい能力は異なるため，複数の手法を組み合わせるという発想も重要です。そのほうが，単独の手法を用いた場合よりも，業績予測力が向上することがわかっています。

定　着

　最後の段階が定着です。時間をかけて選抜し，内定を出した求職者に，入社してもらえなくては意味がありません。せっかく採用したとしても，すぐに辞めてしまったり，職場になじめず成果を上げられなかったりするのも困りものです。企業としては，その人が企業の内定を受け入れ，入社し，さらにそこで活躍できるようになるまで，気を配る必要があります。

3 マッチングの中身で見る採用活動

　「募集」「選抜」「定着」という各段階において，企業側と求職者側との間で行われていることは，いったい何なのでしょうか。マッチングという観点から，この問題について考えてみましょう（表9.2）。個人が組織に参入し，そこでうまくやっていくためには，少なくとも2つのマッチングが必要になるといわれています。

表9.2　マッチングの中身で見る採用

	能力のマッチング	期待のマッチング （心理的契約の明確化）
確認のための情報源	エントリーシート 適性検査 採用面接　など	募集情報 会社説明会 リクルータ 人事担当者　など
（ミス）マッチングの 帰結	仕事業績	職務満足 組織へのコミットメント 離職・残留

能力のマッチング：事業に投入できる「デフォルト値」の決定

　1つめは能力のマッチング，すなわち，求職者が持っている能力と企業が必要とする能力とのマッチングです。具体的に求められる能力は，業界・企業・職種によって当然さまざまですが，多くの企業では，職務を遂行するための能力を KSAOs（知識量：knowledge，スキル：skills，職務遂行能力：abilities，その他の特性：others）などのかたちに分解した上で，それぞれについて面接やテストなどの選抜手法を駆使して測定を行っています。個人の側からすると，自身が持っている能力と会社から要求される能力とがマッチすればこそ，そこでイキイキと働き，満足のいく成果を上げられるわけです。選抜時点ですでに高い知識量やスキルを持った個人を採用できれば，採用後に企業は，その知識やスキルをそのまま事業活動に投入することができます。反対に，そうした個人を取り逃がしてしまった場合には，事業活動に必要な知識やスキルを育成するための投資を，企業の側が負担しなければならないことになります。その意味で，能力のマッチングは，事業活動に投入できる能力の最低限の水準（デフォルト値）を決定する作業であるといえるのです。

　能力のマッチングは主として，選抜段階において重要になります。募集段階で能力要件を明確に定義し，それを募集情報として提示することもできますが，実際には，エントリーの段階で能力のマッチングを達成するのはたいへん難しいといわれています。企業が求める能力を持っていない場合でも，その企業に入りたい求職者には，そのことを偽ってエントリーをするインセンティブが十分にありますが，TOEIC スコアのようにその能力を持っているかどうかが自

明であればともかく、エントリーの段階で個人の能力を見抜くのはきわめて困難だからです。そのため、選抜にあたっては、適性検査や面接といったさまざまな手法が利用されているわけです。

┃ 期待のマッチング：心理的契約の明確化 ┃

　2つめが、個人が会社に対して求めるものと、会社が提供するもの（仕事特性、雇用条件、組織風土など）とのマッチング、すなわち**期待のマッチング**です。個人にとって会社は、給与を得るために働く場所であるというのみならず、人間として所属し、仲間を得て、生活する共同体でもあります。だからこそ採用段階で、自分は会社に何を求め、反対に会社は自分に何を求めているのかを、ある程度明確にしておくことが重要になってきます。実際、求職者は、給与水準、教育機会の提供、海外勤務の可能性など、自らにとって重要な情報を、さまざまな情報源を通じて収集することになります。企業側も、募集情報の中にさまざまな項目（勤務条件、職務内容など）を記載することで、条件に合わない求職者を排除しつつ、期待の確認を行います。

　こうしたプロセスは、組織と個人の間の**心理的契約**を明確化する作業であるといえます。会社と働く個人との間には、「守秘義務を守る」とか「勤務時間は何時から何時までである」といったように、履行しなければならないことが明文化された公式の契約以外に、互いの口約束あるいは暗黙の了解として成立している約束が存在しています。たとえば、1990年代くらいまでは、多くの日本企業が「よほどのことがない限り正社員の雇用を保障する」という長期雇用を守っていたし、社員もまたそれを期待していたわけですが、ほとんどのケースにおいて、これは会社と個人の間の暗黙の約束でしかありませんでした。法的な根拠のない書かれざる約束であったにもかかわらず、これを破ると会社の評判が低下するなどといったかたちで社会的な制裁を受けることになるため、多くの会社がこの約束を守り続けてきたのです。こうした「書かれざる約束」を含め、会社と個人とが互いに何を求め合っているのか、その相互期待のことを心理的契約と呼びます。期待のマッチングとはまさに、心理的契約を締結する作業だといえるでしょう。

　組織と個人の間に現実的かつ互いが履行可能な心理的契約を成立させられな

　人材の採用やキャリア設計，さらには，組織を構成する個人の配置・育成・評価などにかかわる種々の制度を設計し，それらを機能させるために，いかにうまく運用するかということに関心を持つ分野を，人的資源管理論と呼びます。企業を構成するさまざまな資源（ヒト，モノ，カネ，情報）のうちヒトに注目し，そのマネジメントを，リーダーシップのような対人的な影響力ではなく，制度によってどのように行うかを考える分野です。

　具体的には，本章で扱った採用やキャリア設計の制度に加えて，人材の能力の伸長にかかわる育成制度，能力や仕事成果の水準を測定することにかかわる人事評価，カネという経営資源を誰に対してどの程度配分するかを決定する報酬制度，人々が安定的で快適な生活を送ることを可能にする福利厚生制度など，人的資源管理論が対象とする問題は多岐にわたっています。

　人的資源管理論の関心の第1は，どのような仕組を作って，どう運用すれば，組織の中の個人の満足が高まり，同時に高い仕事成果を上げることができるかということにあります。人的資源管理という名称の通り，企業にとって大切な資源であるヒトをどのようにマネジメントし，企業に貢献してもらうかを考えるのです。第2に，そうしたマネジメントを通じて，組織全体としての成果をいかに達成するかということも，人的資源管理論の大きな関心事になります。個々の従業員から貢献を引き出すだけでなく，人々の貢献を束ねて，組織全体の成果へとつなげていく。この点もまた，この学問領域の重要な目標なのです。

かった状態，あるいは，心理的契約が成立したと思い込んでいるが実際には互いの認識にズレがあるような状態を，ミスマッチと呼びます。募集情報の中に企業の魅力を誇張した表現や事前に伝達するべき情報の秘匿があったり，求職者の側が募集情報を精査せずにエントリーするような場合には，両者の間に深刻なミスマッチが発生する恐れがあるわけです。こうしたミスマッチは，入社後の幻滅につながり，その結果，社員の職務満足や組織へのコミットメントが低下したり，離職可能性を高めたりする可能性があります。

4. これからのマッチング

ジグソーパズルとしてのマッチング

「期待のマッチングは重要だ」ということがしばしばいわれますが，そうした発言の背後には，多くの場合，組織と人のかかわり合いをあたかもジグソーパズルのように捉える発想がありそうです。とりわけ，組織の中の個人がどのような業務を行うのかを，採用時点で明確に定めるアメリカ企業には，この傾向が強いようです。

ジグソーパズルとは，1枚の絵をいくつかのピースに切断し，ばらした状態から再び組み立てる遊びですが，完成のためのポイントは，1つ1つのピース（四角形の各辺に凹凸が組み合わさった形状をしている）が絵全体のどこにはまるかを正確に特定するところにあります。ピースの形状を間違って把握していたら，それが絵の中に綺麗にはまることはありえません。仮に無理やりはめ込んだとしても，必ずどこかに歪みが生じてしまうはずです。

1人1人の個性ある個人の能力や期待を明確にし，それがピッタリとはまる組織を特定するという意味で，採用や就職には，たしかにジグソーパズルのような側面があります。個人が持つ期待や能力を測り間違っていれば，仮に入社時点では気づかなかったとしても，それはいつか問題として表出するでしょう。

曖昧な日本のマッチング

残念ながら日本では，このジグソーパズルという発想がとても希薄だったように思います。1958年に書かれた『日本の経営』（*The Japanese Factory*）という本の中で，著者のジェームス・C.アベグレンは，日本企業の特徴が，福利厚生といった具体的な人事施策ではなく，「会社と個人の終身のかかわり合い」にあるとして，それを "lifetime commitment"（終身関係）と呼びました。会社側は，極端な状況に陥らない限り社員を解雇せず，社員もまた，容易に他の企業に移ることはしない。そのことが互いの義務と権利として共有されているこ

ジグソーパズル
（写真提供：djf / PIXTA）

とに，日本企業の特徴があると考えたのです。注目すべきは，こうした関係性が文書化された契約書なしに維持されてきたことです。日本企業においては「会社側は極端な状況に陥らない限り社員を解雇しない」ということについて，会社側と社員側の双方におぼろげながらも合意があり，それと引き換えに，社員たちは企業へ無限定の貢献を差し出してきたというのです。日本企業の組織と個人のかかわり合いは，まさに，両者の文書化されざる心理的契約によって支えられてきたといえるでしょう。

　ここで重要なのは，日本企業における心理的契約には「無限定の貢献」が含まれていたという点です。「無限定の貢献」とは，日本企業の正社員に関して，将来の勤務地や入社後に従事する職務内容に明確な規定がなく，労働時間についても残業を許容することが社員側の義務として理解されていること，つまり，会社側が強い人事権を有しており，社員は原則，会社から下される転勤・職務変更・残業等の命令を断れないといったことを指しています。すなわち，会社側による雇用の保障と，社員側による無限定の貢献の提供との交換こそが，日本企業の心理的契約の実態だったということです。日本企業においては期待のマッチングがきわめて曖昧なままになっており，採用時点で互いの求めるものを完全にクリアにはしてこなかった，と言い換えてもよいでしょう。ジグソーパズルの比喩でいえば，個々のピースがどのような形状であるかを採用時点では明確にせず，大まかに形や色が合っていそうな人を採用し，採用後に少しずつ，より具体的な色や形を決めていくのが，日本企業のやり方ということになるでしょうか。

　Morishima［1996］は，こうした日本企業における心理的契約を，①「長期

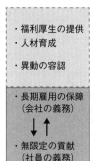

……表層レベル
＝意識されるが，交渉の対象にはならない。暗黙
の合意も含まれているため，両者にとってすべ
てが自明ではなく，個別の事情に合わせて柔軟
に変更される。社員側からすれば，頻繁に不履
行が発生

……深層レベル
＝暗黙の了解であり，交渉の対象にはならない。
多くの社員に適用される暗黙の合意。しっかり
と履行される

（出所）　Morishima［1996］より筆者作成。

雇用と無限定の貢献」のように，会社と個人との間の相互期待の中でも，とり
わけ暗黙的かつ抽象的な深層レベルの契約と，②特定の福利厚生パッケージや
人材育成にかかわる期待のような，具体的かつ表層的なレベルの契約とに分類
して説明しています（図9.2）。その上で，日本企業の特徴は，①のレベルにお
いて（暗黙にではあるが）合意が成立し，それがしっかりと守られる一方で，よ
り具体的で表層的な②の部分においては，状況に応じてかなりの程度，変更や
約束違反が起こっていたことだといいます。

　たとえば，これまで多くの日本企業の社員たちは，「雇用保障を受ける代わ
りに子会社への出向・転籍を受け入れる」とか，「突然の転勤にも文句をいわ
ずに従う」といった経験をかなり頻繁にしてきています。これらが当該社員の
予想や期待通りではなかった場合，その社員にとってみれば②のレベルにおけ
る心理的契約の変更・違反が起こったことになり，決して喜ばしいことではあ
りませんでした。にもかかわらず，こうした変更や約束違反がそれほど大きな
問題とならなかったのは，「雇用を打ち切られるよりはマシ」ということで，
社員の側が我慢をしてきた側面があったからなのです。長期雇用という，①の
レベルにおける大事な約束がしっかりと守られてきたので，それ以外の約束の
変更や違反が，それほど大きな問題として意識されなかったのかもしれません。
大事な約束を守ることで，ちょっとした違反が見逃され，会社と社員との関係
がなんとか維持されてきた――これが，これまでの日本企業だったといえるで
しょう。

新しい働き方と契約の多様化

　ところが，組織の中にさまざまな人材が参入し，これまでとは異なる働き方を望む人々が増えてくると，上述のような日本企業の心理的契約のあり方にも変化が生じるはずです。端的にいえば，人材の多様化や新しい働き方の進展は，かつて社員による無限定の貢献を前提としていた日本企業の心理的契約を，各社員の制約条件に応じた個別的かつ明確な，しかもそれぞれの事情の変化に対応するという意味で可変的なものへとシフトさせるのです。

　表9.3は，さまざまなタイプの社員が，働き方に関してそれぞれにどのような制約を抱えているかということを，一例としてまとめたものです。たとえば育児中の社員は，労働時間の総量だけでなく，職場や住居の地理的条件，転勤を伴う異動といった点においても，制約を持つことでしょう。あるいは，特定の宗教を信仰する社員は，労働時間の総量や地理的条件には制約がない一方で，宗教的な生活習慣のために労働時間に中断が生じたり，戒律に違反しない食事を提供できる環境を整える必要があったりと，まったく別種の制約を抱えている可能性があります。そもそもは，昔も今も，働く個人はさまざまな制約を抱えていたはずなのですが，これまでは，会社が長期雇用保障という大事な約束を守ってくれることと引き換えに，社員の家族などがそれらを吸収していたのかもしれません。しかし，これからの企業は，「働く個人はそれぞれにさまざまな制約を抱えている」という事実に，真剣に向き合っていく必要があります。

　制約に応じたさまざまな働き方を認めるということは，本来1人1人が抱えるさまざまな制約に会社側が対応するということであり，それはつまり，組織の中にこれまでよりもずっと具体的，かつ多様な中身の心理的契約が並存することを意味します。このとき，組織と個人の心理的契約は，おのずと個別的になり，また従来よりも明確なものになるでしょう。上であげた例でいえば，育児中の社員は，他の社員よりも労働時間が短くなり，転勤を伴う異動を受け入れにくいことが一般的でしょう。また，特定の宗教を信仰している社員には，宗教的な生活習慣（行事や食事）に対応した特別な施設が必要になる場合もあります。加えて，育児中であり，かつ特定の宗教を信仰し，ビジネススクールにも通っているといったように，表9.3における複数の項目に該当する社員も

	時間			空間			キャリア		その他		言語コミュニケーション
	総量	中断	期間	職場	居住	設備	異動	昇進	賃金	価値	
妊娠・不妊治療		○									
育　児	○		○	○	○	○	○				
介　護	○			○	○		○				
病　気	○			○	○						
身体障がい		○				○					
知的障がい	○	○									○
精神疾患	○	○									○
シニア	○		○					○			
外国籍	○		○			○			○	○	○
通学（MBA 等）	○				○	○	○				
エリア志向				○	○		○				
LGBT										○	
宗　教			○							○	
出戻り転職			○								
希少人材		○							○		
副業（メイン）	○										
副業（サブ）	○	○		○			○		○	○	
無限定正社員											

珍しくなくなっていくと考えられます。そうした場合には，よりいっそう，「互いが相手に何を提供してもらいたいと考えているのか」「何に制約を抱えており，したがって何を提供できないか」ということを，事前に明確にしておく必要が生じます。そうなると，心理的契約はどうしても具体的になっていくわけです。

とはいえ，実際の採用において，ジグソーパズルのように綺麗なマッチングを実現させるのは難しい面もあります。個人の能力や期待は，ジグソーパズルのピースほど自明ではないし，会社が求める能力や会社側の期待も，そこまで

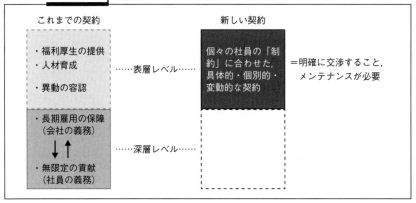

CHART 図9.3 新しい働き方がもたらす変化

これまでの契約		新しい契約
・福利厚生の提供 ・人材育成 ・異動の容認	……表層レベル……	個々の社員の「制約」に合わせた,具体的・個別的・変動的な契約
・長期雇用の保障 （会社の義務） ↓↑ ・無限定の貢献 （社員の義務）	……深層レベル……	

=明確に交渉すること,メンテナンスが必要

クリアになっていることは，まれだからです。また，パズルのピースと違って，個人や組織は変化するので，ある時点でベストと思われたマッチングが，時間が経ってみるとそうでもなくなるといったことも，ざらに起こります。たとえば妊娠や育児は，当人に一時的な制約を課すものではありますが，その制約は一定期間を経れば消滅します。つまり，あらゆる制約が固定的なわけではないので，ある時点で成立した「何を提供してもらいたい」「何を提供できない」という相互期待もまた，柔軟に変更される必要があるのです。このような場合，ジグソーパズルのような発想だけではうまくいきません。それに加えて，もう少し柔軟な発想が求められます。

先ほどから述べてきたように，採用や就職において，ジグソーパズルという発想がとても希薄だった日本企業にとって，こうした発想はたしかに重要になってきています。しかし同時に，いったん個別にかつより具体的に成立した心理的契約であっても，それはさまざまな事情によって変更されうるということを理解しておくことも必要なのです。一度締結されたら互いが何をすべきかに関して強い拘束力が生じる文書での契約とは異なり，心理的契約という概念の醍醐味は，互いの事情の変化に応じて柔軟に調整されうる点にあります。入社当初は「とにかくガンガン働く」と思っていたとしても，結婚して子どもが生まれたり，自身が体調を崩したりしたときには，「しばらくはゆったり働きたい」と思い直すかもしれません。当初の約束によって自分と相手を永遠に縛りつけてしまうのではなく，短期的には互いの約束をしっかりと果たしつつも，

長期的には必要に応じて見直しを図っていくことが望ましいといえます。

多様化する心理的契約のマネジメント

　そこで求められるのが，心理的契約をメンテナンスするという発想です。これには，採用時点での約束について双方の履行状況をきちんと確認し合うことや，必要に応じ双方でのやりとりを通じて契約の内容を再調整することなどが含まれるでしょう。

　なお，メンテナンスを担うのは，人事担当者や直属の上司だけではありません。何よりも社員自身の貢献が欠かせません。人々が持つさまざまな制約が表面化し，会社に求めるものが多様化する社会にあっては，社員自らが自身の抱える制約について理解すること，そしてそれを会社側にしっかりと伝え，適切な心理的契約に向けて交渉することが必要になります。仮に会社側による心理的契約の不履行が発生したときには，それをはっきりと指摘し，会社側と対話する中で問題の解決を図っていかなければなりません。一方で自身の側も，雇用継続を望むのであれば，能力・スキルを継続的に磨く努力をし，長く組織に貢献し続けられる人材であることを示していくことが求められるでしょう。

　会社の中に多様な人々が参入してくる今日の経営とは，人々が本来的に抱えているさまざまな制約に向き合いつつ，その多様な制約を抱えた人々を通じて，ものごとを成し遂げることにほかなりません。こうした中で企業に求められるのは，これまで述べてきた通り，従来よりも個別的で，互いの果たすべき義務が明確で，しかも制約の変化に合わせて柔軟に変更できる心理的契約を形成し，必要に応じてそれを変更することなのです。

　契約とは，心理的なものであれ法的なものであれ，約束を交わす当事者たちが描く未来のプロジェクション（投影）であると考えられます。心理的契約を明確化するとは，会社と社員が一緒になって，お互いが相手から何を得られるのか／得られないのかということを紡ぎ出していく作業，つまり，ともに未来を作り上げていく作業なのです。その意味で，長期雇用を前提としたかつての日本企業の心理的契約は，「数十年にわたり組織と個人がかかわり合う」という遠い遠い未来を，社員全体に対して投影してみせる，壮大なものだったといえます。

これに対して今日の組織と個人の契約は，個別的で具体的な近未来を投影するに過ぎず，そこには「数十年にわたり組織と個人がかかわり合う」というようなスケール感はありません。ここでは，互いが現実的で明確な近未来について合意すること，およびその合意のメンテナンスを，繰り返していくことになります。であるならば，企業の採用もまた，現実的な近未来について組織と個人が率直に話し合う活動と捉えるべきなのかもしれません。

KEYWORD

採用　　募集　　選抜　　能力のマッチング　　期待のマッチング　　心理的契約

さらに学びたい人のために | Bookguide ●

- 稲葉祐之・井上達彦・鈴木竜太・山下勝 [2010]『キャリアで語る経営組織──個人の論理と組織の論理』有斐閣アルマ。

  個人のキャリア発達を軸に，経営組織論のさまざまなトピックスを網羅的に紹介したテキストです。採用（入社）から始まってキャリアが進展していくにつれ，働く人々がどのような課題に直面するのかという問題を，経営学の理論を使ってわかりやすく解説しています。

- 中村天江 [2020]『採用のストラテジー』慶應義塾大学出版会。

  人材の採用について，「戦略」という視点から検討した学術書。アカデミックな内容ですが，新卒，中途，パート，アルバイトなど，多様な採用の実態を種々のデータとともに紹介しており，この領域に関する体系的な理解を可能にしてくれる一冊です。

- 曽和利光 [2018]『人事と採用のセオリー──成長企業に共通する組織運営の原理と原則』ソシム。

  採用を中心とした人事のさまざまな実務と，それを支える理論を，ともに紹介した書籍。数多くの企業の採用支援を手がけ，自身も採用活動に従事してきた著者による現場発の知識と，科学的な知識がほどよく融合しています。採用の問題について，単に表面をなぞるだけでなく，本格的に考えたい人におすすめです。

アベグレン，J. C.（山岡洋一訳）［2004］『日本の経営（新訳版）』日本経済新聞社。

鈴木竜太・服部泰宏［2019］『組織行動——組織の中の人間行動を探る』有斐閣ストゥ
ディア。

服部泰宏［2016］『採用学』新潮選書。

八代充史［2009］『人的資源管理論——理論と制度』中央経済社。

Morishima, M. [1996] "Renegotiating psychological contracts: Japanese style," in C. L.
Cooper and D. M. Rousseau eds., *Trends in Organizational Behavior*, Vol. 3, John
Wiley & Sons.

メンバーのやる気をどう引き出すか

モチベーションのマネジメント

EXERCISE 心理学者のヘンリー・マレーは，1938 年に出版された *Explorations in Personality* という本の中で，私たち人間が持つさまざまな欲求のリストを提示しています。マレーはまず，人間の欲求を，「食物への欲求」や「吸気の欲求」などの，人間の身体機関の活動を直接の原因として発生する臓器発生的な欲求と，「他人から認められることへの欲求」（承認欲求）や「他者と仲よくやることへの欲求」（親和欲求）などといった，臓器発生的ではない心理発生的欲求とに分け，それぞれに該当する欲求リストを示しました。

　下表は，心理発生的欲求にかかわるリストの一部です。これを見て，自分自身が仕事をする上ではどのような欲求がカギになっていそうか，考えてみてください。たとえば，あなたがやる気を失うのは，どの欲求が満たされないときなのか，モチベーションが大きく上がったり下がったりするときには，どのようなことが起こっているか，というようなことです。カギとなる欲求は 1 つとは限らず，複数の組み合わせということもありうるでしょう。

1	屈従（誰かに屈して従う）	2	達成（何かをやり遂げる）	3	親和（仲よくする）
4	攻撃（誰かを責める）	5	自律（自ら考え行動する）	6	対抗（何かに対抗する）
7	防衛（自身を守る）	8	恭順（従順になる）	9	支配（人の上に立つ）
10	顕示（他者にひけらかす）	11	侮辱回避（馬鹿にされないようにする）	12	養護（誰かを守る）
13	秩序（秩序を守る）	14	遊戯（楽しむ，遊ぶ）	15	拒絶（何かをつっぱねる）
16	感性（自分の感性に従う）	17	支援（誰かを助ける）	18	理解（何かを知る，理解する）

（出所）　Murray［1938］より筆者作成。

1 モチベーション理論の２つの系統

⬛▶ 緊張と希望

　人はどのようにしてやる気を出すのでしょうか。ごくごく当たり前のことですが，人間が行動するには，そのための心のエネルギーが必要です。仕事にせよ勉強にせよ，それをするためのエネルギーがあるときとないときとで，成果は大きく異なります。なんとなくやる気が出ないときに勉強をして，あまりはかどらなかったという経験は，多くの人に覚えのあることと思います。

　この「やる気」のことを，経営学では**モチベーション**と呼び，モチベーションを高める，あるいは維持するためにはどうすればよいのかについて，数々の研究が行われてきました。本章では，モチベーション研究の基本的知見を概観しながら，やる気を高める方法に関して考えていきます。

　モチベーションは，日常語でいうところの「個人のやる気」にあたる用語であり，より厳密には，個人の行動を一定の方向に向けて生起させ，持続させる過程や機能，と定義されます。行動のもとになるエネルギーといってもよいでしょう。以下では，どうすればエネルギーが供給されるかということにかかわるさまざまな理論を紹介しますが，それらは「エネルギーを供給するもととして何を想定するか」という点に関して，多くの共通点を持っています。金井 [2016] に従って，これらを①**緊張系**と②**希望系**という２つの系統に分類しておきましょう。

　緊張系とは，欲求不満，緊張，ズレ，未達成感，圧力，ハングリー精神といった，私たちの内面に生じる緊張状態を逃れようとして行動が生起することを説明した理論群を指します（表10.1）。「○○大学を目指しているが，先日の模試ではまだ偏差値が 10 くらい足りなかったので，もっと頑張らないと！」とか，「××円くらいは給与が欲しいのだが，現状ではまだそれに届いていない」というような場合，私たちは，不快感や不足感など，それを解消したいと思うような心の状態に陥ります。これを心理学では，緊張状態（tension）と呼びます。緊張系のモチベーション理論は，人々がこの緊張状態を解消しようとして

	緊張系	希望系
キーワード	緊張，ズレ，未達成感，不協和，圧力，ハングリー精神	希望，目標，意味，夢，ロマン，活動そのものの楽しさ
代表的理論	欲求階層説（自己実現欲求以外の部分），目標設定理論	期待理論，内発的モチベーション論，職務特性理論，欲求階層説（自己実現欲求の部分），目標設定理論

（出所）金井［2016］を参考に筆者作成。

エネルギーを発動する点に注目するのです。

　一方，希望系とは，期待，希望，目標，意味，夢，ロマンなど，個人にとって望ましい方向に向かって各人の行動が生起することを説明した理論群です（表10.1）。上述のような偏差値云々はさておき，「憧れの○○大学に入りたい」と思って頑張っている受験生は，緊張というよりもむしろ，希望によって動いているといえます。

モチベーション理論のバラエティ

　緊張系と希望系の分類を紹介しましたが，それぞれの理論が必ずどちらかの系統にあてはまるということではありません。後述するマズローの欲求階層説は，一部が緊張系，一部が希望系に属しています。同じく目標設定理論にも，緊張と希望の両方の要素があります。このように両方のメカニズムを背後に持ったモチベーションは，それだけ強力に，人々にエネルギーを供給するわけです。以下で，いくつかの理論を具体的に見ていきましょう。

┃ モチベーションが高まる経路：期待理論 ┃

　人がどのようにして意欲を高めるのかを体系的に説明した枠組みの1つが，期待理論と呼ばれるものです。期待理論では，「人間は，努力すれば満足な結果が得られると判断すると，やる気を出す」と考えます。つまり，人間は感情の赴くまま無意識的にやる気を出すのではなく，ある程度合理的に計算をして，意識的にやる気を上げたり下げたりすると考えるのです。将来時点で自分が得

Column ❻ 組織行動論

　経営学で，モチベーションを含め，組織の中の人間の行動や心理に注目する
のが，組織行動論です。さまざまな仕組みを通じて人々をどのようにマネジメ
ントするかという問題を扱う人的資源管理論（▶第 9 章 Column ❺）に対して，
組織行動論では，上司・部下・同僚といった人間関係，あるいは組織文化のよ
うなソフトな要因に人々の行動がどのような影響を受けるか，さらには，人々
は自身の行動をどのように自らマネジメントしているのかといった問題を考え
ます。

　本章で扱うモチベーションや，キャリア，心理的契約（▶第 9 章），リーダー
シップ（▶第 11 章）などは，組織行動論の主要なトピックですが，そのほかに
も，個人が組織へとなじみ定着するということにかかわる組織社会化，個人の
組織からの離脱に注目する離職，個人が集まる集団に起こる特有の問題に注目
するグループダイナミクスなど，さまざまなトピックが含まれます。じつに多
様な現象に注目する学問領域ですが，人間の行動や心理一般を扱う心理学とは
違って，組織（とくに企業組織）の文脈に特有の行動や心理に注目する点に，
大きな特徴があります。

　心理学や社会学，経済学，人類学など，複数の基礎学問分野の知見を援用す
る学際的かつ折衷的な性格も，この分野の特徴といえるでしょう。中でも主要
な立脚点は，心理学，とくに産業組織心理学や社会心理学にあります。経営学
全体についてもいえることですが，組織行動論には，それがよって立つ特定の
理論的視点があるわけではなく，むしろ，それぞれの研究領域において，それ
ぞれの研究者が，上記のようなさまざまな理論や方法を積極的に導入し，研究
を行っています。

られるものを想起し，そのためにエネルギーを発動させるという意味で，これ
は希望系の理論の代表格といえるでしょう。期待理論では，その計算を以下の
ような複数の段階に分けて捉えています（図 10.1）。

①　努力—パフォーマンス期待（E→P 期待：努力から業績への期待，effort-
　　performance expectancy）——人は，行動が成功する確率（期待）を心に抱き
　　ながら決定する。

　　　例：「努力すれば 1 時間に 10 個生産できるが，努力しても 1 時間に 15
　　個は生産できない」というような予想をしながら努力投入量等を決める。

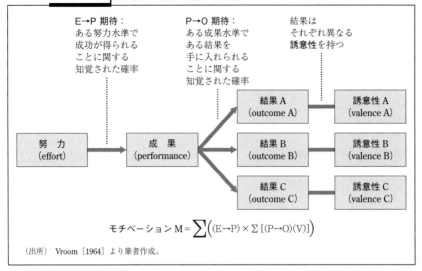

E→P 期待：
ある努力水準で
成功が得られる
ことに関する
知覚された確率

P→O 期待：
ある成果水準で
ある結果を
手に入れられる
ことに関する
知覚された確率

結果は
それぞれ異なる
誘意性を持つ

努　力
(effort)

成　果
(performance)

結果 A
(outcome A)

結果 B
(outcome B)

結果 C
(outcome C)

誘意性 A
(valence A)

誘意性 B
(valence B)

誘意性 C
(valence C)

モチベーション $M = \sum \left((E{\rightarrow}P) \times \Sigma\,[(P{\rightarrow}O)(V)] \right)$

（出所）　Vroom［1964］より筆者作成。

②　パフォーマンス—結果期待（P→O 期待：業績から結果への期待，performance-outcome expectancy）——人は，自分がこの行動をとったら，この結果が生じるという期待を頭に浮かべて，行動を選択する。

　例：「1 時間に 10 個生産すると通常の賃金水準だが，1 時間に 15 個生産するとボーナスが 15 ％付く」。

③　誘意性（ヴェイレンス，valence）——人を惹きつける価値・魅力のこと。客観的な結果は，個人の欲求と知覚次第で，各個人別に異なる価値を持つものとして捉えられる。収入が重要だと思う人もいれば，余暇が重要だと思う人もいる。

　例：「ボーナス 15 ％アップは，私にとってとても嬉しい（さほど嬉しくない）」。

　このように，大きくは「努力を投入することによって結果が得られる確率」と「得られる結果がどの程度魅力的か」に分けられ，これらの掛け算によって，得られるやる気が決まると考えます。したがって，仮に非常に魅力的な結果であったとしても，その結果が得られる確率がきわめて低い場合には，やる気は出ないことになります。たとえば，「総理大臣になったら 1 億円あげます」といわれても，どれだけ努力をしたとしても多くの人にとって総理大臣になれる

確率は非常に低いため，1億円という大金の魅力をもってしても，なかなかやる気を引き出すことは難しいということです。また反対に，非常に簡単な課題であったとしても，そこから得られる結果がその人にとって魅力的でなければ，当然やる気が出ることはありません。

　それでは，具体的にどのようにすればよいのかについて，さらに考えていくことにしましょう。

┃ 人間の欲求と結果の魅力度 ┃

　やる気を引き出すためには，そこから得られる結果が，個人にとって魅力的である必要があります。言い方を換えれば，個人の**欲求**に合致している必要があるのです。ここで問題となるのが，人はどのような欲求を持っているのかということです。これに関して，アブラハム・マズローは，欲求階層説を唱えました。彼は，EXERCISE で紹介したマレーの欲求リストなどを参照しつつ，その中から大胆にも欲求を5つに絞り込んだ仮説を提示しています（図10.2）。

① 生理的欲求——食欲・性欲など，人間が生存していくのに必要な最低限の欲求（いわば動物的欲求）

② 安全・安定欲求——外界から物理的・心理的に自分を守るための欲求

③ 所属・親和欲求——友情・愛情など，社会的な関係を持つことに対する欲求

④ 承認・尊厳欲求——自律した自分でありたいといった内的な尊厳と，地位や他人からの賞賛など外的な尊厳に対する欲求

⑤ 自己実現欲求——自分の理想とする姿に少しでも近づこうとする欲求
（例：個人の成長機会や潜在能力の実現を求める欲求）

　マズローの理論は，基本的には，緊張系に属するといえます。生理的欲求や安全・安定欲求などが満たされないとき，「足りないからそれを獲得するために動く」というかたちで，行動へのエネルギーが生じます。そして，それが満たされると，今度は1つ上の階層の欲求の重要性が高まり，またそれを満たすための行動のエネルギーが生じる，と考えるからです。

　この議論において重要なポイントは，欲求には段階があるというところです。すなわち，人間はまず，生理的欲求のような人間として最も基本的な欲求を持

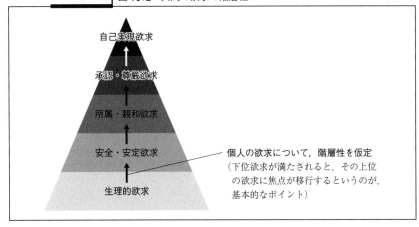

CHART | 図10.2　人間の欲求の階層性

自己実現欲求

承認・尊厳欲求

所属・親和欲求

安全・安定欲求

生理的欲求

個人の欲求について，階層性を仮定
（下位欲求が満たされると，その上位
　の欲求に焦点が移行するというのが，
　基本的なポイント）

ち，それが満たされると，安全・安定欲求のような次の段階の欲求が生まれる
という考え方です。しかも，高次の欲求になるほど，社会的な関係を構築した
い，人から認められたい，自律的でありたいといった，社会的な要素が含まれ
てきます。

　ただし，最上位にある自己実現欲求については，「足りないからそれを獲得
するために動く」という緊張よりも，むしろ「もっと自分らしくありたい」
「もっと成長したい」といったような希望に近いことを，マズローは強調して
います。欲求階層説は，基本的には「欠乏状態が持つパワー」に注目したもの
ですが，自己実現欲求の段階だけは質が異なるわけです。

　人々の欲求にはさまざまな要素があること，しかもそれらが緊張と希望など
異なるタイプのエネルギーを私たちにもたらすこと，こうした点をより明確に
議論したものに，フレデリック・ハーズバーグの2要因理論があります。ハー
ズバーグは，職務に対して満足を生み出す要因（動機づけ要因）と，不満を生
み出す要因（衛生要因）は異なると考えました。これはつまり，不満となる要
因を減らしても，満足状態に至るのではなく「不満がない」状態になるだけだ
ということなので，従業員を動機づけるには，不満を生む要因を取り除くのみ
ならず，動機づけのための要因が別途必要になります。

　衛生要因とは，具体的には労働環境や給与のような外的な要因を指します。
一方，動機づけ要因には，達成感，承認，仕事それ自体の面白み，責任，成長

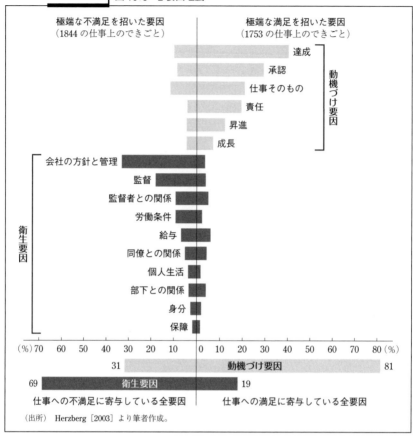

CHART 図10.3　2要因理論

極端な不満足を招いた要因
（1844 の仕事上のできごと）

極端な満足を招いた要因
（1753 の仕事上のできごと）

達成
承認
仕事そのもの
責任
昇進
成長

動機づけ要因

会社の方針と管理
監督
監督者との関係
労働条件
給与
同僚との関係
個人生活
部下との関係
身分
保障

衛生要因

(%) 70　60　50　40　30　20　10　0　10　20　30　40　50　60　70　80 (%)

31　　動機づけ要因　　81

69　　衛生要因　　19

仕事への不満足に寄与している全要因　　仕事への満足に寄与している全要因

（出所）　Herzberg［2003］より筆者作成。

といった内的な要因が該当します。つまり，従業員を満足させるためには，給与のような衛生要因をいくら高めても十分でなく，動機づけ要因である達成感や他者からの承認，個人の成長を重視する必要があるのです。こうした考え方は，欲求階層説における高次の欲求とも合致し，経済的な報酬よりも，社会的な関係や個人の成長を重視する必要を示唆しています。いうまでもなく，衛生要因が緊張系，動機づけ要因が希望系に，それぞれ該当します。

　人々のやる気を引き出すには，マズローやハーズバーグがいうように，その人がどの欲求段階にあるかであったり，その人が現時点で求めているものであったりを，まず知る必要があるということです。その上で，人々のモチベーションを積極的に高める成長・達成感・承認などの機会をしっかりと与える一方，

モチベーションが下がらないように給与や労働環境といった基礎的な要因を整えるという発想も大切です。たとえば仕事の「やりがい」は，たしかに重要な動機づけ要因ではありますが，「やりがいのある仕事なのだから給与水準が低くても大丈夫だろう」というように考えていては，結局のところ，そのやりがいの効果も衛生要因の欠如ゆえに相殺されてしまいかねません。

▎緊張と希望の微妙な関係 ▎

2要因理論は，緊張をもたらす要因と希望をもたらす要因の間には，私たちが素朴に考える以上に複雑な関係があることを示しています。この点を，少し違った角度から検討したのが，エドワード・デシです。デシが取り組んだのは，「やりがいがあって面白い仕事」に金銭的報酬が与えられたとき，何が起こるかという問題です。いうまでもなく，「やりがいがあって面白い仕事」は希望の要素が強いのですが，金銭的報酬のほうは微妙です。これは，与え方によっては希望にも緊張にもなります。デシもこの点に注目しました。

私たちは，金銭的・物質的な報酬や社会的な報酬を獲得するためでなく，やっていることそのものに動機づけられることが多々あります。野球が大好きで，毎日必死になってバットを振っている少年は，両親から小遣いをもらったり，褒められたりすることが目的でないのであれば，野球の面白さそれ自体ゆえに練習をしていることになります。このように，人がやっていることそのものに動機づけられることを，内発的動機づけ（intrinsic motivation）と呼びます。

この内発的動機づけというアイデアを考案したのが，デシなのです。デシは，大学生を対象としたさまざまな実験を通じて，人の動機づけにかかわる2つの重要な発見をしました。

1つは，内発的動機づけが実際に存在するということです。デシは学生たちを，「ゲームをクリアしたら報酬を支払うグループ」と「ゲームをクリアしても報酬がもらえないグループ」とに分けたのですが，そのゲーム自体が十分に面白いものであったとき，どちらのグループにおいても学生たちは同じようにゲームに興じていました。このことから，まさに内発的動機づけによって人々が動いているということが発見されたわけです。

そして，もう1つは，報酬を与えていたグループに対して，「もうこれ以上

は報酬を払えない」というような指示を出したときに発見されました。与えられた課題に対して，いったんは報酬が提示され，やがてそれが支払われる可能性がなくなるという経験をしたグループの人々は，もう1つのグループに比べて，ゲームに対する動機づけを大きく低下させていることがわかったのです。これをアンダーマイニング効果といいます。

　これは，もともとは，

$$\text{ゲームをすること} \longrightarrow \text{モチベーション}$$

という関係が人々の頭の中で成立していたところへ，「ゲームを1問クリアするごとに100円あげます」といわれたグループには，

$$\text{ゲームをすること} \longrightarrow \text{報酬} \longrightarrow \text{動機づけ}$$

という，本来とは少し異なった認識が生じたわけです。こういわれた人々の頭は，ゲームをすることそのものの楽しさ・やりがい以上に，それによって得られる報酬に占められてしまいます。報酬が無尽蔵にあれば，これでも大した問題は起きないかもしれません。しかし，報酬が有限であるとき，もし何らかの理由で報酬が支払われなくなったり，減らされたりして，ゲームをすることがある一定の報酬をもたらすという関係が失われると，それに伴って，ゲームと動機づけとの間の関係性までが崩れてしまいかねないということなのです。

$$\text{ゲームをすること} \longrightarrow \boldsymbol{\times} \longrightarrow \text{動機づけ}$$

　こうなると，本来は楽しくてやりがいがあったはずのゲームも，もはや人々を動機づけるだけの魅力を持たなくなります。活動に対して対価が支払われたことで，人々の中でその活動が報酬を得るための手段でしかなくなり，悲しいかな，金銭が得られないなら活動する意味がないと思うようになってしまうのです。

　ただし，金銭等の外的報酬も，その与え方が適切であれば，もともと面白い活動の楽しさが持つ効果は減じない，ということに留意してください。報酬を与えること自体が悪いわけではなく，報酬の与え方が問題なのです。というのも，外的報酬には，①人々を動機づけ，コントロールする側面（コントロール）

と，②それが提供されることによって，その人が有能であることを本人に伝達する側面（有能さのフィードバック）という，2つの機能があります。このうち後者の側面が前者よりも明確である場合，アンダーマイニング効果は大いに緩和されることを，デシは実験などによって証明しています。それどころか，外的報酬が，達成の承認（例：君がゲームを見事に解き明かしたから報酬を与えるのだ！）や，有能感の確認（例：君は優秀だから，その証として報酬をあげよう！）として提示されていれば，それにはむしろ，もともとの活動の楽しさややりがいを増幅させる効果すらあることがわかりました。このことは，そもそも希望の要素が強い活動に対して，緊張の要素の強い報酬を与えるような場合，活動が本来持つ希望の効果を減じないように報酬を与える必要があるという，大事な示唆を含んでいると思います。

成果を出しやすくするマネジメント：目標設定理論

これまでに紹介した理論を含め，多くの理論は，（当然といえば当然ですが）行動のエネルギーとしてのモチベーションをどう高めるか，という点に注目しています。ただ，素朴に考えても，モチベーションが高いことと，実際に仕事で高い成果を上げていることとは，決して同義ではありません。モチベーションというのはあくまでも，（どの方向に向かっているかは別として）その活動をするためのエネルギーを指すわけですから，もしも，きわめて高いモチベーションが間違った方向に投じられれば，その結果として上がってくる成果は，まったくもって意味がないものか，場合によっては有害なものになってしまう可能性すらあります。

では，どのようにすれば個人の努力が望ましい結果を生み出す見込みを高められるのでしょうか。一般的に，個人の仕事成果は，その人の①モチベーションに加えて，②能力，③環境，④目標設定によって決まるといわれています。

$$仕事成果 ＝ モチベーション × 能力 × 環境 × 目標設定$$

まず，その人が仕事に関連した高い能力を持っていれば，困難な仕事であっても成功する見込みは高まり，高い成果を期待できるでしょう。そのために企業は，採用時点で能力の高い人を採用しようとしたり，さまざまな研修や能力

開発の機会を提供したりすることで，社員の能力を伸長しようとするのです。もう1つは，環境を整えることです。適切な上司の支援があったり，同僚からのサポートがあれば，仮に本人の能力がそれほど高くなくても，それなりの成果を上げることができるかもしれません。仕事の性質上，他の人々との相互依存性が高い場合には，とりわけこの要素が重要になります。

　成果を左右する第4の要素が，目標の設定です。モチベーションに対する目標の重要性を指摘する理論に，**目標設定理論**があります。「具体的で，なおかつ個人にとってワクワクするような目標を設定してあげることが，個人のモチベーションを高めるだけでなく，そのエネルギーが正しい方向へと向かうことにもつながる」というのが，この理論の骨子です。このことは，非常に多くの実験やフィールド調査で確認されてきました。

　具体的な目標を設定する利点として，何を期待されているのかが明確になることがあげられます。これは，努力を投入すれば成果が上げられるのかどうかということを，わかりやすくするでしょう。また，達成可能だがやや挑戦的な目標を与えると，その人にとって仕事は，非常にやりがいのある，ワクワクするようなものになります。目標設定理論では，個人がワクワクでき，しかも個人のエネルギーを組織目標の達成にとって有効な方向へと導く目標の条件として，以下の3点が重要であるとされています。

① 目標の特定性——曖昧な目標ではなく，数値目標のような明確さが必要
② 達成可能で，かつ挑戦的な目標——目標は受け入れられるものでなければならないが，簡単すぎてはダメ
③ 適切なフィードバック——フィードバックにより達成度がわかり，未達成の場合には，目標達成への努力や方法が修正される

　コントロールからセルフマネジメントへ

　ここまでは，人間がいかにしてやる気を出すのかということを考えてきました。モチベーションの増減は，人々が合理的に判断して行った結果であると捉えられることがわかったと思います。だからこそ，会社の仕組みやリーダーと

のやりとりによって，職務の成功確率を高めたり，より魅力的な報酬を提供したりすることで，従業員やメンバーのモチベーションをコントロールすることも可能なわけです。

　しかしながら，モチベーションが上がる状況は，本当にそれだけでしょうか。あるいは，本当にモチベーションはこうした合理的な計算の上でのみ，湧き上がるものでしょうか。人は，真にモチベーションが高い状況では，そもそもモチベーションのことなど考えずに，仕事や作業に没頭していないでしょうか。また，仕事（勉強）と趣味（遊び）を比べると，趣味に時間を費やしているときのほうが，自ら進んでその行為に没頭しているという人が多いと思います。実際には仕事と同じように単調な作業を繰り返している場合でも，趣味のときは楽しんでそれを行っていることすらあるはずです。ということは，趣味のように感じられれば，仕事も同様に高いモチベーションで遂行できるのかもしれません。

「没頭」を自らマネジメントする

　趣味の世界でしばしば見られるような，「自ら進んでその行為に没頭している」という状態が，じつは仕事の世界でも起こっていることを突きとめたのが，アメリカの心理学者ミハイ・チクセントミハイです。チクセントミハイは，『楽しみの社会学』という本の中で，仕事そのものを楽しむ状況とは何かを探求しています。そのときに注目したのが，内発的に動機づけられた，強く没頭している感覚を伴う“楽しい”経験が，いかにして生じるのかということです。彼は，チェス，ロッククライミング，手術などといったさまざまな活動について，それを行うこと自体が目的となっている人々を調査しました。そして，そうした状況を**フロー経験**と呼んで，その特徴を説明しました。

　フロー経験とは，行為者が，行為に対して深く集中している結果，時間が経つのを忘れたり，ほんの一瞬が「とても長くゆったりとしたもの」に感じられるなど，時間感覚に歪みが生じるような状況です。スポーツでいう「ゾーンに入る」と似ているかもしれません。こうした状態がどう訪れるのかを，チクセントミハイは以下のように説明しました。重要なのは，行為者がコントロール感や有能感を感じている点です。そのためには，行為者の技能と挑戦する行為

の難易度とが，適度にバランスしている必要があります。取り組んでいる内容が，能力と照らし合わせて“適度な”難易度であるために，行為者は全力を出して取り組むことができます。また，その結果として，状況や活動を自分が統制している感覚が得られ，それが深い没入感を生み出すのです。技能に比して挑戦があまりにも容易だと，人は退屈を覚えたり，「こんなことを続けていて大丈夫だろうか」と不安になったりします。しかし反対に，挑戦が技能に比してあまりに難しくても，失敗するのではないかと心配したり，あるいは不安を覚えたりします。このような状況下では，人は深い没入感を得られず，心の底から楽しんで活動できません。

　フロー経験の特徴に，「熟達」を生み出すことがあげられます。フロー状態が継続し，集中しながら行為することによって，行為者の技能は効率的に向上していきます。そのときさらに適切な難易度の挑戦機会が与えられれば，フロー状態は維持され，行為者の技能はどんどん向上していくことになります。内発的に動機づけられて，楽しみながら集中して行為に取り組むことが，同時に技能の向上につながる優れた機会であるということを，フロー理論は示唆しているのです。

　それからもう1つ，私たちのやる気は，ほかならぬ私たち自身によってマネジメント可能だということも，フロー理論の重要な示唆といえるでしょう。今，みなさんが行っている仕事が「面白くない」「没頭できない」ものであるとしましょう。フロー理論によれば，その原因として，大きく2つのことが考えられます。

　1つは，みなさんが持っているスキルや能力が，その仕事をするにあたって本来必要なスキル・能力に比べて低すぎるということです。スキル・能力が不足しているために，仕事に余裕を持って臨むことができず，過剰な不安や心配に支配されているのです。こうしたときには，自身のスキル・能力を磨き上げることで，問題が解消されることがあります。ギャップがあまりに大きい場合には，上司に頼んで仕事の難易度を変えてもらったり，誰かに助けを求めたりする必要があるかもしれません。

　もう1つは，それとは反対に，仕事をするにあたって本来必要なスキル・能力をみなさんが十分すぎるほど持っており，そのために仕事に没頭できないと

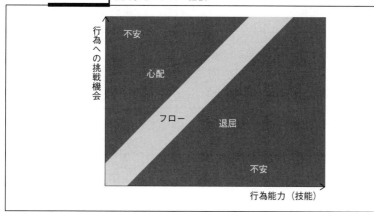

図の縦軸: 行為への挑戦機会

不安

心配

フロー

退屈

不安

図の横軸: 行為能力（技能）

いう可能性です。新卒で入社して2, 3年くらい経った若い社員に起こりがちな問題です。この場合，上司に頼んで仕事を変えてもらえればよいのですが，それが難しいときには問題を解決するすべがなかなかないかもしれません。そこでしばしばとられる手段に，上司や先輩の仕事をとりにいくということがあります。今までは顧客に商品を売りにいき，その結果を上司に報告することだけがみなさんの仕事だったとすれば，売上高の推移を自ら分析したり，他の人にとっても有用な新しい営業スタイルを提案したりするなど，上司や先輩が行っている仕事に自らも挑戦してみるのです。部署や仕事を変えてもらうことが，取り組む仕事自体を変えることで挑戦機会（図10.4の縦軸）と行為能力（図10.4の横軸）のバランスを変えることだとすれば，これは，同じ仕事の中で果たす役割を変えることで，そのバランスを変えることだといえます。

自己決定の重要さ

仕事そのものを楽しむ上で，もう1つ重要なことがあります。それは，行動に対する本人の自律性です。先出のエドワード・デシは，リチャード・ライアンとともに提唱した「自己決定理論」と呼ばれる理論の中で，自律性の重要性を指摘しました。彼らによれば，自己決定度が高い，すなわち自分でものごとを決められる程度が高いほど，人は，無気力な状態や，報酬など外的なものに動機づけられている状態から脱し，内発的に動機づけられている状態に向かっていくとされています。

フロー理論や自己決定理論が重視している内発的な動機づけは，必ずしも目新しいものではないかもしれません。古典的な欲求階層説を見ても，上位の階層に位置づけられている欲求には，内的な要因が含まれています。そこに描かれているのは，自分自身でやるべきことを決め，その活動をすることが自己目的化し，行為に深く没入しながら楽しんで働く人々の姿です。これは，部下に働いてもらうために，動機づけ要因を提供しながら行動をコントロールしようとする状況とは大きく異なります。モチベーションをめぐる近年の議論が提唱しているのは，自分で自分をマネジメントするようなマネジメントスタイルなのです。

これは，最近の働き方改革の方向性とも大きく異なるものです。ワークライフバランスの改善自体は必要なことだとはいえ，そこで想定されている労働者の姿はやはり，セルフマネジメントを行う労働者像とはかなり異なっているといわざるをえません。セルフマネジメントをどう実現するのか，どうすれば従業員自らがそれを可能にできるのかについて，今後真剣に検討していく必要があるように思います。

KEYWORD

モチベーション　緊張　希望　欲求　目標設定理論　フロー経験　セルフマネジメント

さらに学びたい人のために　　　　　　　　　　　　　　　　Bookguide ●

● 金井壽宏［2016］『働くみんなのモティベーション論』日経ビジネス人文庫。

　　モチベーションの理論を体系的に，かつわかりやすく紹介しており，入門書として最適です。同時に，科学者が提唱した理論を私たちが日常生活で活かすために，自分自身にとって実用的な「持論」を持ち，モチベーションを自己調整することを目指した，実践的な一冊でもあります。
● ゲイリー・レイサム（金井壽宏監訳）［2009］『ワーク・モティベーション』NTT出版。

モチベーション研究の世界的権威による体系的なテキスト。モチベーショ
ンに特化して書かれた日本語の書籍としては，最も情報量が多く，網羅的だ
と思います。この領域がどのように発展し，最先端ではどのようなことが議
論されているのかということを，丁寧に紹介しています。
● 鈴木竜太・服部泰宏［2019］『組織行動──組織の中の人間行動を探る』
有斐閣ストゥディア。
　モチベーションを含めて，組織行動論全般を網羅的に紹介したテキスト。
リーダーシップや採用など本書で紹介するもの以外にも，個人の組織への適
応を意味する組織社会化，個人と個人のコンフリクトなど，組織の中の人間
の行動や心理にかかわるさまざまな理論が紹介されています。

参 考 文 献　　　　　　　　　　　　　　　　　　　　　　　**Reference** ●

金井壽宏［2016］『働くみんなのモティベーション論』日経ビジネス人文庫。

チクセントミハイ，M.（今村浩明訳）［2000］『楽しみの社会学（改題新装版）』新思索
　　社。

Herzberg, F. ［2003］ "One more time: How do you motivate employees?" *Harvard
　　Business Review*, January 2003.

Murray, H. A. ［1938］ *Explorations in Personality: A Clinical and Experimental Study of
　　Fifty Men College Age*, Oxford University Press.

Vroom, V. H. ［1964］ *Work and Motivation*, Wiley.（ヴルーム／坂下昭宣ほか訳『仕事と
　　モティベーション』千倉書房，1982 年。）

CHAPTER

第 11 章

どうやってメンバーを引っ張るか

対人影響力としてのリーダーシップ

EXERCISE　「リーダーシップ」という言葉を耳にしたとき，あなたはどのようなイメージを思い浮かべるでしょうか。思い浮かべた言葉や具体的な人物を，できるだけ多くメモしてみてください。「強い」「賢い」「優しい」といった形容詞，「ナポレオン」「キング牧師」「坂本龍馬」といった歴史上の偉人の名前など，どんなことでも構いません。そうして列挙された言葉や人物のリストを見て，あなた自身が「リーダーシップ」という現象をどのようなイメージで捉えているか，ということを内省し，言葉にしてみてください。また，本章の学習が終わった後，学習した内容を参考にして，あなたオリジナルのリーダーシップ持論（自分がリーダーになったとき，どうすれば周りの人がついてきてくれるか，ということに関するあなた自身の考え）を，作成してみてください。

（画像提供：PeterSnow/iStock）

1 　対人影響力としてのリーダーシップ

　採用活動を通じてメンバーとなった人たちに，勤勉に，懸命に働いてもらうために，いったい何をすべきでしょうか。第 **10** 章で見たように，多様で複雑なメンバーのモチベーションを高め，そのエネルギーを組織全体の目標達成へどうつなげていけばよいのでしょうか。すでに解説したように（▶第 **10** 章 **Column ❻**），マネジメントには大きく分けて，「ルールや仕組み」によるものと，「対人影響力」（人間関係や組織文化）によるものとがあります。本章では，このうち**対人影響力**の考え方について解説していきます。

リーダーシップは誰のもの？

　企業において最も重要かつ強力な対人影響力は，おそらく，日々の業務をともにする職場の管理職（上司）の**リーダーシップ**によるものでしょう。上司は，多くの場合，メンバーの仕事行動や成果を観察し，評価し，処遇する立場にあるため，その言動は当人にきわめて大きな影響を与えるはずです。

　ただ，職場においてリーダーシップを発揮するのは，必ずしも上司や管理職の立場にある人だけとは限りません。人々が組織や集団の中で発揮しうる影響力の源泉には，①経営者であるとか職場の上司であるといった，肩書きに基づく公式の権力（強制力，報酬力，正当権力）に加えて，②その人自身が持つ専門性や人間的な魅力，カリスマ性などに基づく個人の力，そして③有力な人物とつながっていたり，豊富な人脈を持っていたりといった，関係性に基づく力，という3つがあります。仮に①を持たない場合であっても，②や③を持ち合わせることで，他のメンバーに対して影響力を行使するということは十分にありえます。反対にいうと，肩書き上は「管理職」や「上司」であったとしても，その人が②個人の力や③関係性の力を持たないがために，リーダーとして不十分な影響力しか持ちえないということもあるのです。上位者であれそうでない場合であれ，周囲から一目置かれる肩書き，能力，魅力，人脈を持つことが，個人がリーダーシップを発揮するための重要な原資となるわけです。リーダー

シップはこのように，必ずしもその人が持つ公式的な権力によらない，対人的な影響力にかかわっています。

　したがって，他者とかかわる機会を持つおよそすべての人に，リーダーシップを発揮する可能性があるといえるでしょう。新入社員研修中の同期集団の中にも，仲間たちと遊びに興じている小学生の集団の中にも，リーダーシップが発生する余地はあるのです。このように，すべての人にかかわる問題としてリーダーシップを捉えることが，まずは重要です。

リーダーシップとは

　では，リーダーシップとは具体的に何を指すのでしょうか。この点に関しては，経営学の中にもじつにさまざまな見解があるのですが，ここでは代表的な定義を紹介することから始めたいと思います。

> 「リーダーシップとは，他者たちに何が必要なのか，どのようにしてそれを効率的に遂行するのかについて理解と合意を得るために影響を及ぼす過程であり，共有された目的を達成するために個人を動かし，彼らの努力を結集する過程である」（Yukl［2013］p. 23）

　少し難解な定義ですが，要するに，リーダーシップには以下に示す3つのポイントがあるということです。

　第1に，リーダーシップは，特定の個人単独ではなく，それについていく他者（フォロワー）とのやりとりの中で発生する現象だということです。天才的な頭脳を持った人であっても，聖人君子のように高潔な人であっても，他者が誰もいないところ，他者との相互作用がないところでは，リーダーシップを発揮することができません。あくまでも他者とのやりとりが生じる場面で，リーダーシップは発生するのです。

　第2に，それは何らかの目標達成に向けた活動の中で生起するということです。何人のメンバーからなる集団であろうと，またどのような年齢やプロフィールを持つメンバーであろうと，人々がただ漫然と活動しているときに，リーダーシップは起こりえません。しかし，人々が何らかの目標を持ち，その達成

に向けて活動を始めるとき，それが仮に「山でカブトムシを捕まえる」とか「楽しく山登りする」といった些細な目標であっても，そこにはリーダーシップが生起する可能性があります。

　そして第3に，リーダーシップは，他者に影響を及ぼすことにかかわっているということです。これが一番わかりにくいかもしれません。第1の点として述べたように，リーダーシップはフォロワーとのやりとりの中で生起するものなので，仮にある人がきわめて高い能力を持っていたり人格的に優れていたとしても，その人が他者との間で何のやりとりもせず，その人から影響を受けた人が誰もいなければ，その人にリーダーシップがあるということはできません。リーダーシップは，能力や人格のように特定個人の内部にある「何か」ではなく，それらをもとに，ある人がフォロワーに対して目標達成に向けたポジティブな影響を与えたとき，はじめて発生するものなのです。

　すなわち経営学では，リーダーシップを，目標達成に向けた活動においてフォロワーとの相互作用の中で生じる影響力だと考えます。じつはほかにもいろいろな考え方があるのですが，これが，影響パラダイムと呼ばれる最も有力な考え方です。リーダーの言動によってフォロワーが，「それをすることが強制されているから」とか「服従しないと罰を与えられるから」ではなく，「よしやってみよう」というふうに自発的に行動する場合，そこにリーダーシップが発生していると考えるのです。「それをすることが強制されているから」とか「服従しないと罰を与えられるから」といった理由で行動するフォロワーは，命令する人が持つ権力（パワー）によって動いているに過ぎません。仮に命令していた人が何らかの理由によって権力を失ったら（たとえば社長の座を追われてしまったら），フォロワーたちはその人が言うことを聞かなくなるでしょう。これが権力の限界です。これに対してリーダーシップは，フォロワーの自発的行動を引き出すという点で，権力に比べて優れた方法だといえるのです。

▌召使いのリーダーシップ？ ▌

　リーダーシップが権力とは別物だということを考えるのによい例が，『車輪の下』や『デミアン』などの作品で有名なヘルマン・ヘッセの短編小説『東方巡礼』の中にあります。この物語の語り手は，ある宗教団体が企画した東方巡

礼の旅に出ます。巡礼の一行には，レーオという名の召使いが同行していたの
ですが，これがなかなか気の利く人物で，食事その他の面倒を見てくれること
はもちろん，道中に芸をしてみせたり，歌を歌ってみせたりすることで，つら
い旅路にある一行を励まし，和ませていました。立場こそ召使いでしたが，誰
もが彼を慕い，愛していたのです。

　ところが，旅の途中でレーオは突然姿を消します。巡礼の一行は途端に混乱
状態に陥り，とうとう旅は頓挫してしまいました。一行は，このときはじめて，
レーオこそがこの旅で重要な役割を果たしていたこと，召使いでしかなかった
彼がいなければ，旅を続けること自体が難しかったという事実に気づきます。

　小説ではありますが，この逸話は，組織や集団のリーダーは必ずしもそこで
公式的に権力を与えられている人である必要はないということ，レーオのよう
に立場が下の者であっても，他の人々によい影響を与える，つまりはリーダー
シップを発揮することが十分にできるということを物語っています。

　ちなみにこの話には後日談があります。巡礼の旅が終わってから何年も後，
物語の語り手は，ひょんなことでレーオに再会することになります。語り手が
旅を主催していた宗教団体を訪れたところ，そこで彼は，召使いだと思われて
いたレーオが，じつはその団体の偉大なリーダーであったことを知る……とい
う結末なのです。偉大なリーダーは，その偉大さを誇らしげに見せつけるので
はなく，むしろそれをできる限り抑えて，召使い（サーバント）のような立場
で人々に接するものだ，ということをヘッセは語りたかったのかもしれません。
「リーダーシップは一部の立派な人々だけが発揮できるものだ」という，私た
ちの素朴な思い込みを正してくれるエピソードといえます。

② リーダーシップの中身

　後で詳しく説明しますが，リーダーシップを身につけるためには，何よりも
まず，実際にそれを経験すること，その経験をもとに，「どうすれば人はつい
てくるのか」ということを言語化することが必要です。その言語化を大いに助
けてくれるのが，経営学が 100 年以上にわたって積み上げてきた理論や，すで

に経営の現場で優れたリーダーシップを発揮している他の実践家の持論です。リーダーシップについてはまだまだわからないことも多いのですが，100年以上にも及ぶ研究蓄積の中で見えてきたこともあります。ここでは，リーダーシップ研究が提示してきた代表的な考え方を紹介します。

▌ 変動しにくい個人特性の探求 ▐

優れたリーダーとはどういうものか。うまく人を導くことができる人とそれができない人との差は何か。こうした問いは，有史以来，多くの人に問われ続けてきました。たとえば古代ギリシアの哲学者プラトンは，国家が国家として活動するためには，イデア（idea）的に優れた支配者が必要であると説きました。ここで「イデア的に優れている」とは，私たちが目や耳を通じて肉体的に経験する世界ではなく（プラトンにいわせれば，それはただの虚像でしかない），その背後に実在しているもの，とりわけ「何が正しいか」「善いとはどういうことか」といった，みなが共通して思い浮かべる「本物」の何かを認識できることを意味します。こうした意味での「正義」や「善」を認識できる者こそ，国家の支配者にふさわしいと説いたのです。

こうした哲学的・思弁的な議論にとどまらず，科学的なリーダーシップの探求が始まったのは，第一次大戦前後です。その最も初期の成果が，「特性理論」（traits theory）と呼ばれるものになります。英雄などと称される非凡な指導者が備えていた，平凡な人々とは異なる個人的資質や特性（traits）を明らかにしようとする研究群であり，その多くが，歴史書や小説などに登場する歴史上の偉人に注目していました。そのため特性理論は別名，リーダーシップの偉人説（great men theory）とも呼ばれます。じつに多様な特性が指摘され，百花繚乱の様相を呈しましたが，そのうちデータによって一定程度支持されたのは，以下のような特性でした。

- 知性──知能，学業，知識など
- 性格──攻撃性，支配性，雄弁さ，情緒安定性，独立心，など
- 社会的背景──教育水準，社会的地位など
- 身体的特徴──身長，体重，恰幅，人種など

リーダーシップの問題をはじめて科学的に探求したという意味で，特性理論

には大きな貢献がありましたが，このような発見は実践にどこまで有効でしょうか。こうした特性を持った人が優れたリーダーであるとして，私たちにできるのは，これらの条件にあてはまる人を採用段階で特定することや，社内でこれらの特性を持ち合わせた人を特定し，その人にリーダーを任せることくらいでしょう。一方で，そうした特性を持っていない人は，どれだけ努力してもリーダーシップを発揮できないということにもなります。これではあまりにも実践的な有用性が低いということになり，次に注目されたのが，リーダーたちの行動に注目するアプローチでした。

┃ 不動の2軸 ┃

リーダーシップの行動に注目するアプローチは，1940 年代にアメリカで始まりました。そこでは「優れたリーダーの行動とはいかなるものか」が一貫して問われ，ミシガン大学やオハイオ州立大学における研究の成果として，リーダーシップにかかわる2つの行動特性が抽出されました。

1つは，仕事の技術的な側面を強調し，課題を達成するためにフォロワーに対してルールや手順の遵守を徹底する「構造づくり型」のリーダー行動，もう1つは，従業員の感情や個人的な事情に配慮し，集団の対人関係に気を配る「配慮型」のリーダーシップです。何よりもまず課題の達成を重視するという意味で，構造づくり型のリーダー行動は，人々が向き合うタスクそのものに焦点化しているといえます（課題志向）。これに対して，配慮型のリーダーシップは，フォロワーの感情面に向き合うという意味で，タスクそのものよりも人間関係のほうに注目します（人間関係志向）。

自身の周りにいるリーダーのことを思い浮かべてみてください。その人が，他の人たちに仕事のやり方や手順などをきちんと指示し，グループで共有された課題の達成に向けて，メンバーが何をする必要があるかを明確にしてくれているのであれば，その人は構造づくり型のリーダーだといえるでしょう。あるいはその人が，場の空気を和らげようとコミュニケーションを重視したり，何かに困っているメンバーに積極的に声をかけるなど，グループ内の雰囲気をよくして，調和や信頼感を生むことに注力しているならば，配慮型の側面が強いリーダーといえそうです。といってもこの2つは，決して相互に矛盾するもの

ではありません。

　この2つは，現在もなお，平常時において多くの集団で有効なリーダー行動とされ，その意味で「不動の2軸」などと呼ばれています。課題解決の方向を示し，それに向けてメンバーに圧力をかけること（構造づくり）と，メンバー間に生じる緊張を緩和し，良好な人間関係を維持すること（配慮），これらはいつの時代も，どの組織においても，基本的に重要なリーダー行動だということです。

┃ リーダーシップ次元のバリエーション ┃

　前項末で「平常時において」と書いたことからも察しがついたかもしれませんが，構造づくりと配慮の2軸は，組織や集団が安定した環境のもとで活動しているときには有効ですが，環境変化が激しくなり，そのために組織を大きく変革しなければならないというときには，これらだけでリーダーシップの有効性を保つことは難しくなります。そのことに対する反省から，以後，表11.1にあげたようなじつにさまざまなリーダー行動が，新たに付け加えられました。

　ここでは，中でもとりわけ多くの注目を集めている，変革型リーダーシップ，サーバントリーダーシップ，そしてオーセンティックリーダーシップを取り上げます。

　1つめは，変革型リーダーシップです。政治学者のジェームズ・バーンズは，宗教改革期やフランス革命期など，歴史の大きな転換点に現れた偉大なリーダーに注目し，彼らが「構造づくり」と「配慮」とはまったく異なるタイプであることを指摘しました。彼はこうした転換期において発揮されるリーダーシップを変革型リーダーシップと呼び，このようなリーダーは，組織や社会の変革期に現れ，構造をつくるのではなく，むしろそれを壊し，再構築するとしました。具体的には，使命やビジョンを示し，自分たちがしていることの意味を明確にする（理想化された影響），そうした使命やビジョンによってフォロワーの感情を揺さぶり，やる気を引き出す（モチベーションの鼓舞），フォロワーに対して新しいものの見方や価値観を提供する（知的刺激），そして変革に伴ってフォロワーの中に生起する不安やストレスに配慮し，それを軽減させる（個別配慮），といった行動によって構成されます。宗教改革のマルティン・ルター，

	要　点	リーダーシップの具体的な中身
特性理論	本人が生まれ持った，あるいは生育過程の中で形成された，変動しにくい個人特性	知性（知能，学業，知識など），性格（攻撃性，支配性，雄弁さなど），社会的背景（教育水準，社会的地位など），身体的特徴（背が高い，恰幅がよいなど）
古典的行動理論	平常時，多くの集団において有効な，リーダー行動の不動の2軸。課題解決の方向を示し，それに向けてメンバーに圧力をかけること（構造づくり）と，メンバー間に生じる緊張を緩和し，良好な人間関係を維持すること（配慮）	構造づくり，配慮
変革型リーダーシップ	変革時に現れる，構造をつくるのではなく，むしろそれを壊し，再構築することに焦点を当てたスタイル	理想化された影響，部下のモチベーションの鼓舞，知的刺激，個別配慮
サーバントリーダーシップ	人々を上から引っ張るのではなく，下支えするようなスタイル。人々が何を求めているのかに注意を向け，倫理的な意識を強く持ち，自己犠牲的であること	耳を傾けること，共感，癒し，気づき，説得，概念化，洞察，奉仕する心，人々の成長へのコミットメント，コミュニティ形成
オーセンティックリーダーシップ	リーダー自身が自己を知り，自己を受け入れ，自己に対して忠実であること	自分がどのように考え行動するかについての深い気づき，リーダー自身と他の人々の価値観や倫理的視点，自信があって希望に満ち，楽観的で，快活であり，かつ高い倫理意識を持つ，など

　フランス革命期のディドロやダランベール，公民権運動のマーティン・ルーサー・キング牧師，アメリカ合衆国大統領ジョン・F.ケネディなど，歴史の転換点に現れるリーダーには，このタイプが多いようです。

　2つめは，サーバントリーダーシップです。変革型リーダーシップは，歴史の転換期や変革期に現れる，どちらかといえば目立つ，ヒーロー型のリーダー像を示しました。それに比べるとサーバントリーダーシップが示すのは，もう少し謙虚でおとなしいリーダー像です。世の中を変革し，動かすのは，ハリウッド映画に登場するようなヒーロー型のリーダーではなく，もっと静かなリーダーである。彼（女）らは忍耐強く慎重かつ謙虚で，ものごとを行う際にも段階を経て進める。組織を変革する場合にも，フォロワーたちが何を求めている

かに注意を向け，倫理的な意識を強く持ち，自己犠牲的に振る舞うといいます。第1節で紹介した『東方巡礼』に登場するレーオは，その典型といえるでしょう。

　3つめが，オーセンティックリーダーシップです。これは，「自分がどのように考え行動するかについて深く気づき，リーダー自身と他の人々の価値観や倫理的視点，知識と強みに気づいていると他の人々によって知覚される人，彼らが処理する状況に気づき，自信があって希望に満ち，楽観的で，快活であり，かつ高い倫理意識を持つ人々」を指します。ポイントは，リーダー自身が自己を知り，自己を受け入れ，自己に対して忠実であるというところにあるといえるでしょう。これまでのリーダーシップ論が「フォロワーに対して何をするか」という外部に向けた影響に注目していたのに対し，オーセンティックリーダーシップは，フォロワーの価値観はもちろん，自身の価値観についても自覚的になった上で，高い倫理意識でもって行動することに注目します。大企業の幹部による不正が取り沙汰される中，リーダーに必要なのは単に成果を上げることではなく，人々を正しい方向へと導くことであるという認識が広まって，注目されている概念です。

　オーセンティックリーダーシップは，アメリカ企業メドトロニックのCEOであったビル・ジョージによって提唱された理論です。アメリカでは，2001年にエネルギー取引とIT事業を営むエンロンが，2002年には大手電気通信事業者のワールドコムが，巨額の粉飾決算発覚を受けて相次いで経営破綻に追い込まれました。2社のトップはいずれも，従業員・顧客・投資家などといった企業を取り巻くステークホルダーの利益よりも，また本来持っていたかもしれない自身の正義感よりも，自身の私腹を肥やすことを優先していたのです。ジョージによれば，真のリーダーとは，自身の「個性」を押し殺すことなく，自らが正しいと信じる価値観や倫理観に忠実に生きるものです。組織の中で働いている私たちは，ともすれば，周囲の甘いささやき，あるいは自分自身のちょっとした気の迷いによって，自らが正しいと信じる道，当初持っていた志とは違う行動をとりがちになります。そうした中でも自分自身の信念を保ち続け，心から正しいと信じられる価値観・倫理観に沿って行動できることが，オーセンティックリーダーシップにおいて重要な要素といえます。

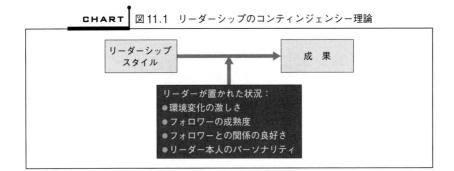

CHART 図11.1 リーダーシップのコンティンジェンシー理論

リーダーシップが機能する条件

　リーダーシップの研究は，当初，「いついかなるときも構造づくり（課題志向）／配慮（人間関係志向）の行動が有効だ」と主張していました。ところが，やがて，「構造づくりと配慮のいずれが有効かは，リーダーが置かれた環境に依存する」という議論が支配的になっていきます。具体的には，環境変化が激しかったりフォロワーの成熟度が低いときには，構造づくり型のリーダー行動が有効な一方で，環境が安定していたりフォロワーが成熟しているときには，むしろ配慮型のほうが有効だといわれています。

　同じように，変革型リーダーシップ，サーバントリーダーシップ，オーセンティックリーダーシップなども，いついかなるときにも有効なのではありません。これらもまた，置かれた環境の変化の激しさ，フォロワーの成熟度などを考慮して選択される必要があります。さらに，そうしたリーダーシップスタイルの選択については，リーダー本人のパーソナリティとの適合性も重要になってきます。組織の変革期という同じ環境にあっても，変革型のように人々の上に立ってイケイケドンドンで引っ張っていくのが得意な人もいれば，人々の声に耳を傾け，共感し，奉仕することで局面を乗り切る人もいるでしょう。

　このように現在では，「どのリーダーシップスタイルが高い成果をもたらすかは，そのリーダーが置かれた状況によって変わる」というのが一般的な見解となっており，これをリーダーシップの**コンティンジェンシー理論**といいます（図11.1）。

リーダーシップをあなたのものにするために

　リーダーシップ研究は，時代の移り変わりとともに，さまざまなリーダー像を私たちに示してきました。その歴史が示しているのは，2つの重要なメッセージであるように思います。

　第1に，リーダーシップは，一部のカリスマ的な経営者や偉大な指導者のためのものでは決してなく，他者とともに働くすべての人にかかわる問題だということです。特性理論や変革型リーダーシップなど，とくに優れた指導者を彷彿とさせるような理論も，たしかにあります。しかし，多くのリーダーシップ研究は，むしろ私たちのような一般的な人間が，どのような行動を心がければ，優れたリーダーとなりうるのかということに，関心を持ってきました。繰り返しになりますが，リーダーシップを他人事としてではなく自分事として捉えること，まずはこれが重要です。

　そして第2に，リーダーシップを学ぶ人は，ある特性や行動パターンを唯一最善のものとして捉えるのではなく，いろいろな状況，さまざまな部下との間の，一時的な関係性として捉えることが重要だということです。誤解を恐れずいえば，リーダーと部下が集まるたびに，その場その場で新たにリーダーシップが発生するとさえいえるのです。集まる人や状況が変われば，別のリーダーシップが求められるようになるし，まったく同じメンバーであっても，かつてはうまくいったリーダーシップスタイルが，次もうまくいく保証などどこにもありません。また時々のスタイルは，リーダー自身が自らのパーソナリティをも考慮して選択する必要があるでしょう。

　こうした点を踏まえた上で，本章の最後に，みなさんがリーダーシップを自分自身のものにするために重要となる，2つのポイントに言及しておきたいと思います。

┃ カギを握る「言語化」と対話 ┃

　1つめは，言語化です。日本では，「背中で引っ張る」「寡黙な」タイプのリ

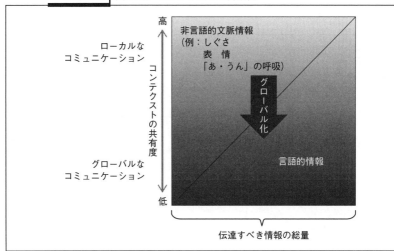

図11.2の縦軸は，さまざまな状況におけるコミュニケーションにおいて，言語を用いた具体的な情報が求められる度合いを表しています。家族との会話，普段一緒にいる友人，あるいは同じ国で育った同年代の仲間との会話であれば，ものごとについて逐一丁寧に説明しなくても，ある程度コミュニケーションが成立するでしょう。親しい間柄であれば，「ちょっと出ようか」というだけで，どこへ行こうとしているのか（屋内で場所を変えるだけなのか，外で店に入ったりするのか），そこで何をするのか（コーヒーを飲んで談笑するのか，食事をしながらの相談事か），どのくらいの時間を過ごすつもりなのか，といったことが伝わるかもしれません。なぜなら彼（女）らの間では，これまでともに過ごしてきた時間や共通する社会的・文化的な背景ゆえに，かなりの程度，コンテクスト（文脈）が共有されているからです。しかし，相手が同じ日本人でも世代が大きく離れた人であったり，さらには異なる国で生まれ育った人であったりした場合，言語による説明を省略したこのようなやりとりでは，十分な相互理解に到達することはありません。互いが共有するコンテクストがあまりない状況に

リーダーがよしとされる傾向が強かったと思います。「不言実行」が尊ばれるべき美徳であることは否定しませんが，少なくともグローバル経済の中で事業を営む企業にあっては，「不言」はもはや美徳ではなく，場合によってはリーダーシップの欠如であるとすらいわれかねないのです。

あっては，「○時から×丁目の交差点にあるカフェに行って，コーヒーを飲みながら1時間くらい仕事の話をしよう」というように，具体的に表現する必要があるのです。

　グローバル化とは，私たちがコンテクストを共有しないさまざまな人々とやりとりする機会がよりいっそう増えることにほかなりませんから，高い「言語化能力」が要求されます。気心の知れた仲間内では，「黙ってついてこい」とか「私の言う通りにしなさい」で済んでいたリーダーも，そうした中では，それをなぜしなければならないか，それをすることの意味は何か，といったところから言葉にして語りかける必要があるのです。もちろん，語学力はそのための大前提になるでしょうが，それ自体は問題の本質ではありません。

　その際には，人々とのコミュニケーションのあり方にも注意が必要です。「上司は偉い人」という前提に立って，一方的に指示を与えるようなやり方ではなく，フォロワーの意見を尊重しつつ自身の意見との相違を認識して相互理解に努めることや，誰もが発言したり意見を出しやすいような自由な雰囲気を作り上げることが必要になるでしょう。このようなやりとりの仕方を，ダイアローグ（対話）と呼びます。ダイアローグというコミュニケーションモードでは，「私たち」とか「わが社」といった曖昧な主語ではなく，各人が「私」という一人称でもって語ることが奨励されます。「わが社の慣例によれば，あなたはこれをすることになっている」というだけでは，コンテクストを共有しないフォロワーにとって，「これ」をする理由を説明してもらったことには，まったくなっていません。「私は○○という理由により，あなたにこれをしてもらいたいと思っている」というふうに，自身の意見として，説得力のある説明をすることが求められるのです。

　ダイアローグにおいては，やりとりによって強引に結果を出そうとするのではなく，必要に応じて結論を保留することも大切だとされています。双方が相手の意見の理解に到達していないのであれば，安易に決着させてしまわずに，「理解に到達していない」こと自体を互いに認め，対話を続けるべきだと考えるのです。その背後には，それぞれが異なる意見を持っているというのは決しておかしなことではなく，むしろ当然だ，しかも，そうした違いこそが新しいアイデアを生み出す源泉なのだという前提があります。こうした前提を踏まえ

て，組織や集団の中で率直な対話が行われる地盤を作ることが，これからのリーダーには求められるのです。

リーダーシップの持論を持つ

　リーダーシップを自分のものにするための，もう1つのポイントが，「ほかならぬ私自身が置かれた状況や自らのパーソナリティに合致した，**リーダーシップの持論を持つ**」ということです。研究者が提示したフォーマルな「理論」ではなく，あなた自身が自分の言葉で紡ぎ出した「持論」です。それは，どのようにして作っていけばよいのでしょうか。ここでは，リーダーシップの持論アプローチを提唱している金井［2005］に倣って，持論の作り方を説明していきます。

　私たちの頭の中には，これまでの経験やそれをもとに培われた知識・考えが無数に蓄積されていますが，その多くは，無意識に身につけたものであり，改めて考えてみることすらしないものです。たとえば，「腿に力を込め，膝を曲げながら段の高さに応じて脚全体を上方に引き上げて……」などと考えながら階段を上る人はいないと思いますが，それでも私たちは階段の上り方を間違いなく「知っている」のです。言葉にはしないが間違いなく知っている，こうした知識のことを暗黙知といいますが（▶第15章），リーダーシップについて学ぶためには，この暗黙知に注目する必要があります。

　具体的には，みなさん自身がこれまでにリーダーシップを発揮した経験を思い出し，どのようなときに人々がうまくついてきてくれたのか，反対に，どのようなときに人々はついてきてくれなかったかを内省し，思いつくキーワードを書き出してみてください。これまでにリーダーシップを発揮した経験がないという人は，これまでにみなさん自身がフォロワーとして接したリーダーのことを思い浮かべるのでも構いません。「自らがやってみせる」「優しく接する」「勇気を持つ」「頭がよい」「メンバーをサポートする」などなど，さまざまなキーワードが思いつくことでしょう。キーワードの抽出には，第②節までに学んだ，種々の理論も役に立つはずです。

　キーワードがあがったら，その中から，みなさんが現在所属している組織や集団の状況に最も合致したものをいくつかピックアップしてみましょう。たと

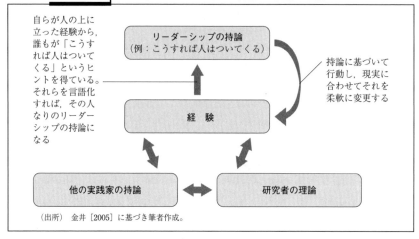

CHART 図11.3　リーダーシップの持論と研究者の理論

自らが人の上に立った経験から，誰もが「こうすれば人はついてくる」というヒントを得ている。それらを言語化すれば，その人なりのリーダーシップの持論になる

リーダーシップの持論
（例：こうすれば人はついてくる）

持論に基づいて行動し，現実に合わせてそれを柔軟に変更する

経　験

他の実践家の持論

研究者の理論

（出所）　金井［2005］に基づき筆者作成。

えば，みなさんが所属する集団のメンバーが高い能力の持ち主ばかりであれば，「自らがやってみせる」ことはあまり重要ではなく，各人がのびのびと活動できるように「メンバーをサポートする」ことのほうが重要になるかもしれません。コンティンジェンシー理論がいうように，自らが置かれた状況を具体的に特定し，そのもとで有効なリーダーシップスタイルを考えていくという作業です。

　こうしてでき上がったキーワードのリストが，みなさんのリーダーシップ持論になります。もちろんこれは，いったん書き上げたらそれで終わりではありません。リーダーシップの持論は，それを実際にも集団の中で実践してみて，必要であれば修正を加えて……というように，不断に更新していかなければなりません。「他社と合併した」「フォロワーに外国人が加わった」など大きな環境の変化があったときには，とりわけ大幅な更新が必要になる可能性が高いでしょう。いずれにしても重要なのは，みなさん自身の経験を経験のまま放置せず，「なぜうまくいったか／いかなかったのか」と内省し，それを自分自身の言葉にしておくことなのです。

KEYWORD

対人影響力　リーダーシップ　構造づくり　配慮　コンティンジェンシー理論　リーダーシップの持論

さらに学びたい人のために | **Bookguide** ●

- 金井壽宏［2005］『リーダーシップ入門』日経文庫。

  リーダーシップ研究の第一人者による入門テキスト。本章で学習した種々の理論はもちろん，読者が自身のリーダーシップを磨くための持論の作り方についても丁寧に解説されています。

- ジェームズ・M. クーゼス゠バリー・Z. ポズナー（関美和訳，金井壽宏解説）『リーダーシップ・チャレンジ（原著第5版）』海と月社。

  全世界で200万部のベストセラーとなったリーダーシップ論の本格的テキスト。内容は骨太ですが，文章は比較的平易であり，豊富な事例とともに記述されているので読みやすい一冊です。

- ロバート・K. グリーンリーフ（金井壽宏監訳，金井真弓訳）［2008］『サーバントリーダーシップ』英治出版。

  サーバントリーダーシップという概念を提唱した書物。多くのリーダーシップ論，および私たち自身が暗黙のうちに想定してきた，英雄的・カリスマ的で強いリーダー像を覆し，控えめで静かなリーダー像を提示して注目を集めました。

参考文献 | **Reference** ●

小野善生［2016］『フォロワーが語るリーダーシップ──認められるリーダーの研究』有斐閣。

金井壽宏［1991］『変革型ミドルの探求──戦略・革新指向の管理者行動』白桃書房。

金井壽宏［2005］『リーダーシップ入門』日経文庫。

Yukl, G.［2013］*Leadership in Organizations (8th ed., global ed.)*, Pearson.

第 **12** 章

メンバーの増加にどう対応するか

階層組織とマネジメントコントロール

EXERCISE　　イエス・キリストには 12 人の高弟がいましたが, そのうちの 1 人であるユダに裏切られてしまいました。これは, キリストですら 12 人の弟子を管理（?）するのが難しかったというエピソードとも考えられそうです。興味深いことに, 釈迦には十大弟子がいます。中には不肖の者もいたようですが, この 10 人が釈迦の教えに背くことはありませんでした。

　偉大な宗教家でも,「統制範囲」はせいぜい 10 人までなのでしょうか。統制範囲の原則という考え方を打ち出したフランスの経営学者（にして経営者）アンリ・ファヨールは, 1 人の管理者の指揮下では部下 4〜6 人が管理限界であるとしました。みなさんなら一度に何人のメンバーを管理できますか。あなたが直接, その性格・関心事・近況等について詳しく知っている人は, 身近に何人くらいいるでしょうか。

レオナルド・ダ・ヴィンチ「最後の晩餐」→
　（写真提供：Universal Images Group/アフロ）

↓棟方志功「二菩薩釈迦十大弟子」
　（写真提供：南砺市立福光美術館）

1 組織の成長と階層組織

組織の成長とメンバーの増加

　誕生して間もない組織は，創業者およびそれに近いメンバー同士の直接の相互作用によって，人々の目標と組織の目標とをすり合わせていることがほとんどです。今や世界的な大企業になった Apple も，スティーブ・ジョブズとスティーブ・ウォズニアックによる創業当時は，彼らにロナルド・ウェインら少数の仲間を加えた小規模な組織でした。そこにはまだ組織をコントロールするためのルールや制度などなく，また彼らの間には「命令をする人／される人」といった階層関係もありませんでした。この段階において彼らは，それぞれの間の日常的なやりとりによって，各々の目標のベクトルを合わせ，自分たちの行動を規制していました。

　組織を構成するメンバー 1 人 1 人が持つ人間としての人格は本来，個々さまざまですが，それらがそのまま組織の中に持ち込まれると，組織のマネジメントは混乱をきたしかねません。そこで経営者は，各メンバーが本来持っている人格（個人人格）を，組織としての目標達成にとって好ましい人格（組織人格）へと近づけていく必要があるのです。たとえば，普段，自分の利益を最大化することばかりを考えている人に対しては，組織の中で働いている間だけは，周囲の利益をも考えて行動するように仕向ける必要があるでしょう。しかし，このようなすり合わせも，誕生して間もない小規模な組織であれば，さほど難しくありません。

　3 人程度の組織であれば，それぞれが何をすべきかといった課題も，メンバー同士の話し合いによって，ある程度容易に解決することができます。A さん・B さんという 2 人がコミュニケーションをとるために必要な経路を 1 本と数えるとすると，N 人のメンバーがいるときに各人が全員とコミュニケーションをとるために必要な経路の合計は $N(N-1)/2$ 本になります（図12.1）。3 人のメンバーなら 3 本，4 人なら 6 本が必要になるとはいえ，少人数である限り，

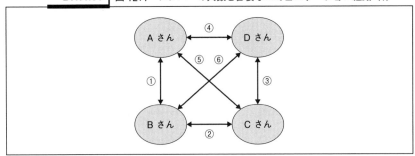

シンプルなコミュニケーションによる問題解決は可能なわけです。また，仮に誰かが仕事をサボったり，自分の目標だけを追いかけていたとしても，そうしたことはたちどころに全員の知るところとなるため，厳格なルールや制度などなくても，メンバーは誠実に働くことが期待できます。少人数組織では，ルールや制度はおろか，上位者すらいなくても，組織人格と個人人格のすり合わせが比較的容易なのです。

メンバーの増加が上位者を出現させる

ところが，組織が成長し，それに伴ってメンバーの数も増えてくると，そうはいかなくなってきます。4人だったメンバーが10人になるだけで，上記のコミュニケーション経路は6本から一気に45本にまで増えてしまいます。大人数でものごとを決める難しさの一部は，まさにこのコミュニケーション経路の複雑さにあるのです。

メンバーの増加に対して，多くの組織がとる対応の1つが，少数の上位者を立て，その下に他のメンバーを従属させるというものです。Appleでも，比較的早期に，ジョブズを頂点とした階層的組織ができています。こうすれば，コミュニケーション経路は$N-1$本まで削減されるため，10人のメンバーがいたとしても経路はたった9本で済みます（図12.2）。一定以上のメンバーを抱えるほぼすべての組織に，1人もしくは複数の上位者がいる最も重要な理由が，この点，つまりコミュニケーションコストの削減にあります。また，第11章で学んだリーダーシップの重要性も，ここにあるのです。

では，1人の上位者を立てれば，問題は解決するのでしょうか。メンバーが

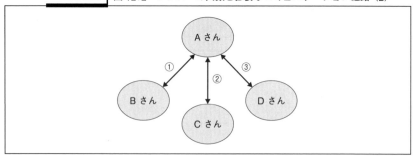

10人，20人，……，100人と増えていったとしても，図12.2のような体制を維持していれば，組織はうまく回るのでしょうか。多くの場合，そうではありません。なぜなら，上位者を立てれば全体としてのコミュニケーションコストはたしかに削減できますが，上位者となった1人にしてみれば，メンバーの増加はすなわち部下の増加であり，それは自分がコミュニケーションをとらなければならない相手が増えることを意味するからです。数人から十数人くらいならともかく，100人からの部下全員の個人目標を把握し，かつ，それらを組織全体の目標とすり合わせることは，どう考えても難しいでしょう。個人人格と組織人格のすり合わせは，ままならないことになります。一般に，1人の上位者が効果的にコミュニケーションをとれる部下の数は，経験的に15人以内とされており（5,6人が限界だという説もあります），このことを**統制範囲の原則**といいます（▶EXERICISE）。この原則ゆえに，メンバーが増加すると，図12.2のような1人の上司を頂点とした組織は，どうしてもコントロールの限界を迎えてしまうのです。

階層組織の登場

　前項で述べた理由により，多くの組織では，メンバーの人数が増加していくと，大きく分けて2つの対応策がとられることになります。1つめは，ピラミッド型の階層組織を作るというものです。もともとAさん，Bさん，Cさん，Dさんの4人しかいなかった組織に，Eさん，Fさん，Gさん，Hさんが加わったとします。すると，統制範囲の原則に従って，上位者Dさんの能力では，すべてのメンバーを管理することが難しくなってきます（図12.3(a)）。

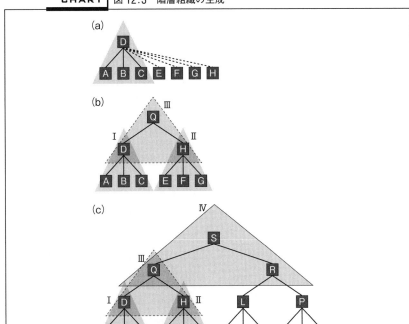

そこで多くの場合，メンバーを何らかの基準によって分割することになります。企業であればたとえば，営業を担うメンバーと，開発を担うメンバーを分けるといった分業を行います（▶第**13**章）。すると，図12.3(b)のⅠとⅡのように，2つ以上の小さな組織（2人の管理者）ができてしまうので，今度は，これら複数の組織間の情報伝達をスムーズにするための調整（▶第**13**章）が必要になります。それは，さらなる上位者を1人立てることで可能になるでしょう。こうして，ⅠとⅡを束ねる上位者Qさんが出現するのです。

もちろんQさんが管理できる範囲も限定されていますので，組織がさらに成長してメンバーがもっと増えれば，図12.3(b)のⅢにも統制範囲の原則に従ってコントロール不可能な状態が生じてしまいます。そこで，これをさらに別の部門として分割し，それらを束ねる上位者Rさんを指名することになります。そうなると当然，QさんとRさんの間を調整するために，より上位のSさんが出現することになります（図12.3(c)）。

このように多くの組織は，メンバーの増加への対応策として，少数の上位者と多数の下位者からなる階層組織を選択するのです。メンバーの増加によって生じたコミュニケーション経路の複雑化を解消するために，少数の上位者がまず立てられます。しかし，1人の上位者が統制できる範囲にはどうしても限界があるため，組織は結局，1人のトップを頂点として何層にも連なるピラミッド型になっていきます。とはいえ，このようにして階層組織を作り上げるからこそ，IやIIIといったサブグループの内部においては，上位者であるDさんやQさんが無理なくメンバー（Dさんにとっては A さん・B さん・C さん，Q さんにとっては D さんと H さん）を管理することができるのです。

　ただ，こうした場合，階層組織全体のトップは，サブグループの上位者であるDさんやQさんといったマネジャーたちに，どうやって自らの意図を伝達し，どのようにして組織に貢献してもらうか，彼らを通じて，より下位の組織メンバーをどのように動機づけて，組織のために貢献してもらうか，といった問題を考えなければならなくなります。この問題に仕組みで対処しようとするときに必要となるのが，メンバーの増加に対するもう1つの対応策である，マネジメントコントロールなのです。

マネジメントコントロール

マネジメントコントロールとは何か

　企業規模が拡大し，分業が進むと，組織に多数かつ多様なメンバーが所属することになります。こうしたとき，上述のような統制範囲の原則によって経営者のリーダーシップはどうしても限界に突き当たるため，それぞれの現場を理解するマネジャーたちに権限を委譲し，各人の役割に沿った目標と責任を与えて結果を評価するようにしていかなければならなくなります。またさらに，そのマネジャーたちにも統制範囲の原則は働くので，彼らも個別具体的な業務を担当するメンバーたちに（多かれ少なかれ）権限を委譲し，各人の役割に沿った目標と責任を与えて結果を評価しなければならなくなります。このようにする

ことによって，組織内に分散したメンバーたちを全体の目標と矛盾することなく動かすためにマネジメントする仕組みが，**マネジメントコントロール**です。

　ここでは，マネジメントコントロールを，「上位の管理者が，組織目標や戦略の達成に向け，より下位の管理者あるいは現場社員に対して影響を及ぼす体系的なプロセス」と定義しておきます。これはすなわち，個人人格を持つ管理者や現場社員を，体系的な仕組みを通じて，組織目標の実現に向けた行動へと導くためのプロセスだということになります。個人が組織に持ち込む個人人格と，組織にとって望ましい行動原理を持つ組織人格とをつなぐ，重要な仕組みといえます。

┃ マネジメントコントロールのサイクル ┃

　実際のマネジメントコントロールには，予算，業績の評価，報酬の決定，組織内の資源配分などといったさまざまな活動が含まれます。管理会計学者ロバート・アンソニーが，**マネジメントコントロールシステム**として示したプロセ

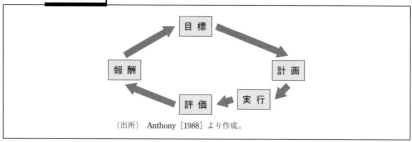

CHART 図12.4　マネジメントコントロールシステム

目標

計画

実行

評価

報酬

（出所）　Anthony［1988］より作成。

スを参考に説明してみましょう（図12.4）。

(1)　目標の設定

　トップが設定した組織目標と戦略を受けて，組織を構成する部門のトップであるマネジャーの目標が，まず設定されます。次にそのマネジャーの目標が，部門を構成する個々のメンバーの目標へと分解されます。たとえばある営業所において，「今期中に当該製品の売上高を昨年比110％に引き上げること」がマネジャーの目標であるとするならば，個々のセールスパーソンが，そのことに対してそれぞれどのくらい貢献する必要があるかというふうに，目標を次々と分解していくわけです。そうすることによって，各メンバーが自らの目標を達成すれば，その部門のマネジャーの目標が達成され，組織内のすべてのマネジャーの目標達成が，組織としての目標達成につながるといったように，積み上げていくと結果的に全体の目標が達成されることになります。

(2)　計　　画

　目標が「絵に描いた餅」とならないためには，その実現に向けた現実的かつ周到な計画を立て，その計画の進捗具合を管理する必要があります。ここで計画とは，将来とるべき行動のレパートリーや順序を，事前に決めておくことを指します。マネジャーレベルであれ現場社員レベルであれ，人々が従事する仕事には変化がつきものであり，しかも，どのような変化がいつ起こるかを事前に予測することは難しいのが現実です。このような状況下で，個々人がさまざまな変化に勝手に対応していては，組織目標の達成はままなりません。だからこそ，メンバーの行動の大枠をあらかじめ決定する必要があるのです。

　ではまず，どのように計画を立案すればよいのでしょうか。少なくとも5つの点を考慮する必要があります。

1つめは，誰が計画の策定に関与するかということです。計画はそれを実行する当人が策定するというのが一般的な考え方かもしれませんが，現実の組織においては必ずしもそうではなく，人事担当者や上司などの他者が策定した計画が提示されるということも少なくありません。この場合，設定された目標に対して当人をコミットさせるような工夫をしないと，その計画が守られる保証はないといえます。

　これに関連して2つめに，計画の内容と範囲が重要になります。当人あるいは当該部署は，何をどこまで行う必要があるのかということです。3つめは，その計画を実行するために必要なリソースを，明確にすることです。たとえば「売上高を昨年比2倍にする」という目標が設定されたとして，これを達成するためには，単に個々のセールスパーソンがこれまでよりも努力するというだけでなく，営業活動に割ける時間を増やしたり，場合によっては，営業活動に必要な資金を増やしたりする必要も出てくるかもしれません。目標が変われば，必要となる資源配分もまた変わるからです。

　4つめは，その計画をどのように業績評価と連動させるかということです。本来は個人人格に従って動く個人が，組織のために立案された組織目標を受け入れ，しっかりと達成するためには，彼らにその目標をほかならぬ自らの目標として受けとめさせるための工夫が必要になります。1つめのポイントとして述べたように，計画を他者が押しつけるのではなく，自分自身で納得するかたちに策定することも，その工夫の1つになりえますが，もう1つ重要なのは，目標の達成が事後的な業績評価と何らかのかたちでリンクしているということです。それが事後的に評価されると理解しているからこそ，私たちは目標の達成に真剣になれるのです。詳しくは（4）の業績評価で扱いますが，計画の段階でこの点を明確にしておくことが重要です。最後に5点めとして，計画を策定したり，その成果を報告したりする際の手続きやフォーマットをしっかりと用意することも，重要になります。

(3)　計画の管理と実行

　とはいえ計画は，あくまでそれを立てた時点での情報に基づくものでしかないわけですから，それを実行する段階になると，どうしても当初の想定通りには進まない部分が出てきてしまいます。そこで，進捗具合をチェックし，必要

に応じて当初計画を修正することが必要になります。それが計画の管理と実行の問題です。

　計画の管理のあり方には，大きく分けて2つがあります。1つめは，その計画を実行している当の本人が，自分自身で何らかのコントロールを行うものです。営業活動に携わるセールスパーソンが，日々の営業成果を踏まえてその翌日そのまた翌日と活動を時々刻々変化させていくように，仕事成果からのフィードバックを参考に，自ら修正行動をとる場合です。2つめは，上司によるものです。厳密にいうと，これは，問題が起こった場合などにリアルタイムで上司が仕事プロセスへ直接介入するタイプと，業績評価などを通じて事後的かつ間接的に介入するものとに分類されます。

（4）　業 績 評 価

　マネジメントコントロールの中でも，最も基本となる活動であり，かつ最も難しいのが，**業績評価**です。業績評価とは，個人の仕事成果を何らかの基準と比較することによって，その出来不出来を決定することを指します。従業員に支払える給与や組織の中にあるポジションは，多くの場合，有限です。したがって，ある人にたくさん給与を支払えば，その分だけ他の人に支払う給与が少なくなります。ある人を管理職のポジションに昇進させれば，他の人はそのポジションには就けなくなります。このように，組織内の個人は有限な資源をめぐって競争状態にあります。経営者は，そうした有限な資源を組織内の誰に配分するかを決定しなければなりません。そのための重要な仕掛けが，業績評価なのです。誰が高い給与やポジションを与えられるにふさわしいかについての情報を集めるという意味で，これを業績評価の情報システム機能と呼びます。

　業績評価にはもう1つ，何が評価されるかを明確化することによって，当人の関心や努力を方向づける，という重要な役割があります。たとえば，スマートフォン向けアプリケーションの開発エンジニアの評価について考えてみましょう。評価が「開発したアプリケーションの数」によって行われるならば，エンジニアたちは，アプリの質やユーザーの興味・関心はともかく，とにかくたくさんのアプリを開発しようとするでしょう。これに対して，「開発したアプリのダウンロード数」によって評価が行われるならば，エンジニアたちはユーザーの興味・関心を十分に考慮しつつ，アプリを開発するに違いありません。

このように，業績評価によって，資源配分の根拠を集めるだけでなく，会社は
メンバーにいったい何を求めているのかということを伝達することもできるわ
けです。これを業績評価の影響システム機能と呼びます。

（5）業績評価と報酬のリンケージ

業績評価が機能するためには，評価される当人が，評価されているというこ
と自体に十分な注意を払い，それを重要なこととして受けとめなくてはなりま
せん。学業成績を上げることにまったく興味のない子どもに，テストの点の良
し悪しが何の影響も与えないように，当人に重要なこととして受けとめられて
いない業績評価が，その人の行動や意識に影響を与えることはありません。
そこで多くの企業が導入しているのが，業績連動型報酬制度（pay for perfor-
mance）というものです。業績評価結果を，当人に提供する報酬に反映させる
ことによって，業績評価に対する関心を高め，かつ仕事行動への動機を高めよ
うという考え方です。たとえば多くのアメリカ企業においては，個人の業績評
価がその人の受け取る報酬へ直接的に反映されており，自分の成果が報酬につ
ながることが，次の期においてその人が新たな目標を受容する動機を提供する
というふうに，図12.4のようなサイクルがしっかりと回っているのです。

業績評価の結果をどのくらい報酬に反映させるかということは，組織にとっ
て重要な選択事項です。上述のように，多くのアメリカ企業が両者を密接にリ
ンクさせているのに対し，これまで日本企業においては，このリンケージが必
ずしも強くありませんでした。より具体的にいうと，日本企業においては，目
標を設定し，計画へと落とし込み，評価はするものの，それを直接的に当人の
報酬へはリンクさせないのが，むしろ一般的でした。そして，目標→計画→評
価という仕事のサイクルとは別に，上司や周囲のメンバーによって当人の仕事
ぶりや態度などを評価し，それを報酬決定の根拠にするということが行われて
きたのです。つまり，少なくとも従前の日本企業のマネジメントコントロール
は，アンソニーが想定したような「サイクル」になっておらず，計画の実施を
管理する管理会計システムと，それとは別に，個人の仕事の出来を評価し報酬
を決定する人事システムとに，2分割されていたといえます。

3 業績評価をめぐる新しい動き

業績連動型報酬の見直し

　日本においても2000年以降，成果主義という名のもとに多くの企業がこの業績連動型報酬制度を導入してきましたが，必ずしも評判がよくありません。それは，端的にいうと，日本企業の組織のあり方と業績連動型報酬制度との間に不適合があるからです。業績連動型報酬が機能するためには，評価される側の社員自身が自らの成果に対して十分な影響を及ぼせること，したがって当人に十分な権限が委譲されていることが必要になります。当人の成果のほとんどが景気変動などの外的な要因によって決まってしまったり，成果の良し悪しにかかわる行動の選択がほとんど上司に決められてしまうにもかかわらず，それに報酬が左右されるようでは，本人はたまったものではないでしょう。ところが多くの日本の組織において，そうした権限委譲はまだ十分に進んでいません。業績連動型報酬制度を成功させるには，加えて，当人の仕事成果を測定するための信頼に足る指標が欠かせないのですが，これを得ることは容易ではありません。とくに日本企業の場合，アメリカ企業などと比べて，職場における個人の仕事の境界線がきわめて曖昧であることが指摘されており，そのため，何をもって個人の業績と見なすかを明確に決めることが難しいのです。

　そのほかにも，業績連動型報酬制度に関してはいくつかの問題が指摘されています。具体的には，①それが仕事の成果として測定しやすい部分だけに焦点化するため，社員の関心や努力の配分が，その測定しやすい部分に偏ってしまうという問題，②しばしば数値化できる仕事業績に注目するため，社員の関心が短期的な業績の最大化に向かってしまい，より長期的な行動が犠牲になってしまうという問題，③金銭的な報酬を前面に押し出すことで，人々の仕事に対する内発的な動機づけが阻害されうるという問題，などです。

業績評価の廃止？

　こうした反省を受けて，一部の企業では，業績評価そのものを廃止する動きが出始めています。たとえば，IBM，アドビ，デル，マイクロソフト，デロイトトウシュトーマツ，アクセンチュア，プライスウォーターハウスクーパース（PwC），GAP，GE などが，業績評価を廃止したか，あるいは廃止を検討しているといわれています。その背後には，3 つの社会的なトレンドがかかわっています。

　第 1 に，企業にとって知識労働者の重要性がますます高まっていることがあげられます。高度な知識を持ったメンバーを採用し，つなぎとめることが必須になっているために，人材の流出につながり不満要因になりうる業績評価を廃止するという側面があるのです。第 2 に，絶えず変化する市場ニーズに応えて，迅速にイノベーションを行う必要が高まったことがあげられます（▶第 1 章）。VUCA，つまり環境の変化が激しく（volatility），不確実性が高く（uncertainty），ものごとの複雑性（complexity）と曖昧性（ambiguity）が高い今日，組織はもはや，過去と同じ業務を個人に与えられなくなっています。したがって，連綿と続いてきた業務に対して，以前と同じように評価を行い，成果を上げさせることには，あまり意味がなくなってきているのです。そして第 3 に，多くの仕事が個人ではなく，チームによって行われるようになってきていることがあげられます（▶第 14 章）。業績評価の基本的な発想は，職場内のメンバーを相対的にランクづけして，給与やポジションの配分を行うことにあります。ところが，チームによって業務を行うのが主体になっているのであれば，そうした個人ごとの評価はむしろ廃止し，人々の意識がチーム全体へと向かうような仕掛けが必要になります。

　こうした変化を背景に，業績評価を廃止した企業では，年度に 1 回行われるような業績評価に代え，上司と部下が仕事の進捗確認や能力開発などに関して頻繁にやりとりすることを通じて，メンバーの業績を定性的に管理しつつ，彼らの視線を自身の成長や能力の伸長といった，より長期的な部分へと向けさせるような取り組みを始めているのです。

　しかし他方で，世界的な会計ファームであるデロイトや PwC など，一度廃

止した業績評価の仕組みを復活させ，さまざまな観点から構成される数値による評価を導入し始めている企業があることも，また事実です。こうした企業では，これまでのように数値によって人々の業績を単に管理するだけでなく，上司が評価した結果を本人の成長につながるようなかたちでフィードバックするということに重点が置かれています。従来のように年単位で行われる評価の場合，メンバーを年度ごとに評価し，その評価に基づいて給与やポジションを分配することになるため，メンバーの意識がどうしても短期的な業務の遂行や業務上のミスをなくすことに向けられ，反面，将来の業績向上やさらなる成長に向けた学習といった組織の長期的な存続につながる活動が犠牲になってしまうという反省があるためです。

　このように業績評価をめぐっては，「これが正しいやり方だ」というものがあるわけではありません。むしろ経営の現場では，上述のように，一方で業績評価を廃止して上司と部下のより定性的なやりとりへと切り替えている企業があるかと思えば，他方で業績評価の定量化を進めているところもあるのが現実です。ただいずれの場合も，単に部下をコントロールするのではなく，メンバーを成長させ，さらに能力を開発することへと，経営者の意識が向かいつつあるのは間違いないといえそうです。

診断型のコントロールと相互作用型のコントロール

　本章では，さまざまな仕組みを通じて，個人人格と組織人格とをどのようにすり合わせ，人々をどのようにマネジメントするかということを考えてきました。少なくともこれまで，業績評価を含めたマネジメントコントロールは，組織内の部門や個人の活動状況について，事前に目標を設定したり，計画を立てたり，実績値を測定したりしながら，いわば医師の健康診断のように観察・介入するイメージに近かったといえるかもしれません。仮に異常が認められた場合には，経営者なり上司なりがそこに介入し，問題の解決にあたるという意味でも，診断的といえるでしょう。このようなかたちで行われるマネジメントコントロールを，**診断型コントロール**と呼びます。

　これに対し，前項で紹介した業績評価を廃止した企業で行われているのは，診断というよりはむしろ，組織内の人々の相互作用によって組織の秩序を保つ

というやり方です。こうしたやり方を**相互作用型コントロール**と呼びます。この場合，経営者や上司は，特定の業績指標に注目して，それを頻繁に測定し，その推移を注意深く見守りながら，組織内で何が起こっているのかということをコミュニケーションを通じて把握しようとします。部下のほうも経営者や上司が注目している業績指標を理解しており，経営者からの問いかけに応えるべく，必要な情報を集めたり，その数値を高めるために必要な学習に取り組んだりします。このように，業績を測定することで上司と部下のコミュニケーションを活性化させ，組織内で学習が活性化することを目的としたのが，相互作用型コントロールなのです。

　2つのコントロールは決して排他的なものではなく，1人の経営者がその両方を追求することもしばしばあります。それどころか，相互作用型のコントロールを通じて組織内のコミュニケーションを活性化させるためには，その前提として，診断型のコントロールをしっかりと実行することが必要になるともいえます。いずれにせよ，明確な指標として測定できないものはコントロールすることができない（no measure, no control）という考え方が，きわめて重要になるのです。

▍見過ごせない個人目標の重要性 ▍

　第1節の冒頭で述べたように，組織の中の個人は，組織人格と個人人格という2つの人格を持っており，それゆえに，個人が目指す目標もまた二重になります。だからこそマネジメントコントロールのような仕組みが必要になるわけです。本章で解説したのは，いかにして個人の人格を組織人格へと近づけるか，個人目標だけでなく組織目標の追求へと向かわせるか，ということでした。

　しかし他方で，いかに組織目標を前面に出すことに成功したとしても，個人が究極的に追求するのは個人目標であるということもまた，事実なのです。経営者や管理者の役割は組織人格と個人人格とを近づけ，個人にとっての組織目標の重要性を高めることではありますが，そのことが，個人が持つ人格を歪めたり，その人が追求する目標を諦めさせたりするようなことであってはなりません。すべてのメンバーが個人人格のみに基づいて行動し，個人目標だけを追求する組織がうまくいかないのは当然ですが，他方で，すべてのメンバーが個

人人格を捨て去り，組織目標のためだけに動いているような組織もまた，健全とはいえません。こうした二重性をどのように統合し，バランスさせるかということが，経営者や管理者の重要な役割なのです。まだ確定的な答えは出ていませんが，経営学の最先端では，個人人格を犠牲にすることなく，ありのままを受け入れ，かつ，組織としての成果も同時に達成することはいかにして可能か，という議論も始まっています。

KEYWORD

統制範囲の原則　　マネジメントコントロール　　マネジメントコントロールシステム　　業績評価　　診断型コントロール　　相互作用型コントロール

さらに学びたい人のために　　　　　　　　　　　　　　　　　　Bookguide ●

- 江夏幾多郎［2015］『人事評価の「曖昧」と「納得」』NHK 出版新書。

  人的資源管理論の研究者が，人事評価の新しい側面について独自の視点から議論した良書です。人事評価は本質的に曖昧なものになるのに，私たちはそれに納得し，受け入れることが多いのはなぜか。多くの事例とともに，人事評価の面白さ・難しさを論じた一冊です。

- 伊丹敬之・青木康晴［2016］『現場が動き出す会計——人はなぜ測定されると行動を変えるのか』日本経済新聞出版社。

  「人は測定されると行動を変える」という管理会計の本質についてわかりやすく説明した一冊です。管理会計，とりわけマネジメントコントロールの入門書としても，また種々のマネジメントコントロール理論を実際のマネジメントに用いるためのビジネス書としても読むことができます。

- 横田絵理・金子晋也［2014］『マネジメント・コントロール——8 つのケースから考える人と企業経営の方向性』有斐閣。

  マネジメントコントロールの考え方，仕組み，落とし穴を，豊富なケースとともに紹介しています。大学に所属する研究者と，監査法人に所属する実務家のコラボレーションによる書物であり，花王やキリン，パナソニックなどの事例も豊富かつ丁寧に紹介されているため，アカデミックでありながら実践的でもあります。

沼上幹［2004］『組織デザイン』日経文庫。

Anthony, R. N.［1988］*The Management Control Function*, Harvard Business School Press.

第 **13** 章

機能する組織を作るには

組織デザインの原則と課題

EXERCISE みなさんは，大企業で働きたいと思いますか。大企業は，実績，豊富な資金力，優秀な人材といった，さまざまな魅力を有しています。しかし他方で，多くの大企業について，遅い意思決定や縦割り主義（セクショナリズム），社内政治の横行など，問題のある状況が報告されています。これらの兆候は，「大企業病」と呼ばれることもあります。

下図は，リクルートマネジメントソリューションズが 2015 年に実施した調査の結果です。この調査では，従業員数 500 人以上の企業で働く男性正社員を対象に，「自分の勤める企業が大企業病だと思うか」を尋ねています。この図から，従業員 1 万人以上の企業では 7 割以上の人が，それ以下の規模の企業でも約半数の人が，自分の会社は大企業病にかかっていると感じていることがわかります。

なぜ，実績も資源も豊富な大企業が，このような問題ある状況に陥ってしまうのでしょうか。組織の規模が大きくなると，事業の進め方や従業員の仕事の仕方にどのような問題が生じるのか，考えてみてください。

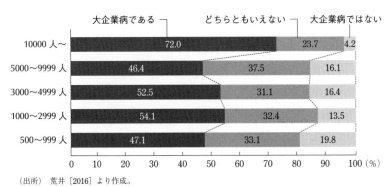

（出所）　荒井［2016］より作成。

1 組織デザインの基本

分　業

　組織を作ることの大きなメリットは，複数の人々が集まることで，1人では
なしえない大きな仕事が可能になることにあります。しかもそうした仕事を，
1人1人は「普通」の人々の集まりによって，成し遂げることができるのです。

　具体的な例で考えてみましょう。みなさんが小さなゲームソフト制作会社を
立ち上げたとします。この会社の経営には，少なくとも4つの作業が必要です。
作業内容およびそれぞれの作業に必要な知力と体力を，表13.1にまとめまし
た。

　これらの仕事を4人で行う場合，どのような人たちを採用し，その人たちに
どのように仕事を割り振れば，最も効率的でしょうか。すべての仕事を全員で
一緒に行うのであれば，知力と体力をともに高いレベルで持ち合わせた（知力
が90，体力が90）人材を，4人採用しなければなりません。みなさんの企業が
飛び抜けて魅力的なら，そのようなことも可能かもしれませんが，これはあま
り現実的とはいえないでしょう。実際に多くの企業がとっているのは，この4
つの仕事を4人のメンバー各々に分担させることにして，ABCDそれぞれの
仕事に必要な知力と体力を持った人材を採用するというやり方でしょう。ある
いは，先に所属メンバーが決まっていたとしても，相対的にそれぞれが得意な
領域に応じて，仕事を割り振るということをすると思います。いずれの方法を
とるにせよ，知力が90，体力も90のスーパー人材を採用するよりも，はるか
に現実的でしょうし，作業を分担することで，ごく普通の人々でも質の高い仕
事を達成できるのです。

　作業を割り振ることのメリットは，これだけではありません。熟練や学習が
促進されるという点もあげられます。個人個人が特定の仕事に専念すると，よ
り早くその作業に習熟できるようになります。また，各人の習熟が進めば，そ
の分，全員が速く仕事を完遂でき，そのことによって同じ作業をより多く経験

	業務名称	業務内容	必要な知力	必要な体力
A	企画	非常に高い知的能力を必要とするが，主としてデスクワークであり，体力はあまり必要ない	90	10
B	ゲーム開発	プログラム言語を駆使し，長時間パソコンの前に座って製品を開発する作業であり，高度の知的能力と体力を必要とする	70	70
C	事務サポート	書類の印刷や必要な物品の発注などであり，知的能力も体力もさほど必要ではない	20	20
D	営業	開発された製品をひたすら売り込む作業であるため，知的能力はほとんど要らないが，相当な体力を必要とする	15	90

できるため，深い知識を得やすくもなります。

　このように，目標を達成するために必要な複数のタスクを，複数のメンバーに割り振って仕事をすることを，一般に**分業**と呼びます。分業することによって，ごく普通の人たちの集まりによって大きなことを効率よく成し遂げられるようになるというのが，組織を作る最大のメリットなのです。組織のデザインを考える上では，この分業という考え方がきわめて重要になります。というのも，メンバーにどのように役割を割り振り，分業させるかということは，組織のかたちを決定することそのものにほかならないからです。

▌調　整▐

　とはいえ，仕事を割り振ったら後は個々人に任せてしまえばよいわけではありません。組織の目標は，個々の細かい作業それぞれを完遂することではないからです。先ほどの例でいえば，ゲーム会社の目標は，ゲームを制作して販売することにあります。そのためには，個々人がまったくバラバラに作業をしていてはいけません。開発作業を進めるためには，企画内容を知る必要がありますし，営業活動をするにも，企画内容や開発の進捗状況を把握していなければ，顧客に売り込めないでしょう。つまり，分業した作業は，どこかでまとめたり，必要に応じて他の作業との整合性がとれるように修正したりしなければならないのです。このように分業した作業をまとめていく作業を，一般に**調整**と呼びます。調整は組織において非常に重要な活動です。作業を割り振って終わりにしてしまうというケースは，じつは少なくありませんが，それではせっかく作

業が進んでも，全体はバラバラになってしまいます。調整には，大きく分けて以下の3つの活動があります。

(1) 相互すり合わせ

調整のための最も簡単かつ重要な方法は，担当者同士が直接話し合って，相互にすり合わせるというものです。ゲーム会社の例でいえば，企画担当と開発担当が話し合ってプログラム可能なようにゲームの企画を変更するとか，営業が顧客や販売店の要望を企画に伝えて，ゲームの企画を変更するといった活動が，これに該当します。この例のような4～5人程度の会社であれば，多くの調整は，このように相互に直接コミュニケーションをとって行われることになるでしょう（▶第12章）。

(2) 管理者の創設

組織がより大規模になり，作業が多岐にわたってくると，担当者同士が直接にすり合わせるという活動の負荷が，非常に高まっていきます。関連する人間がかなり多くなった組織で都度コミュニケーションをとっていると，プロセスはきわめて複雑になってしまいます。

こうした点を解消するために多くの場合，作業の遂行者とは別に，調整の役割を担う管理者を置くことになります。何か問題があれば，その管理者に報告し，問題の処理にあたってもらうという構造です。個々の担当者は，いちいち当事者を探して相互にすり合わせるのではなく，管理者に連絡をすればよいだけになるので，コミュニケーションのパターンが非常にシンプルになります。

大規模な組織ほどプロジェクトマネジャーやリーダーを置くことが多い理由の1つは，こうした調整や問題対応を担う役割を置くことが有効だからです（▶第12章）。管理者や上司の役割について，これまでの章ではリーダーシップを発揮したり指揮命令を行う立場として説明してきました。彼らは，それに加えて，ここで説明したような問題解決や調整の役割も担っているのです。

(3) 標準化

調整問題に対処するもう1つの方法は，そもそも調整の必要がないように，あらかじめ何をすべきかを明確にしておくことです。これを**標準化**と呼びま

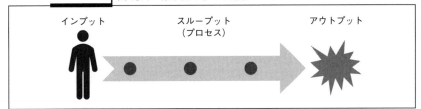

インプット　　　　スループット　　　　アウトプット
　　　　　　　　　（プロセス）

す。標準化を行うことで，事前に個々人のやるべきことが明確になるので，いちいち話し合って決めたり，管理者に判断を仰いだりする必要がなくなるのです。標準化には，以下の3つのパターンがあります。

　1つめはプロセスの標準化です。専門的にはスループットの標準化といいますが，プロセスといったほうがイメージがしやすいでしょう。これは，個々人が作業するプロセスをマニュアル化し，それぞれの標準的な作業手順をあらかじめ定めることです。そうすれば，各人の作業がすべて事前に決められており，変わることもなくなるので，作業が始まった後には調整の必要がなくなります。とはいえ，マニュアルを作成するのにも負担はかかるので，仕事の頻度があまり高くない場合には当事者同士で話し合って解決したほうが簡便かもしれませんが，頻繁に行う仕事でその都度調整するのは手間ですので，プロセスを標準化することのメリットが大きくなります。マクドナルドのようなファストフードチェーンが，あれだけ短時間で大量の顧客に対応できるのは，このプロセスの標準化が大きく寄与しているといえるでしょう。

　2つめはアウトプットの標準化で，これは作業の成果物の要件をあらかじめ特定しておくことです。一般的には，プロセスのマニュアル化が難しい場合に，アウトプットの標準化が行われます。たとえば，事前に設計図を示し，その通りに作ることを要求したり，成果の目標やノルマを定めておくことなどです。工場での作業のように，作業条件が非常に安定的な場合には，プロセスの標準化が有効ですが，営業の仕事のように，1回1回さまざまな場所に行き異なる顧客を相手にするといった場合には，すべてをマニュアルで事前に定めておくことがきわめて困難です。このように，作業のプロセスに不安定な要素が多い場合には，アウトプットの標準化が行われることになります。

そして，アウトプットの標準化も難しい場合に行われるのが，3つめのインプットの標準化です。インプットとは仕事に投入される要素を意味し，原材料などのモノと労働力であるヒトが含まれます。ここで重要なのは，労働力であるヒトを標準化することです。ヒトの標準化とは，仕事に携わる従業員に，自分で仕事を進められるだけの知識や能力を身につけさせることです。そうすることで，プロセスをマニュアル化しなくても，また事前に成果についての明確な取り決めをしなくても，組織が求める成果が自然と達成されることが期待でき，後の調整の必要性を下げることができるのです。

　インプットの標準化の具体例としては，採用に基準を設けて必要な能力を持っている人を雇う場合もありますし（第9章），入社後の育成によってそうした知識や能力を獲得してもらう場合もあります。また，特定の価値観を共有してもらうために，従業員に組織文化を浸透させることも，インプットの標準化の一例です。

　このように，組織の大規模化に伴って，調整の必要性は大幅に高まっていきます。それに対処するために，関係者が直接集まって調整するだけでなく，管理層の創設や標準化を用いて，組織をデザインする必要が出てきます。そうすることで，大規模化しながらも，調整をスムーズに行うことができるようになり，組織としての効率性を保つことが可能になります。

② 組織におけるヒトの問題

┃ 組織デザインを機能させるのはヒト ┃

　組織デザインの基本に則って，必要な作業に応じて分業を行い，必要な調整のための手段を確保すれば，原則的には，どれだけ大規模な組織でも効率的な運営が可能になります。これはある意味で，人の組織も，機械と同じように設計図を作ることで，組織全体としての目標を達成できるということに等しいといえます。しかし，当然のことながら，実際に作業をするのは個々の人間です。

効率性を考えて作業を割り振ったとしても，機械と同じように自動的に作業をしてくれるとは限りません。あまりにもつまらない仕事だと飽きてしまってサボるようになることもあるでしょう。すなわち，以下に示すような「人」の問題に配慮しなければ，組織は適切に機能しなくなってしまうのです。

(1) モチベーションの低下

　第1の問題は，分業を推し進めることによる働く人々のモチベーションの低下です。個々の作業に分業することは，たしかに組織としての効率性を高めるのですが，他方で作業者にとって仕事をつまらなくさせることにつながってしまうことが多々あります。あまりにも細かい作業に分業をしすぎてしまうと，作業自体が単調となりがちなのに加え，そもそも何のためにその作業があるかという意味を見失いがちになってしまうからです。組織全体では社会に貢献する素晴らしい事業を営んでいたとしても，その中のごく一部の作業しか担当しない人から見れば，自分が社会貢献をしていることを実感できず，淡々と作業をこなすだけになってしまうのです。また，作業があまりにも細かくなると，自分で考える余地がなくなったり，すぐに習熟してしまって作業者の学習余地が狭まってしまうことも，モチベーションを低下させる要因になることがあります。

(2) 価値観の分化

　第2の問題は，分業の結果として，それぞれの作業に従事する人々の考え方や価値観が異なるものになっていくことです。人間は，自分の直面している状況や環境に応じて，自分の考え方を変化させていきます。みなで同じ作業をしているときには，組織として何が重要で，自分たちは何をすべきかといったことについて，おおむね共通した認識を持つことができます。しかし，それぞれが違った作業に従事していると，見ているものが異なるがゆえに，それぞれの考えていることに齟齬が生まれてくるのです。たとえば，みながよいゲームを作りたいと思っていたとしても，開発は，開発作業の観点からあまり複雑なシステムにならないゲームのほうが安定的でよいゲームだと考える一方で，営業は，ユーザーがいろいろな遊び方のできるほうがよいと考えて，次々と新しい機能を要求してくるかもしれません。

　もちろん，求められるものが違うから分業をしているわけであって，こうし

た状況はある意味自然に発生するものでもあります。そうであるからこそ，分業だけでなく，調整という活動が必要になるともいえます。注意しておく必要があるのは，分業によって人々の価値観が異なるものになってしまうために，調整が想像以上に難しい場合があるということです。

（3） コミュニケーションの減少

第3の問題は，分業してそれぞれの部署や部門に分かれると，日常的には同一部署・部門内で働く人々の間でコミュニケーションをとることが基本になり，部署や部門をまたぐコミュニケーションが著しく減少するということです。これも，分業を行ったことの当然の結果ではあるのですが，人をグループに分けるとグループ内でのコミュニケーションは濃密になる一方で，グループをまたぐコミュニケーションは大きく減ってしまいます。それに加えて，前述の通り，価値観や認識がしばしば部門ごとに異なるものになってしまうため，いざコミュニケーションをとろうと思っても話が合わないと感じることが多くなり，よりいっそうコミュニケーションをとろうとしなくなります。高校生がクラス替えによって今まで同じクラスだった友人とあまり遊ばなくなったりするのと，同じような現象といえます。

┃ 組織が成立するための要件 ┃

上述のような問題があるため，組織のデザインにあたっては，分業と調整の体制を整えるだけでなく，そこで実際に働く人々に注意深く気を配らなければなりません。そうでなければ，組織という体裁をとっていたとしても，実際にはうまく機能しないということが起こってしまうのです。このことは，組織の定義として世界中で最もよく用いられている，チェスター・I. バーナードによる定義を見ると，よくわかります。バーナードは，組織とは「2人またはそれ以上の人間の意識的に調整された活動または諸力の体系」であると考え，組織が成立するための要件として以下の3つをあげています（バーナード［1968]）。

① 共通目標──メンバーが目標を共有していること
② 貢献意欲──メンバーが目標を共有するだけでなく，それに貢献しようという意欲を持っていること
③ コミュニケーション──意欲のある人たちが共有された目標を効果的に

達成するために，個々人に組織の目標を伝え，個々人の活動を目標達成の
ために意識的に調整できていること

　3つの要件に示されているように，組織が機能するためには，メンバー全員
がきちんと目標を共有し，その目標に貢献しようという意欲を持っている必要
があります。その上で，適切にコミュニケーションをとり，互いの意思疎通を
しっかりと行う必要があるのです。ところが，分業することで，しばしば，目
標の共有や貢献意欲を維持し続けることが難しくなります。コミュニケーショ
ンも，部署や部門をまたいでは困難になっていきます。3つの要件のうちどれ
か1つでも欠けていれば，そこに組織があるとはいえません。そのため，大規
模な組織になればなるほど，形式上はしっかりしていても，バーナードがいう
ような真の意味での組織とは呼べない状態が起こりやすくなってしまいます。

　こうした事態を防ぐには，何が必要なのでしょうか。求められるのは，分業
だけでなく，調整のデザインに大いに気を配ることです。部門間にも相互接触
の機会を適切に設ける必要がありますし，それだけでは調整の負担が大きいよ
うなら，管理者などの上位者の設定や標準化を行う必要も出てくるでしょう。
管理職のポストを設けたりマニュアルによって標準化を行うことは，一見する
と機械的で，組織をより硬直的にしてしまうように思えるかもしれませんが，
必ずしもそうではありません。マニュアルがあることで，軽微な問題は事前に
片づくようになるため，人々は重要な調整に専念することができますし，部門
をまたいでも認識を揃えやすくなるという側面もあります。何よりも，これら
の手段だけに囚われずに，直接的なコミュニケーションの機会をしっかりと確
保し，3つの調整手段を組み合わせることが重要なのです。

3　企業組織を理解する

　それでは本節で，実際の企業組織がどのようなものなのかを見ていきましょ
う。組織デザインの原則はこれまで説明した通りですが，実際の大規模な企業
組織では職種がさまざまに分かれ，また企業ごとに組織の作り方も異なってい
ます。

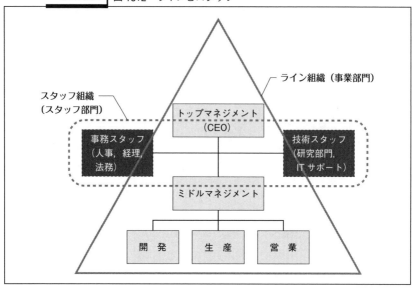

CHART 図13.2 ラインとスタッフ

ライン組織（事業部門）

スタッフ組織
（スタッフ部門）

トップマネジメント
（CEO）

事務スタッフ
（人事，経理，
法務）

技術スタッフ
（研究部門，
IT サポート）

ミドルマネジメント

開 発　　生 産　　営 業

ライン系とスタッフ系

　職種の違いの中で大きなものの1つが，**ライン系**と**スタッフ系**という2系統の区別です（図13.2）。ライン系とは，事業運営に直接的にかかわる活動を担う職種であり，典型的には開発・生産・営業といった職種・部門が該当します。これらの職種は，トップマネジメント（CEO：chief executive officer，最高意思決定者）から部門長，課長といった縦の1つのラインでつながっているために，ライン組織と呼ばれています。事業に直接携わっているために，事業部門と呼ばれることもあります。一方，スタッフ系とは，事業運営に間接的にかかわる職種のことを指します。人事部門や経理部門のような事務スタッフや，基礎研究を行うような研究部門，IT サポート部門といった部門が，これに該当します。彼らは原則的には，トップマネジメントへの助言や，事業運営にかかわるライン組織への支援機能を担います。

　第1節のゲーム会社の例でいえば，企画・開発・営業がライン系に該当し，事務サポートがスタッフ系の職種だといえます。スタッフ系の仕事は，事業活動に直接はかかわりませんが，組織運営の効率性を確保する上で非常に重要で

す。たとえば人事部門は，従業員の採用や育成を担うため，実際にラインで働く人々がどのような能力を有するかに大きくかかわっています。IT 部門は，企業の IT システム全般の管理運営を担い，近年の IT 技術の進歩によって事業活動の成否にも大きく影響してくるようになっています。また，ライン系の人材が個々の事業を担っているのに対し，スタッフ系は組織全体を広く見て仕事を遂行する必要があるという点でも違いがあります。

　ゲーム会社の例のように従業員があまり多くない場合には，スタッフ系もライン系も，とくに部署には分けず，同じ組織で違う仕事をするというだけになるでしょう。しかし，組織のメンバーが 100 人，200 人と増えてくると，職種の同じ人たちを部署としてまとめたほうが，部署内でのコミュニケーションがとりやすく，仕事がしやすくなります。そのため，職種に応じて部署を分けるということが生じるのです。

┃職能制組織と事業部制組織┃

　企業の規模が拡大し，さまざまな事業を営むようになると，事業運営に携わるライン組織の作り方に，企業間で違いが見られるようになってきます。典型的な 2 つのパターンが，**職能制（機能別）組織**と**事業部制組織**です。図 13.3(a)と図 13.3(b) は，ともに，パソコン・AV 製品・白物家電という 3 種の製品を生産・販売しているエレクトロニクスメーカーの組織図の例です。

　機能（function）とは，1 つの事業を遂行するのに必要な個々の作業のことであり，職能とも呼ばれます。典型的には，研究開発，生産，営業といった機能があります。機能別組織とは，これら個々の機能に応じて，組織を分割するものです。図 13.3(a) では，研究開発部門，生産部門，営業部門といった機能部門に組織を分け，それぞれの部門にパソコン担当・AV 製品担当・白物家電担当が所属しているという構造になっています。

　他方で，事業部制組織（multi-divisional form）とは，製品・市場分野や地域といった一定の軸によって，部門を分ける組織形態です。図 13.3(b) では，パソコン事業部，AV 製品事業部，白物家電事業部という製品事業部単位で組織を分け，そのもとに研究開発担当・生産担当・営業担当がいるという構造になっています。製品別に事業部を分けているので製品事業部制とも呼ばれます。一

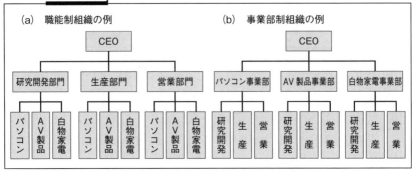

CHART 図13.3 組織の作り方の違い

(a) 職能制組織の例

CEO
- 研究開発部門
  - パソコン
  - AV製品
  - 白物家電
- 生産部門
  - パソコン
  - AV製品
  - 白物家電
- 営業部門
  - パソコン
  - AV製品
  - 白物家電

(b) 事業部制組織の例

CEO
- パソコン事業部
  - 研究開発
  - 生産
  - 営業
- AV製品事業部
  - 研究開発
  - 生産
  - 営業
- 白物家電事業部
  - 研究開発
  - 生産
  - 営業

方，日本事業部，北米事業部，欧州事業部，アジア事業部というように地域単位で分けた事業部制を，地域別事業部制と呼ぶこともあります。

　機能別組織と事業部制組織という2つの組織形態は，一見あまり違いがないように思えるかもしれません。実際，扱う事業も同じで，働く人々の職能も共通しています。違いは，どのように部門化されているかだけです。しかし，この部門編成の違いによって，組織の特徴には大きな違いが生じます。なぜならば，そこで働く人々の相互作用や調整のあり方が大きく異なってくるからです。以下で，それぞれの組織の特徴について，より具体的に説明しましょう。

機能別組織の特徴

　機能別組織の特徴は，何よりも各機能によって部門が分かれていることです。そのため，違った製品の担当であっても，研究開発・生産・営業といったそれぞれの機能に携わる人たちが，まとまった部門に所属して活動しています。したがって，各機能部門内でのコミュニケーションが活発になり，従業員は個別の機能に関する知識や技能を深めることができます。たとえば研究開発部門のメンバーは，自分の担当する製品だけでなく他の製品の開発状況や技術についても知ることができるわけです。ある製品で使った技術を別の製品に応用するといったことも考え出されやすくなり，規模の経済や範囲の経済を（▶第2章），それぞれの機能に関して生み出すことが容易になります。

　しかし他方で，事業ごとに見ると，研究開発・生産・営業という，1つの事業に必要な機能が別々の部門に分散しているので，調整が困難になります。第

2節で説明したように，部門が異なると価値観に違いが生まれやすく，部門をまたぐコミュニケーションも減少しやすいため，調整が難しくなるのです。また，問題が生じた場合，各機能の部門長を通じてトップマネジメントが調整・解決せざるをえず，そうした場合には膨大な量の意思決定がトップに集中してしまうことにもなります。それゆえ，意思決定に時間がかかることが多く，製品市場が急速に変化した際などに，どうしても対応が遅れがちになるという問題があります。さらに，各従業員は基本的には個別の機能を見ることになるので，事業全体にわたる幅広い知識・能力を身につけた経営人材が育ちにくいという問題点もあります。

▌事業部制組織の特徴 ▌

機能別組織と異なり，事業部制組織は，1つの部門内に事業を営むのに必要な機能がすべて揃った組織であることが特徴です。そのため，一般的に各部門は高い自律性を持って事業を運営することができ，部門の長である事業部長には事業運営に関する大幅な権限が付与されることが多くなります。ある意味では，組織の中に小さな会社がいくつかできるようなイメージです。

こうした特徴があるため，各部門内では，特定の製品市場に関する機能横断的なコミュニケーションが日常的にとられることになり，機能間の調整がより円滑に行われやすくなります。問題が発生した場合も，部門長である事業部長の判断で解決できるので，迅速な解決が期待できます。したがって，製品市場で急速な変化が生じたとしても，それにすぐさま対応できるという利点があります。

また，事業運営に関する大半の事柄が事業部長レベルで意思決定できるため，職能制組織に比べてトップが煩雑な意思決定から解放されやすくなり，彼らは事業をまたぐ決定や将来計画などの全社的意思決定に集中することができます。さらに，従業員も事業全体にわたる幅広い知識・能力を身につけやすく，経営人材が育ちやすいという利点もあります。

しかし他方で，同じ機能を担当していても異なる部門に配属されることがあるため，そうした従業員の間でのコミュニケーションは少なくなってしまうという問題があります。したがって，機能別組織で見られたような規模の経済や

範囲の経済は実現しにくくなってしまいます。上で事業部制組織は市場の変化に対応しやすいと述べましたが，複数の製品や技術領域が関連するような大きな変化には，かえって対応しづらくなるともいえます。近年はIT技術が発達し，パソコンとAV機器・白物家電をネットワークでつなぐようなことも実現できるようになってきています。しかし，事業部制組織のもとでは，こうした製品横断的な開発体制をとるのが難しいのです。

┃ 組織形態の選択 ┃

　機能別組織と事業部制組織のどちらを選択するかは，さまざまな要因によって決定されることになります。主要な要因としては，①製品ラインの多様性や市場の変化の速さ，②機能部門間の相互依存性，③求められる技術の専門性，④規模の経済が重要となる程度などがあげられます。このうち，①②は事業部制組織の導入の可能性を高め，③④は職能制組織の導入の可能性を高めることになります。順に見ていきましょう。

　製品ラインの多様化や市場の激しい変化は，機能別の部門長がすべての製品・サービスについて十分な知識を持つことを難しくさせ，それぞれの事業にフォーカスした意思決定の重要性を高めるため，事業部制に近い組織が選択されることになります。機能部門間の相互依存性も，同じように作用します。相互依存性とは，各機能部門の作業が独立しておらず，他の部門との頻繁なやりとりが必要となる程度を表します。相互依存性が高い場合，部門間の調整作業を多く必要としますが，機能別組織では，そうした調整作業を企業のトップが集中して担うことになります。こうした状況はトップの負荷を非常に高めてしまうため，機能別組織での運営が難しくなるのです。

　事業を行う上で求められる技術の専門性が高くなると，反対に，機能別組織に近い形態が選択されることになります。機能ごとに組織を分けたほうが，専門家が物理的に同じ場所に会して仕事ができ，結果として専門的な知識を深化させたり，共有したりすることが容易になるからです。また，複数の製品・サービス間で設備や使用する原材料などが共通している場合にも，規模の経済性の観点から機能別組織が望ましいことになります。

　組織形態の選択は，総じていうと，「同一の機能を統合する規模のメリット」

と「製品や市場への適応のメリット」のうち，どちらがより重要であるかの選択になります。とはいえ現実には，これらの基本形がそのままのかたちで存在することはなく，多くの企業が，両方のメリットを享受しようと例外的な組織やチームを作ったりして，両者の中間に近い状態になっています。たとえば，職能制組織を採用しても，部門間の緊密な連携が必要な新製品開発に関しては，特別に「プロジェクトチーム」を立ち上げて開発・生産・営業が一体となって動ける体制を作ることがありますし，反対に事業部制組織でも，普段はそれぞれの事業に携わっている開発人材が分野横断的に技術を共有する機会を設けて，互いの事業に活かせるようにするケースもあります。

　こうした横断的な組織施策は，「調整」という観点からも非常に重要です。組織形態の選択は，ある意味では，「事業」という軸での分業と「機能」という軸での分業のうち企業がどちらを優先させるかということを意味しているのですが，このいずれの場合にも，これまで説明してきたように，「調整」をいかに行うかという課題は生じるからです。事業部制組織の場合には，事業間のコミュニケーションが減少しがちで，それが新しい事業分野や異なる技術を組み合わせた製品の創出を妨げることにつながりますし，職能制組織の場合には，異なる職能間（たとえばマーケティング部門と研究開発部門）のコミュニケーションが減少しがちで，市場の変化に対応する素早い新製品開発が阻害されてしまいます。これらの問題に対処するために，横断的な組織施策によって部門間で相互にコミュニケーションをとる機会を作ることが重要になるのです。

 組織デザインにおける新しい課題

▶▶ 両利き経営

　近年は，新規事業の開発が企業にとって大きな課題になっています。バイオテクノロジーやAI，ロボティクスなど，さまざまな分野で新しい技術が登場しているのみならず，スタートアップ企業の台頭や新興国の成長といった大きな環境変化が生じているからです（▶序章）。現在は好調な企業でも，将来的にはこうした大きな変化の波に呑まれてしまうかもしれず，そうならないために，

新規事業の開発を通じて可能性を模索する必要があるのです。そして組織デザインでも，効果的な新規事業開発を遂行する組織作りが求められています。

　ここで問題となるのは，現在の事業活動と，将来の可能性を模索する活動が，質的に大きく異なることです。現在の事業活動については，多くの場合，すでにある知識を活用して，効率的に事業を運営することが求められます。これに対して，将来的な可能性を模索するためには，新技術などの新たな知識を獲得することや，まったく新しい事業を開発することが求められるからです。こうした活動は，当然ながらさまざまな失敗を伴うものであり，既存事業の運営における効率性とは対極にあります（▶第1章）。

　こうしたジレンマは，既存の知識の**活用**（exploitation）と新しい知識の**探索**（exploration）の問題として知られ，両者が同時にできる組織は**両利き経営**（ambidextrous organization）と呼ばれています。この両利き経営をいかにして実現できるのかは，多くの企業にとっての課題です。そして，多くの企業が新規事業の開発に乗り出しています。

　しかし，新規事業開発を組織としてどのように行うのかに関しては，じつは難しい点が多々あります。なぜなら，①組織のどこで新事業開発を遂行するのか，②既存事業と新事業との調整や統合をどのように行うのか，といった課題があるからです。新規事業の探索は，しばしば，既存の事業部門とは切り離されて，研究所や研究部門のようなスタッフ組織の傘下で行われています。しかし，第3節で説明したように，スタッフ部門はあくまでも事業部門（ライン組織）を支援する存在に過ぎないため，事業部門の協力がなかなか得られないということが起きがちになってしまいます。新規事業を大きく伸ばすためには，最終的には実際に事業運営に携わっている事業部門の協力が必要不可欠ですが，それが難しいのです。

　こうした問題を回避するために，事業部門の中で新規事業開発を行うこともできるでしょう。しかし，この場合には，「活用」と「探索」というまったく異なる活動を1つの部門の中で行うために，部門内に混乱が生じる可能性が非常に高くなってしまいます。また，2つの異なる活動を1人の従業員が兼任することも，きわめて重い負担を個人にかけてしまうため，あまり得策とはいえません。

　本章や第15章の内容は，経営組織論と呼ばれる領域で議論されてきたトピックスです。経営組織論とは，組織（とくに営利組織）を対象に，その管理の方法や，そこで生じるさまざまなできごとを研究する学問分野です。広く捉えれば，リーダーシップやモチベーションなどを扱う組織行動論（▶第10章column❻）も，もともとは経営組織論から派生した一領域といえます。ただし，組織行動論がおもに個人や集団の視点を中心にしているのに対して，こんにち経営組織論といわれる領域では，組織全体の視点を中心に研究が行われることが多くなっています。たとえば，本章で説明した組織構造などはその典型例ですが，ほかにも，組織学習（▶第15章）や，組織文化，組織内の政治といった，さまざまなトピックがあります。共通しているのは，いずれも少し広い視点から組織を論じていることです。そのため，組織行動論をミクロ組織論と呼び，それと対比させるかたちで（狭い意味での）経営組織論をマクロ組織論と呼ぶこともあります。

　経営組織論の魅力は，組織を広い視点で捉えることで，組織構造や組織文化のような従業員個人には還元できない大きな力の存在を考えることができるところにあります。こうした大きな力が，組織に属する個人を，時には効率的に働かせ，やる気を高めたりする一方で，反対に非効率やサボリといった行動を生み出してしまうこともあります。そうした力はまた，組織の内部だけでなく，場合によっては外部の別の組織に対しても影響を与えることがありますし，あるいは反対に，自分たちが別の組織から影響を受けたりすることもあるでしょう。こうした組織や社会の背後にある，目に見えない諸力を学ぶことに面白さを感じたら，ぜひ経営組織論を学んでみてください。

　このように，両利き経営が実現できる組織をどうデザインするのか，新規事業開発を組織的にどのように行うのかというのは，組織デザイン上のたいへん重要な課題となっているのです。ただ，注意してもらいたいのは，ここでも求められているのは，必要な「分業」をどう作るのかという課題と，分業に付随して生じるさまざまな問題に対処するためにどう「調整」を行うのかという課題の解決であるということです。組織設計の基本である「分業」と「調整」の問題が，組織の至るところで生じていることがわかると思います。

KEYWORD

分業　調整　標準化　ライン系　スタッフ系　職能制（機能別）組織
事業部制組織　活用　探索　両利き経営

さらに学びたい人のために　　　　　　　　　　　　　　　　Bookguide ●

- 沼上幹［2004］『組織デザイン』日経文庫。

　　本章で説明した組織デザインについてのテキストです。組織設計にフォーカスしたテキストは非常に珍しく，原理原則の説明から実際の組織の応用例までわかりやすく丁寧に書かれています。仕事の分け方や組織の形づくりに興味のある人は，ぜひ読んでみてください。

- ジリアン・テット（土方奈美訳）［2019］『サイロ・エフェクト──高度専門化社会の罠』文春文庫。

　　分業の結果として生じる組織の専門化や部門化を「サイロ」と呼び，その弊害について豊富な事例をもとに議論している本です。組織を効率的に動かすために分業するわけですが，それが「サイロ」をまたぐコミュニケーションを阻害してしまうために，かえって変化に対応できなくなるという問題点について書かれています。文化人類学のアプローチをとっているため，事例は詳細でわかりやすい説明になっています。

参 考 文 献　　　　　　　　　　　　　　　　　　　　　Reference ●

荒井理江［2016］「『大企業病』を患う組織の実態──会社員518名の声から見る『大企業病』のサイン」『RMS Message』vol. 41。
オライリー，C. A. = タッシュマン，M. L.（渡部典子訳）［2019］『両利きの経営──「二兎を追う」戦略が未来を切り拓く』東洋経済新報社。
バーナード，C. I.（山本安次郎・田杉競・飯野春樹訳）［1968］『経営者の役割（新訳版）』ダイヤモンド社。

第 **14** 章

フラットな人間関係によるマネジメント

組織の中のチームへの注目

EXERCISE あなた自身が所属している「チーム」を具体的に思い浮かべてみてください。アルバイト先，部活やサークルなど，どのようなチームでも構いません。もしそこから，店長や部長やマネジャーといった，メンバーよりも上位の人が突如いなくなってしまったとしたら，そのチームはどうなると思いますか。これまでと同じように活動を続けられるでしょうか。あるいは，うまくいかなくなってしまうでしょうか。それはなぜですか。あなたなりに予想してみてください。また可能であれば，チームのメンバーとも議論してみてください。

（画像提供：uzenzen/iStock）

1 さまざまなコントロール手段

上意下達型のマネジメント

　組織と個人は究極的には別々の方向を目指しているわけですから（▶第12章），個人を経営者にとって望ましい方向へと導くためには，互いの目指す方向性をすり合わせる何らかの仕掛けが必要になります。リーダーシップ（▶第11章）やマネジメントコントロール（▶第12章）は，それにあたるものです。リーダーシップの場合にはリーダーとフォロワーの直接的な相互作用によって，マネジメントコントロールの場合には評価のような仕組みを作ることによって，すり合わせを行うという違いはありますが，組織の中の上位者が決めたことを下位者に伝達して人々をマネジメントするという考え方に基づいている点で，両者は共通しています。

　しかし，何が経営者にとって望ましいのかということそのものが不確定であるとき，すなわち，「どのように振る舞うべきか」を上位者がうまく決められない場合や，上位者にとって「正しいやり方」をあらかじめ確定できない場合には，どうすればよいのでしょうか。たとえば，きわめて新規性の高い特殊な技術を要するプロジェクトにおいては，マネジャーよりも部下のほうが当該領域の知識や経験を豊富に持っている場合がありえます。そもそも，多様かつ高度な専門家から構成される**チーム**では，上位者が決めたことを部下に伝えるというやり方が有効に機能しないことも考えられます。このような際は，どうすべきなのでしょうか。そのヒントの1つが，今から70年も前にイギリスの炭鉱で行われた調査にあります。

チームによるマネジメント

　1950年ごろ，イギリスの社会科学研究機関タビストック研究所のエリック・トリストらによって，イギリス南部ヨークシャーの炭鉱労働に関する大規模な調査プロジェクトが実施されました。この調査の中でトリストらは，現場

の人々が縦の権威関係のない水平的な自主管理チームを形成しており，それが生産性にきわめて大きな効果を持つことを発見しました。

　当時は，上位者が特定の労働者を特定の作業工程に割り当て，その作業のみを延々と繰り返させるべく，タスクを高度に分業するのが一般的でした。特定のタスクを何度も繰り返させることで労働者の熟練を図るのがベストとされ，炭鉱経営の常識になっていたのです（▶第 **13** 章）。ところがヨークシャーの炭鉱では，自律的な自主管理型のチームが編成されていました。チームのメンバーは，各人が複数のタスクをこなせるようにしていたため，互いにタスクを交換することができました。またシフトについても，上位者から最低限の指令しか受けないようなかたちで運営していました。上述の「常識」からすれば明らかに「間違った」やり方を採用していたわけですが，この方法により，彼らは驚くほどの生産性向上を実現しました。そこでは，フラットなメンバー同士の自主管理が，第 **13** 章で学んだ組織デザインの原則によれば上位者を置くことによって解決するものとされていた問題対応を可能にしていました。しかも，それが業務遂行の確実性のレベルを落とすことなく実現されていたのです。

　この方法が優れていたのは，本来両立の難しい「確実性」と「柔軟性」を同時追求したところにあります。経営において確実性とは，製品・サービスを滞りなく顧客へ届け，株主のために安定的なリターンを生み出す，雇用を安定させ，社員の高い満足度とモチベーションを維持する，といったことを意味します。ものごとをしっかりと，きっちりと進めていくことだといえるでしょう。一方，柔軟性とは，環境の変化に合わせて組織や戦略を変更する，顧客ニーズの変化に応えて製品・サービスを修正するなど，ものごとを臨機応変に行うことを指します。

　組織の発展にとって，「しっかりと行うこと」（確実性）と，「柔軟に行うこと」（柔軟性）の両方が必要なことはいうまでもないのですが，悩ましいのは，多くの場合，これらはあちらを立てればこちらが立たずという関係にあることです。たとえば，製品を確実に生産していくためには，自社製品を高度に標準化したり規格化したりすることが有効ですが，これは市場の変化に対する対応力を下げることにつながります。ならばと，反対に多品種少量生産の戦略をとれば，市場への変化対応は容易になるものの，他方で製品の単位当たりの生産

コストは上がってしまうので，安定的な生産にマイナスの影響を及ぼしかねません。確実性を追求しすぎることも，また柔軟性を追い求めすぎることも，組織にとってはともに危険なことなのです。

このような，組織の抱える根本的な問題，つまり確実性と柔軟性のトレードオフを解消したのが，ヨークシャーの炭鉱で行われていたマネジメントだったといえます。彼らが行っていた，いわばチームによるマネジメントは，その後，経営学や経営の実践において注目され，繰り返し研究の対象となってきました。

2 階層組織の中の自律的チーム

根強い階層組織によるコントロール

「社員たち自身による自主管理型チーム，つまりフラットな人間関係によるコントロールこそが，規則と権限に基づく**階層組織によるコントロール**がなしえなかった，確実性と柔軟性のジレンマ解消を可能にする。これこそが未来の組織のかたちである」。今から70年も前にこのような発見があったにもかかわらず，現代の企業組織の中で，こうした方法を実際にとっている企業はほとんどありません。トリストたちの発見から半世紀以上が経った現在もなお，現実の組織の多くには階層的な構造が見られ，そこでは上意下達型のマネジメントが重用されているのです。

これにはいろいろな理由が考えられますが，有力な説明の1つは，多くの経営者が確実性を追求するインセンティブをそれだけ強く持っているのだというものです。社員・株主・顧客など，さまざまなステークホルダーの目にさらされる経営者は，変化よりも安定を，柔軟性よりも確実性を選んでしまうものなのかもしれません。

階層組織の中のチーム

それでも近年，階層組織が持つ確実性を維持しつつ，その中に柔軟性を取り入れる方法として注目されている考え方があります。それは，階層組織の中に，

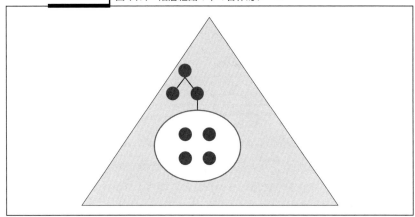

メンバー自らが考え行動する，高度に自律的なチームを導入するという発想です。60年にもわたる研究の中で，こうした**自律的チーム**が機能するための条件が明らかになってきました。

1つめの条件は，メンバーを鼓舞し，同じ方向へと目を向けさせ，全体をまとめ上げていくような，目標があることです。目標は簡単すぎても難しすぎてもダメで，挑戦しがいはあるが，やる気を失うほどには難しくないものがベストです。また当然のことながら，目標の達成がメンバー全員にとっての重大な関心事になっていなければなりません。そのためには，目標の達成に対して外的な報酬を与えたり（例：給与を上げる，表彰する，昇進させる），内発的な動機づけ（例：やりがい，達成感）を得られるような目標にするなど，いろいろなやり方があるでしょう。

2つめの条件は，メンバーを律する強力なルールや規範の存在です。価格によるコントロールや，上位者との縦の関係性によるコントロールのないチームにおいては，メンバーの自律的な振る舞いを許容しつつ，その振る舞いを適度に律するための代わりのパワーが必要になります。それを提供するのが，メンバーの間に共有された規範やルールです。世界中の途上国に対して資金や技術を援助している世界銀行では，しばしば，良質の目標を共有したメンバーによる自律的なプロジェクトが実施されています。複数の国・地域・文化を横断して編成される世界銀行のような組織におけるチームの場合，メンバーが絶対的

---

① 明確な方向性
② 強力なルールや規範
③ 支援体制
④ シェアドメンタルモデル

に遵守するべきルール（例：会議の開始時間を遵守する，全員がプロジェクトにかかわる発言をする）を設定し，それを定期的に相互確認してメンバーに徹底することが，チームが機能不全に陥らないために重要になります。自律的・機動的に動くチームほど，「とにかく自由にやってみよう」ではなく，自らを律するしっかりとしたルールが内部に存在しているものです。

3つめは，チームを支える支援体制が整っていることです。優れた成果を上げた者を見逃さず貢献に報いることのできる報酬制度，メンバーが業務を遂行するために必要な知識を提供する研修制度，物的・人的・情報的資源が必要なときに手に入る仕組み，などが重要です。

そして4つめが，メンバー間に共通の思考様式やアイデンティティを形成することです。ダイバーシティの推進によって，さまざまな価値観・考え方を持った人々が組織へと参入したり（▶第9章），グローバル化によってメンバーの活動が地理的にバラバラになったりすると，チームメンバーの間に「私たちは私たち，彼らは彼ら」という意識が芽生えることがあります。こうした意識が互いを尊重する基盤として作用している分にはよいのですが，ともすると相互コミュニケーションの不足につながり，やがて組織内に情報が偏在する，すなわち必要なところに必要な情報が存在しないという事態を招く恐れも否めません。そこで必要になるのが，チームメンバーがある程度共通した思考様式を持ったり，自分たちは何者で何をすべきかということについて類似した考えを持ったりすることです。次項では，この点をもう少し考えてみましょう。

チームのカギを握るメンタルモデルの共有

メンバー間に共通の思考様式やアイデンティティを形成することに関して，近年，リーダーシップ研究などで注目されているのが，シェアドメンタルモデ

ル（shared mental model）という考え方です。これは「チームメンバーが共有している，ものごとについての体系的な理解や知識，イメージ」であり，こうしたメンタルモデルが共有されていればいるほど，チーム内でのコラボレーションはスムーズになっていくことが実証されています。

サッカーなどの団体スポーツの例がわかりやすいかもしれません。監督が求める攻撃のスタイル（例：全員でパスを回しながら敵陣へと迫っていくのか，フォワードなどの攻撃陣によるドリブルを中心として敵陣へと迫っていくのか）が，選手たちに共有されていなければならないことは，各メンバーが強烈な個性を持つプロサッカーチームの世界では常識となっています。ビジネスにおいても，上述のようなダイバーシティやグローバル化が進めば進むほど，メンバーのシェアドメンタルモデルが重要になってくるはずです。

1990年代後半に発表された，アメリカ海軍を対象とした研究によって，このシェアドメンタルモデルの共有が，ストレス状況下での効果的な仕事の遂行に重要な影響を与えることが明らかになっています。敵機が迫ってくるというような，きわめて高いストレス状況下にあっても，チームメンバーが「これからどんなことが起こりそうか」ということについて同じような認識や予測を抱いている場合には，メンバー間の連携がよくなり，全体のパフォーマンスが向上するという実験結果が出ています。共通認識を持ち，考え方のパターンが共有されると，「次はこうなるだろう，他のメンバーもそう思っているだろう」と予測が一致して，協働がうまくいくというのです。またこの調査では，メンタルモデルの共有には，メンバー間での対話が非常に重要であることもわかりました。

非階層的な組織とチーム

階層組織を前提としないチーム

第２節におけるチームは，あくまでも上司と部下との上下関係を基軸とした階層的な組織におけるものでしたが，近年では，そうした階層性自体を否定し，

CHART 図14.2　フラットな組織の中のチーム

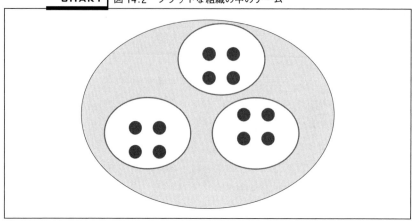

　より純粋に，メンバー同士の横の関係によってマネジメントを行う企業が出始めています。具体例から見てみましょう。

　チームラボは，2001年に東京大学と東京工業大学の学生5人が始めた学生ベンチャーから成長し，今やメンバー数が700人を超えるまでになった「ウルトラテクノロジスト集団」です。1人1人のテクノロジストの個性もさることながら，取締役以外に役職を置かないなど，階層組織を前提としないフラットな組織体制でも有名な企業です。

　チームラボでは，ほぼすべての業務がチーム単位で行われます。「チームで仕事をする」ということ自体が同社の大原則として社内で共有されており，ウェブサイト開発，空間デザイン，アプリ開発，店舗・オフィス設計といったあらゆる業務が，専門性を持つメンバーがその都度，離散と集合を繰り返すことで進められていきます。それぞれのチームには「カタリスト」と呼ばれる調整役がいますが，その役割は通常の企業でいうところの「ダイレクター」や「マネジャー」とはだいぶん異なります。チームラボのカタリストは，デザイナーやエンジニア，クライアントの間に立って，最高のアウトプットを生むための環境づくりをする人たちなのです。具体的には，人々をモチベートしたり，社内外の意見を調整したり，見積もりや契約を作成したりと，関係者間のバランスをとってプロジェクトの円滑な進行をサポートする，ある種サーバントリーダーのような存在であるともいえます。ただ，ポジション的には決して，デザ

イナーやエンジニアの上位者ではありません。

　チームの中に「ディレクター」や「マネジャー」といった上位者がいないチームラボでは，意思決定はかなり民主的に行われています。プロジェクトに関して何らかの判断が必要なときには，原則，チームメンバー全員で話し合います。多数決のような純粋な意味での民主的な方法ではなく，各プロジェクトにおいて，課題に最も精通した人や，最も問題解決にかかわる知識を持った人が，最終決定者になることが多いようです。ただしその場合も，事前に「この人の意見を優先する」ということを決めておくのではなく，議論の流れの中で自然発生的に創発し，問題が解決されていくといいます。

　組織全体でいえば，課長や部長といった中間管理職が存在せず，公式の役職は創業メンバー2人を含む取締役だけ。階層のないフラットな組織ではありますが，この組織がコントロールのまったくないところで機能しているのかというと，必ずしもそうではありません。たしかに肩書きやポジションに基づくリーダーシップはないといえますが，上述のように仕事の流れの中で自然と専門性や知識に基づくリーダーシップが創発すること，また，専門性の高いメンバーとの日常的な相互接触の中で互いが自分の果たすべき役割を確認していることなど，横の影響力によって組織が見事にバランスを保っているのです。

┃ 自由の裏にある責任 ┃

　このようなフラットな組織において，個人は大きな自由を与えられますが，他方で，仕事の進め方やキャリアの描き方などについて大きな責任を持つことを要求されます。

　階層組織であれば，メンバーには係長→課長→部長といったキャリアパスが用意され，人々は会社側が要求する業務をしっかりとこなしていくことで，その階段を上っていくことができます。係長であれば係，課長であれば課というように，階層に応じたパワーを持ちますが，これは裏を返せば，係長は係，課長は課に対する責任だけを有するということでもあります。ある係の係長は隣の係の仕事に責任を持たないことからもわかるように，その人が自らの範囲を超える責任を負わされることはありません。より広い範囲の組織について責任を負うのは階層の上位者であり，究極的には，すべての責任は経営者に降りか

かってきます。その意味で，階層組織におけるメンバーは，有限の責任を負っているに過ぎません。

　これに対して，明確なキャリアパスのないチームラボのような組織では，さまざまなことが曖昧になっています。まず，係長→課長→部長といったわかりやすいキャリアパスがないため，自分の成長には自らが責任を持たなければなりません。「部長だから偉い」といったコンセンサスもないため，自分の意見を通したり，やりたいことを進めたりしていくためには，まずもって自身の実力を周囲に認めてもらう必要があります。また，1人のパワーと責任の範囲が曖昧なので，ある意味で，チーム内のすべての仕事責任をメンバー全員で負うことになります。組織がフラットであることは，たしかに多くの自由をもたらすかもしれませんが，メンバー同士の日常的な相互接触の中で，すべてのメンバーが互いの目にさらされ，期待の眼差しを向けられるという環境は，きわめてシビアな実力主義の世界でもあるのです。

4 チームによるマネジメントは本当に可能か

┃ 自由を求めた闘い ┃

　トリストたちによって発見され，その重要性が指摘されたフラットな人間関係によるマネジメントは，70年経った現在もなお，組織マネジメントの主流にはなっていません。経営学の長い歴史の中では，その後も何度か，トリストたちと同じような主張，つまり「フラットな人間関係によるコントロールこそが，上意下達型のマネジメントにはできない，確実性と柔軟性のジレンマの解消を可能にする」という主張がなされてきたのですが，それがマネジメントのあり方として支配的になることはありませんでした。組織の中で私たちが自由や自律を享受するのは，やはり難しいのでしょうか。

　興味深いのは，政治や経済の領域において，私たちはすでに，かなりの程度の自由を享受しているということです。世界史を勉強した読者ならわかると思いますが，封建社会から近代社会へと至る各地の歴史は，人々が政治的・経済

的な自由を手にするための闘いの歴史でした。教会や絶対王政といったかつての支配者から自由になるべく，先人たちは，それこそ命を賭して闘ったのです。フランス革命やアメリカの独立戦争は，人々が旧支配層による強力な封建支配からの自由を目指して闘った，文字通りの革命であり戦争でした。これらの結果，少なくとも政治や経済の領域で私たちは，市民社会そして経済社会における自由と責任，上位者の権威によらない自分自身による管理を，ある程度享受することができているのです。政治哲学においては，こうした民主的な政治や経済のあり方を支える思想として，自由主義的な考え方が広く受け入れられ，それは権威主義よりも望ましいという評価が，学問的にも社会的にも確立されています。

根強い権威主義

ところが，組織の中に目を転じると，そこにはいまだに（政治や経済では否定されてきた）上意下達的な権威主義が主流となっていることに気づきます（Collins [1997]）。学問としての経営学も決して例外ではなく，多くのテキストで，階層組織における上意下達型マネジメントが最重要のトピックとして紹介され続けています。政治学や経済学においては権威主義がとうの昔に終わった「古い」考え方だとされるにもかかわらず，です。

企業組織の中に依然として権威主義が根を張っていることを示す証拠は数多くあります。たとえば，重要な意思決定に従業員を参加させる参加型マネジメントは実際の組織ではほとんど浸透しないことを指摘した研究や，現代の職場においてはメンバーの発言や情報発信の自由が大きく制限されており，社会生活全般に比べてかなりの程度，市民的自由が欠如していることを指摘した研究などがあげられます。チームによるマネジメントは，理論的なアイデアとしては有望で，また一部の組織では実際に機能してもいますが，それが多くの企業に浸透するまでにはもう少し時間がかかりそうに思えます。

求められる個人の成熟

では，チームラボのような一部の企業においてはなぜ，権威主義ではなく，フラットな関係性によるマネジメントが可能になっているのでしょうか。その

理由の1つは，私たち個々人の成熟にあると考えられます。研究者も指摘する通り，メンバーが自ら考え行動するチームラボのような組織においては，個人に広範な自由が与えられ，その組織を舞台として個人による自らの目標達成が可能になるような関係が作り上げられています。ただし，それが機能するためには，各人が自身の行動を自ら律し，自分個人の目標と組織が追求する目標とを統合し，それらを同時に実現する道を自分で探っていく必要があります。このような個人の成熟が決して容易でないからこそ，現実の経営において，また経営学において，非階層的な組織やフラットな人間関係によるマネジメントが浸透しないのではないでしょうか。社会活動や経済活動における市民（citizen）としての成熟に比べて，組織市民（organizational citizen）としての成熟が遅れている，ということなのかもしれません。

⑤ 組織市民としての成熟

┃ アージリスの未成熟―成熟モデル ┃

　発達心理学では，肉体的にはともかく精神的には，私たちは何歳になっても成長を続けていくことが可能であると考えられています。心理学者のジークムント・フロイトやジャン・ピアジェ，エリク・エリクソンなど，多くの研究者がこの課題に取り組み，人間の発達にかかわるさまざまなモデルを提示してきました。ここでは，経営学者クリス・アージリスによる未成熟―成熟モデルを紹介し，組織市民としての成熟とは何かということを考えてみましょう。

　アージリスは，組織の中の個人は，マズローのいう自己実現に向かって発達していくものであるという前提から出発し，個人の成熟のために必要な変化を6つあげています（表14.2）。

　「受動的→能動的」とは，ものごとに対する姿勢が，受け身でなくなり，自ら考え，積極的に関与するようになることを指します。日本企業においては，新卒採用者の多くが入社当初は知識も経験もない未成熟な状態で，上司や先輩に教えてもらわなければ何もできないということも多々あります。だからとい

CHART 表 14.2　未成熟―成熟モデル

未成熟		成　熟
受動的	→	能動的
依　存	→	独　立
単純な行動	→	多様で複雑な行動
浅く移り気な関心	→	深い関心
短期的な時間展望	→	長期的な時間展望
自己認識の欠如	→	自己意識の発達と自己統制

（出所）　Argyris［1957］より筆者作成。

って，教えてもらえるのを当たり前と思わずに，自身の能力開発に自ら積極的に関与していくことが，まず必要とされる 1 つめの変化です。

　これに関連して，「依存→独立」とは，ものごとの判断や決定において他者に依存するのではなく，自ら責任を持って自律的に行動することを指します。階層組織の中で仕事を続けていると，人々はやがて上意下達的な仕事の仕方に慣れてしまい，自分の仕事のやり方に関して自ら思考することをしなくなっていくと，アージリスは指摘しています。こうした依存状態から脱するためには，自身の仕事の仕方やその意味に関して，常日頃から自問自答し，自分なりのやり方を積極的に見つけ出す努力を続けなければなりません。第 11 章で紹介した，自分の経験に基づくリーダーシップの「持論」の重要性も，ここにあります。

　会社に入って間もないころは，多くの人が，起こることすべてを新鮮に思い，自身にとっての成長の機会と捉えるかもしれません。ところが 2, 3 年が経過して，仕事に慣れ，社内の諸事にも精通していくにつれて，情熱を失い，自らの仕事人生について真剣に考えたり，これまでとは違うやり方に挑戦するといった，多様かつ複雑な行動をとらなくなる人が出てきます。このような状態を，キャリア研究では，「キャリアがルーティン化する」と呼びます。こうした状態に陥らないためには，これまで手がけたことのない仕事に自分から挑戦したり，新たな学びの機会を求めたりすることで，仕事生活に刺激を与え続けることが重要になります。

　「単純な行動→多様で複雑な行動」とは，一つ覚えで行動の選択肢がほとん

どなかったのに対し，さまざまな方法を熟知した上で状況に合わせて柔軟なアクションをとれること，「浅く移り気な関心→深い関心」とは，「偉い人が言っていた」とか「流行りの手法だ」といった表層的でコロコロ変わるような問題関心ではなく，対象に対する深い理解に基づく腰を据えた問題関心を持つことを意味します。見識が深まり，思慮深い行動をとれるようになるということです。

「短期的な時間展望→長期的な時間展望」とは，文字通り，目先のメリット／デメリットに基づいて短絡的に行動するのではなく，長期的な視野や目標を踏まえて行動するようになることを指します。極端にいうと，若いうちはがむしゃらに無鉄砲な行動をとっていたのが，自身の行動の影響や帰結を先々まで見越して周到な計画に基づいた行動をとるようになるということです。成熟のためにはまた，自身の能力や置かれた状況を漫然と受けとめるのではなく，明確かつ批判的にそれを理解し，必要に応じて自己をコントロールすることも必要になります（「自己認識の欠如→自己意識の発達と自己統制」）。

┃ 成熟した個人は成熟した組織に宿る，逆もまた然り ┃

アージリスは，個人の成熟と組織の成熟とは，車の両輪のような関係にあるといいます。フラットな人間関係に基づく自律分散型の組織がうまく機能するためには，それを構成するメンバーが前項で説明したような意味で成熟している必要がありますが，他方で，そのような個人が育つためには，組織の側がそれに見合うだけの成熟段階に達していなければならない，ということです。上意下達型の階層組織では，成熟した個人は決して生まれないともいっています。組織が，個人の仕事の幅やそれぞれの仕事における裁量を広げて，メンバー1人1人が自ら考え決断するような環境を用意すると同時に，メンバーの側にも，そのような自由に耐えうるだけの判断力や感受性，自身の感情のコントロール能力を提供することが求められるというわけです。

これは決して容易なことではありません。組織のメンバーに高度の裁量を与えることを，経営者は，上意下達型の組織のもとで担保される確実性を手放すことと同義と感じるであろうからです。多くの経営者が，柔軟性よりも確実性を追求するインセンティブを持っていることは，すでに述べました。社員・株

主・顧客といった，さまざまなステークホルダーの利害に直面する経営者は，変化よりも安定を，柔軟性よりも確実性を，選んでしまうものなのです。上意下達型からの脱却には，経営者の強い覚悟が必要とされているのでしょう。

さらに学びたい人のために | Bookguide ●

● エイミー・C. エドモンドソン（野津智子訳）[2014]『チームが機能するとはどういうことか──「学習力」と「実行力」を高める実践アプローチ』英治出版。

「物理的に同じ場所におり，時間をかけて信頼関係を構築する固定的な集団」という古いチーム観に対し，メンバーが地理的にバラバラの場所におり，かつ流動的な新しいチームのあり方を示し，それが機能する要件について検討した本です。「チーミング」をコア概念に，学習力と実行力を兼ね備えた新しい時代のチームを考えています。

● 『DIAMOND ハーバード・ビジネス・レビュー』2016 年 12 月号（特集：チームの力──多様なメンバーの強さを引き出す）。

一冊丸ごと，多様なメンバーから構成されるチームについて論じた雑誌特集です。本章で紹介したチームラボのケース，ホラクラシーと呼ばれる新しい組織形態を採用しているザッポス（Zappos）やエアビーアンドビー（Airbnb）のケースなど，新しい組織のあり方が豊富に紹介されています。

● フレデリック・ラルー（鈴木立哉訳）[2018]『ティール組織──マネジメントの常識を覆す次世代型組織の出現』英治出版。

マッキンゼー・アンド・カンパニーで 10 年以上にわたりコンサルタントを務めた著者が，階層組織によらず，人々の自律的な意思決定によって動く新しい組織のあり方について，さまざま事例とともに紹介した一冊です。「階層組織によらないコントロール」は本当に可能なのか。この本を読み，みなさん自身で考えてもらいたいと思います。

Argyris, C. [1957] *Personality and Organization: The Conflict between System and the Individual*, Harper. (アージリス，C. ／伊吹山太郎・中村実訳『組織とパーソナリティー——システムと個人との葛藤（新訳)』日本能率協会，1970 年。)

Collins, D. [1997] "The ethical superiority and inevitability of participatory management as an organizational system," *Organization Science*, vol. 8, no. 5.

第 **15** 章

変革を生み出すには

組織学習と知識創造

EXERCISE あなたやあなたの所属するグループで常識が揺さぶられた経験を1つ思い浮かべてください。その結果として，以後の価値観や行動が大きく変わりましたか。何がカギとなって，そうした経験が得られたのだと思いますか。

コペルニクスの地動説は，当時の常識を180°覆した

（写真提供：ALBUM/アフロ）

1 組織変革の必要性

　企業が立ち上げた事業や，事業を運営するために必要な組織は，一度でき上がったらそれで終わり，というものではありません。企業が直面している環境は日々変化しており，事業も組織もそれに合わせて変えていかなければなりません。技術の変化や顧客の嗜好の変化，競合企業の参入等によって，ビジネスモデルを大きく変えることもあるでしょうし，組織変革を必要とする場合もあるでしょう。このような環境の変化に企業が適切に対応するためには，いま何が起こっているのかや，自社に何が必要なのかといった新しい事柄を，常に学んでいく必要があります。本書のこれまでの章では，1つのビジネスを立ち上げ，それをどう拡大していくか，あるいはそのために組織をどう構築していくかということを中心に説明してきました。しかし，ビジネスに終わりがないように，組織の構築にも終わりはありません。重要なのは，常に変化する環境に対応して，企業の事業や組織が適切に変わっていけるように，いかに組織が学習を続けられるかという点にあります。

　大幅な組織変革には，当然ながらトップマネジメントの関与が大きく求められます。既存のビジネスモデルをまったく異なるものに変更するか否かは，最終的にはトップマネジメントが決める事柄だからです。しかし，こうした事柄はすべて上が考えることだとして，従業員は日々自分の職務に従事してさえいればよいのかというと，そういうわけではありません。組織の中のごく一部の人たちだけが変化を捉えて学習するというのは非効率ですし，むしろ現場のほうが日常的に顧客や取引相手と接しているために環境の変化を察知しやすいということもあるでしょう。

　たとえばインテルは，PC などに使われる MPU（マイクロプロセッサ）と呼ばれる部品において世界トップシェアを占める優れた企業ですが，もともとはメモリの製造・販売を行っていました。そこから MPU 事業に転換していくきっかけを作ったのは，経営者ではなく現場のマネジャーでした。じつは，MPU 事業は技術開発の中で偶発的に生まれ，この技術に可能性を感じた現場が主導

するかたちで細々と始められたものでした。そして当時の経営陣は，メモリ事業を主力と見なし，MPU事業の将来性には懐疑的だったのです。ところが，その後メモリ事業が日本企業の成長に押されて業績悪化を続ける中，最終的には経営陣が，現場の立ち上げたMPU事業を新しいコア事業と位置づけて経営資源を集中させたことで，大きな戦略転換が実現し，現在に至るインテルの地位が構築されていくことになります。

　この事例は，組織変革においては，①トップが主導して変えていくことと，②現場が変化から学び新しい知識を生み出していくことという，2つのプロセスが重要であることを示唆しています。組織変革は，上層部に任せていればよいものではなく，組織全体で取り組んでいく必要のある問題なのです。組織が学習するプロセスは，**組織学習**（organizational learning）と呼ばれています。本章では，組織がいかにして新しい事柄を学んで変革につなげていくのかについて，「組織学習」を切り口として考えていきます。

 ## 組織が学ぶことの難しさ

組織学習と個人の学習の違い

　組織の学習についてまず理解すべきは，組織が新しい事柄を学ぶということが本質的に難しいという点です。その理由の1つは，個人が学ぶということと組織が学ぶということが異なるからです。たしかに組織は人々の集合体であり，新しい知識を習得するのはミクロに見れば個々の人間です。しかし，個々の人間の学んだことを合わせれば組織学習になるわけではありません。また，仮に個人が何か新しいことを学んだとしても，それがすぐさま組織として学んだことになるわけでもありません。

　1つ例を考えてみましょう。あなたが体育会系の部活に所属していたとします。あなたは，競技に関する最新のトレーニング方法を外部の講習で学んできました。このことがすなわち，あなたが所属する部が学んだことになるでしょうか。たしかに以前の状態に比べると，あなたが学んだことで，その部には最

新のトレーニング方法という新しい知識が加わっています。しかし，仮にそれ
をあなたが誰にもいわなかったらどうでしょうか。あるいは，仲間に伝えたも
のの真剣に検討されず，いつの間にか忘れ去られてしまったらどうでしょうか。
このような場合，その部には何の変化も生じないことになります。このように
考えると，個人が学ぶことと，組織が学ぶことが，イコールではないことがわ
かるでしょう。

　一般に，組織学習には，①知識獲得，②情報分配，③情報解釈，④組織記憶
という，4つのプロセスがある，といわれています。知識獲得は，文字通り，
組織が新しい知識を獲得することを指し，上の部活の例でいうならば，所属メ
ンバー（あなた）が新しいトレーニング方法を学んだことが，これに該当しま
す。2つめの情報分配とは，情報が共有されることをいいます。つまり，あな
たが学んだことを他のメンバーに伝えることです。そうすると，あなたからだ
けではなく，他のメンバーからも，別のトレーニング方法についての知識や他
校が行っているトレーニング方法についての情報が，併せてもたらされるかも
しれません。3つめの情報解釈は，それらの情報に意味が与えられ，メンバー
間で共通に理解された解釈に達するプロセスを指しています。情報分配によっ
て共有された情報に基づいてメンバーが話し合い，現在の状況や今後何が求め
られているのかを確認するプロセスが，これに該当します。4つめの組織記憶
とは，知識が将来利用のために蓄積され，組織の行動に対して実際に変化が促
されるプロセスです。部として話し合った結果として，今後のトレーニング方
法が改められるといったことを指します。

　組織記憶は，さまざまなかたちでの定着がありえます。そうして組織に定着
したもののことを，経営学では**組織ルーチン**（organizational routine）と呼んで
います。組織ルーチンには，本当に多様なものが含まれます。マニュアル，標
準業務手続き，公式化・文書化された規則のように，組織内で明示されている
ものから，暗黙的に組織メンバーの間で共有されている，組織の文化，慣習，
信念，知識，技術といったものまでをも含みます。すなわち，その組織にいる
人が理解し，日々の作業の進め方を規定しているのが，組織ルーチンです。組
織学習とは，個々の組織メンバーが獲得した情報が，組織内で共有された上，
何らかのかたちでその組織の通常の「やり方」（組織ルーチン）を変化させるこ

とを意味します。組織ルーチンが変化してはじめて，学習内容は個人を超えて組織に定着することになります。

　学習内容を組織ルーチンとして組織に根づかせることが重要である理由の1つは，組織ルーチンが，非常に長期にわたって安定的に継続することにあります。マニュアルのような組織内で明示された規則も，あるいは組織文化のような暗黙的に共有されたものでも，一度ルーチンとして定着すると，長期にわたって残り続けることになります。これは，当初これらのルーチンを構築した組織メンバーが当該組織を離れた後にも，変わらず存在し続けます。部活動においても，部のルールや伝統とされる振る舞い方が，創設メンバーが全員卒業した後にも残り，新しく入ってきたメンバーにそのまま浸透していくといった現象がよく見られます。組織ルーチンは，学習した内容を組織全体に行き渡らせ，新しく入ってきたメンバーに対して組織の「やり方」を伝える上で，きわめて重要なものです。個人が学んだ内容を組織記憶に定着させるためには，組織ルーチンの構築が必要不可欠だといえます。

　以上のプロセスを踏まえると，組織学習と個人の学習との相違が，より明確に捉えられると思います。組織も個人も，知識を獲得する点は同じですが，そこから情報がメンバーに共有され，共通の解釈を得るための話し合いが持たれ，実際に将来に活かされるかたちで組織に記憶されることで，はじめて組織として十分に学習したといえるのです。

組織ルーチンのジレンマ

　組織の学習が本質的に難しいもう1つの理由は，組織ルーチンが安定的な性格を持っているがゆえに，なかなか変えづらいという特徴を有しているからです。規則やマニュアルを変更するには手間がかかります。また，組織メンバーの中には，現行の規則やマニュアルを必要と思っている人もいるので，変更しようとすることに対して抵抗されることもありえます。組織文化や慣習に至っては，多くの人がそれを当然視しているがゆえに，変えようという発想自体が出てこないという可能性も考えられます。

　さらに，組織ルーチンの存在そのものが新規の学習を弱める効果を持ちます。本来，組織が長期に存続するためには，日々変化する環境に適応していかなけ

ればならないので，旧来の知識や技術を活用して効率的に事業運営すること（これを活用：exproitation と呼びます）と，新しく変化した環境や技術について調査し自社の新しい可能性を模索すること（探索：exploration と呼びます）の，両方が重要です。組織が「探索」を怠れば，変化についていけなくなってしまいますが，他方で探索にばかり集中して「活用」をおろそかにしても，効率的な事業運営ができず組織として立ち行かなくなってしまいます。第 13 章でも，組織デザインの問題として，活用と探索を両方とも遂行できる組織を「両利き経営」と呼び，近年重要視されていることを説明しました。

　ところが，人々が組織ルーチンに従って行動し続けると，活用は促進される反面，探索が阻害されてしまいます。継続的な活用は，現行の活動の改善を促すかもしれませんが，新しい可能性を探索すること，すなわち新規の学習を妨げるという弊害を招くのです。多くの場合，こうした組織は，失敗から学ばず，また長期的あるいは広い視野を持たないという近視眼に陥ってしまうことになります。このように，組織学習は，学習した内容を組織ルーチンとして定着させる必要がある反面，その組織ルーチンが新たな学習を阻むというジレンマを有する点に注意が必要です。それを克服するには，どのようにすれば組織において人々が新しい可能性の探索や新規の学習を行えるかを意識的に考え，そのための手段を確保していく必要があります。

3　組織学習におけるトップマネジメントの役割

　組織学習の本質が組織ルーチンの構築や変更であることを考えると，組織が本当の意味で学び，変わるためには，トップマネジメントの関与が必要不可欠であるといえます。なぜなら，ルーチンの変革とは組織の手続きや文化を変えることであり，そのためには経営者による承認や行動が求められるからです。経営資源を MPU に重点配分してコア事業に位置づけるという，インテルの大きな戦略転換も，最終的にはトップマネジメントの強い関与によって達成されました。

　トップによる関与が重要なもう 1 つの領域は，組織メンバーが適切に革新的

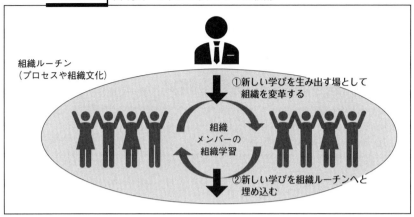

な学習ができるように，組織の場を整えることです。組織が新しい環境に適応できなくなっている場合には，新しい環境に対応するように組織の価値観を刷新する必要があります。そのためには，まず組織の旧来の価値観のうち，時代遅れになったり不適合となっていたりするものを捨て去らなければなりません。このことは**アンラーニング（学習棄却）**と呼ばれ，新規の学習を行う上で重要なものの1つと考えられています。そして，アンラーニングのカギとなるのが組織文化の変革です。なぜなら，組織文化は明示的あるいは暗黙的に組織の価値観の基盤となり，組織メンバーのものの考え方や行動の基準となっているからです。

　しかし，組織全体に浸透している組織文化の変革は容易ではありません。多くの組織メンバーにとって組織文化は，組織に入った後に学習し，仕事を遂行する上で参照すべきものとして，当然のように組織に存在しています。仮に1人の組織メンバーが異を唱えたとしても，その人が組織全体を巻き込むような変革を成し遂げるのは非常に困難です。歴史ある組織や規模の大きな組織ほど，こうした傾向は顕著となるでしょう。それゆえ，組織文化の変革には，組織の上層部（トップマネジメント）の主体的な関与が期待されます。トップマネジメントがアンラーニングを行い，時代に不適合な価値観を捨て去るべく組織文化を変革しない限り，組織全体を貫く価値観はなかなか変わらないものなのです。やや逆説的ではありますが，変革が必要とされる時期においては，組織文化の

体現者であるべきトップマネジメントこそが，従来のやり方や既存の組織文化に拘泥しない姿勢が求められるといえます。

4 学習する場としての組織

　上述の通り，組織学習を促進するためにトップマネジメントは，場としての組織を整える必要があります。他方で，実際に学習する組織メンバーは，何に気をつければよいのでしょうか。組織学習論からは以下の2点が示唆されます。

▌既存の常識を疑う▐

　第1に，アンラーニングのため，組織メンバーには既存の組織の目的や前提そのものを疑うことが求められます。クリス・アージリスとドナルド・ショーンは，組織における通常の学習と，組織変革を生み出すような新規の学習の違いを，**シングルループ**（single-loop）**学習**と**ダブルループ**（double-loop）**学習**として説明しています。

　シングルループ学習とは，問題解決を図り，その結果に基づいて学習することを指します。私たちは，何らかの行動をとった結果として失敗すると，そこから反省して次の行動を修正します。これがシングルループ学習です。大学である講義を履修し，テストでよい成績がとれなかった例を考えてみましょう。この場合，多くの人は何がいけなかったのかを考え，次の行動，たとえば勉強に費やす時間や生活態度等を見直すという行動をとると思います。結果を見て学習していることから，これはシングルループ学習の一例です。

　これに対して，ダブルループ学習とは，結果だけでなく，既存の目的や前提そのものを疑うことで，新しい考え方や行動様式を取り込んでいくことを意味します。人は，多くの場合，過去の経験や成功の記憶を暗黙の前提に行動します。行動を修正する場合にも，前提を疑うことはほとんどありません。先ほどのテストの例でも，成績が悪かったときに勉強の時間等を見直すという背後には，よい成績はテスト勉強をしてとるものであるという前提があります。しかし，大学の講義は，必ずしも長時間勉強すればよい成績がとれるというものば

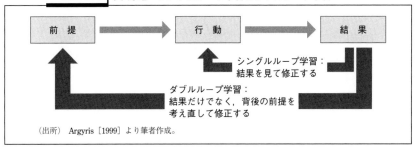

CHART 図15.2　シングルループ学習とダブルループ学習

| 前　提 | → | 行　動 | → | 結　果 |

シングルループ学習：
結果を見て修正する

ダブルループ学習：
結果だけでなく，背後の前提を
考え直して修正する

（出所）　Argyris［1999］より筆者作成。

かりではありません。思考力が問われたり，実地での経験を必要とするものも
あります。したがって，このような場合には，「真面目に，いわゆるテスト勉
強をすることがよい成績につながる」という前提を改める必要があるでしょう。
これがダブルループ学習と呼ばれるものなのです。

　世の中の大きな変化に対応していくためには，従来のやり方に基づいた学習
や継続的改善では不十分なことが多々あります。そこで，ダブルループ学習が
求められるのですが，これを実現するのは容易ではありません。

　上でも述べた通り，個人の行動は，過去の経験や成功の記憶に基づいている
ことがよくあります。経験豊かな人ほど自分の価値観や判断に自信を持ってい
るでしょうし，場合によっては過去の成功体験が自尊心やアイデンティティに
つながっていることもあるでしょう。こうしたときに，その価値観を否定され
るのは非常に嫌なものですし，つい防衛本能が働きがちになります。すると，
自分に批判的な厳しい意見をいう人を避けたり，自分自身でも判断の根拠をあ
まり疑わなくなってしまいます。こうした状況はいずれも，ダブルループ学習
を起こりにくくするものです。

　組織の場合，状況はより複雑です。前出のアージリスとショーンは，組織に
は「信奉理論」（espoused theory）と「使用理論」（theory-in-use）の2つがある
と指摘することによって，ダブルループ学習が阻まれてしまう問題を明らかに
しました。少し難しい表現ですが，信奉理論とは，組織が表向きに「こうある
べき」と掲げ，望ましいと考えている行動規範であり，使用理論とは，組織メ
ンバーの行動を実際に支配している行動規範です。より日常的な言葉でいえば，
「建前」（信奉理論）と「本音」（使用理論）に近いといえます。

　当然ながら，両者が一致した状態，すなわち組織が表向きに掲げる理想と，

実際に組織メンバーが行動する上で参照している行動規範とが，同じであるのが望ましい状況です。しかし，建前と本音という言葉が日常的に使われることからもわかるように，現実には多くの場合で信奉理論と使用理論は乖離しています。たとえば，建前としては「オープンな精神で新しいイノベーションを追求する」ことを掲げていても，実際は多くの組織メンバーが「売上目標の達成や利益の確保を目指して日々のオペレーションを効率化しようとしている」ような状況は，企業でよく見られる光景といえるでしょう。このような場合，せっかく組織文化を改革し，新しい信奉理論をトップが示したとしても，それだけで現場で働く人々の使用理論が切り替わるとは限らないのです。結果，イノベーションのために予算や資源が投じられたにもかかわらず，まったく事業化に至らなかったり，旧来の事業が優先されるといった問題が生じたり，さらにはそうした不都合な事実を隠蔽するような組織になってしまう恐れさえあります。

　こうした状況を防ぐのに必要となるのは，結局のところ，組織メンバー自身が主体的に判断して既存の使用理論の有効性を疑うことです。そこで組織には，以下の2点に気をつけて状況を整えることが求められます。

①　広くオープンな情報——広く有効な情報が入手可能であること。それによって，旧来のやり方と新しいやり方の比較ができること

②　コミットメント——メンバー自身による自由な選択が可能であり，やり方を変えてもそれに専念できること

　これらの状況が整うと，既存の価値観を疑うことや自身の考えを表明することが期待でき，それによって組織内の建前と本音の矛盾を解消したり，不都合な事実の隠蔽が抑制され，効果的な問題解決にもつながることになります。

　実際，新規事業開発に携わる組織では，多くの企業において外部からの積極的な情報収集が奨励され，またメンバーはその仕事に専念でき，かつかなりの自由度が与えられています。新しいビジネスを創造しようとするこれらの組織では，メンバーが組織の既存の常識に縛られないような体制が求められるからです。

　組織学習を生み出すには，組織メンバーの価値観や認識を新しいものへと変えていかなければならず，したがってそれを可能にする状況を作り出す必要が

あります。そうした場において，組織内の個々人が既存の価値観に縛られずに考えられるようになることが，変革を生み出す革新的な組織学習につながっていくのです。

▌実践コミュニティを構築する ▌

　組織メンバーの学習について意識する必要があるもう1つの点は，学習が個人で完結したものではなく，社会的プロセスによって行われるということです。当たり前のことですが，組織は多くの人々からなり，互いにやりとりすることが可能です。こうした社会的な相互作用が，個人の学習を促進あるいは阻害することがあるのです。1人で学習するよりも，集団で学ぶからこそ，より効果的な学習ができるというのは，私たちの直観にも合致することでしょう。

　それでは，どのような場合に，組織において学習を促進する社会的な相互作用が生み出されるのでしょうか。エティエンヌ・ウェンガーは，組織学習を高める上での，**実践コミュニティ**（community of practice）の重要性を指摘しています。この実践コミュニティとは，「あるテーマに関する関心や問題意識，熱意などを共有し，その分野の知識や技能を，持続的な相互交流を通じて深めていく人々」であると，ウェンガーは定義しています。つまり，熱意を持った人間をバラバラに存在させておくのではなく，彼らが持続的に交流できるような状態を整えることが，学習する集団を作り上げることにつながるのです。

　このような実践コミュニティは，うまく働くと徐々に広がっていくものでもあります。新しくコミュニティに参加したメンバーは，当初は何をしてよいかわからなくても，そのコミュニティに参加し続けることで，自分が何をすべきかを学習していきます。ウェンガーは，「正統的周辺参加」（legitimate peripheral participation）という考え方で，組織メンバーがコミュニティへ参画するプロセスと彼らが学習するプロセスとが深く結びついていることを強調しています。正統的周辺参加とは，新たにコミュニティに加入したメンバーが，正規のメンバーとして認められ（正統的）ながらも，当初は周辺的な役割を担っている（周辺参加）状態のことを意味しています。周辺的な役割の遂行や古参メンバーの活動を観察することで，新規加入者は次第にコミュニティの一員としてのアイデンティティと活動に必要な知識や技能を獲得していき，参加を深めていき

ます。そうして，一人前のメンバーとしての参加（十全的参加：full participation）
へと至ります。

　このように考えると，コミュニティが活発に機能し，メンバーにとって効果
的な学習の場になるためには，新規加入者が一人前のメンバーに至るまでの参
加の過程に気を配る必要があることがわかります。簡単な仕事でもきちんと役
割を与え，組織の正規メンバーとして遇することが，新規加入者の学習にとっ
ては重要なのです。企業では新入社員に「メンター」という指導・支援役の先
輩社員をつける取り組みがよく見られますが，これも，新入社員が正統的周辺
参加から十全的参加へと円滑に移行することに寄与するものでしょう。

　また，継続的に新しいメンバーが入ってくることも重要です。コミュニティ
にとっての新参者は，その常識に縛られない新しいアイデアの源泉でもあるか
らです。そう考えると，実践コミュニティでは，古参メンバーと新規メンバー
双方の間における活発なコミュニケーションが重要であることがわかります。

⑤　新たな知識の創造

　最後に，新しく学んだことを組織の中でかたちにしていくプロセスについて
考えていきましょう。こうした活動は，**知識創造**と呼ばれることがあります。
企業が新製品を開発することも，環境変化に対応するために組織を変革するこ
とも，外から何かを学んで，それをかたちにしていくという点では，1つの知
識創造といえます。この知識創造のプロセスについて，野中郁次郎らは **SECI
モデル**というモデルを提唱しています（図15.3）。

　第4節までに説明してきた組織学習論のさまざまな理論が，組織学習を促進
したり阻害したりする組織内のプロセスや，組織における個人の行動の特徴を
明らかにしてきたのに対し，この SECI モデルは，知識自体が人々の協働を通
じてどのように変化していくのかを説明している点が特徴的です。

　このモデルを学ぶ上では，まず知識には暗黙知と形式知の2種類があるとい
うことを理解する必要があります。形式知とは，言葉・図・記号等で言語化さ
れた知識を指します。これに対して暗黙知とは，経験や勘に基づくもので，個

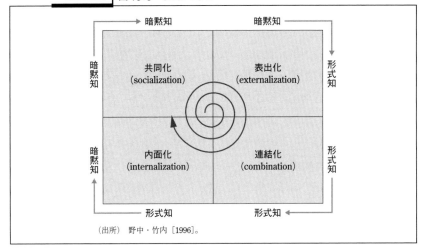

CHART 図15.3　SECI モデル

暗黙知 ─── 暗黙知

暗黙知　共同化（socialization）　表出化（externalization）　形式知

暗黙知　内面化（internalization）　連結化（combination）　形式知

形式知 ─── 形式知

（出所）野中・竹内 [1996]。

人としては理解していても，言葉やその他の手段で言語化するのが難しい知識を指します。たとえば仕事のやり方に関して，マニュアル化できたり具体的な指示が可能な手順といったものは形式知に該当し，どうしてうまくいくのか本人にも説明できないようなコツなどは暗黙知に該当します。

　新しい知識を生み出すためには，しばしば暗黙知が決定的に重要となります。なぜならば，形式知化されている知識は，容易に伝達や共有が可能で，すでに世の中に出回っていることが多いのに対して，暗黙知は，本人としてはわかっているものの表現するのが難しいために他者に共有されておらず，それゆえまだ世の中で十分に活かされていない可能性があるからです。消費者自身もよく知覚しないような満たされていないニーズや，組織の中であまり体系化されていないノウハウ，個人の長年の経験で培われた勘などは，これにあたるでしょう。このように，暗黙知は個人の中に「内面化」（internalization）されていて，他の人にはわかりづらく，場合によっては当人でも自覚していないことがあるのです。たとえば，組織に何か問題があって，うまくいっていないような状況を考えてみましょう。イメージしづらければ部活動やサークルを想像してみてください。最近チームの成績がよくない，なんとなくうまくいっていないといったことを，みなが感じていて，そうした空気がメンバーの不満の源泉になっているというような場合です。しかし，何が原因かと問われるとうまく答えら

れないということは，実際には多いと思います。

　こうした暗黙知を，どうにかして把握することが，知識創造の最初の一歩です。これが「共同化」（socialization）であり，暗黙知を有する人と直接一緒に過ごし，対話や観察を繰り返しながら暗黙知を共有していきます。この過程では，しばしば相手に共感することが重要だといわれています。相手に共感し，相手の思いや考えを理解しようと努めることによって，明示的な言葉としては十分に伝えられていないものの，その本質に迫っていくのです。ここで重要なのは，本人に直接尋ねたからといって，明確な答えが返ってくるとは限らないという点です。上述の組織の例でも，自分たち自身が問題の源泉を明確に理解しているわけではないので，うまく言葉にできないのです。そのため，互いに話を聞くことはもちろん必要ですが，それだけでなく，同じ時間を過ごし，相手を観察したりする過程が重要になります。

　しかし，暗黙知はそのままでは知識として十分に活用できないので，試行錯誤をしながら具体的に言語化していきます。これが「表出化」（externalization）と呼ばれる過程です。製品開発でいえば，おぼろげに見えてきた消費者ニーズをコンセプトとして表現するような過程がこれに該当します（▶第1章）。一度表出化されてしまえば，他者にも容易に共有可能になります。再び組織の例に戻ると，問題の源泉を暗黙的に共有した後に，それを言語化するという活動です。繰り返し行ったヒアリングや観察を踏まえて，自分自身で言葉や図などのかたちにしていくのです。場合によっては，当事者である他のメンバーを巻き込んで話し合うということもあるかもしれません。

　こうして言語化された形式知を，他の形式知と組み合わせながら，より体系的な知識にしていく過程が「連結化」（combination）です。少しわかりにくいかもしれませんが，製品開発や事業化では，実際に製品を作ったり，事業を具体化していく過程が，これに該当します。製品開発や事業化というのは，言語化されたコンセプトを，社内外の知識や技術と組み合わせて実現していく過程にほかならないからです。上の組織の例でも，問題が形式知化された後は，一般に知られた解決方法や他の事例と結びつけて，具体的な解決策を考えることになるでしょう。

　そして最後に，この新たに体系化された形式知を活用する中で，組織メンバ

ーは再びさまざまなノウハウを「内面化」し，それが次の新たな組織学習の基盤となっていきます。組織の例でいうと，一度組織の問題解決を経験したメンバーは，組織運営についてのノウハウを自分なりに身につけることになります。これが，新たな内面化です。

このように，知識創造プロセスには，共同化，表出化，連結化，内面化という4つの活動があります。SECIモデルは，この4つの活動の頭文字をとったものです。一連のサイクルを繰り返すことで，組織は新しい学習を深め，変わっていくことができるとされています。このSECIモデルから，知識創造が非常に集団的なプロセスであることがわかります。暗黙知はそれを有している本人も表現しがたいものなので，同じ時間を過ごす，密接なコミュニケーションをとる，よく観察する，といった活動を通じて，集団で共有していく必要があります。このことは，学習する場やコミュニティが重要であるという本章のこれまでの議論とも合致します。

一方で，このモデルは，集団がただ一緒に時間を過ごすだけでは新たな知識の創造には不十分であることも示しています。暗黙知はそのままでは実践可能な知識にはならないので，それを意識的に形式知として体系化していく必要があるからです。共同化・表出化・連結化・内面化の遂行には，それぞれ異なる方法を要するため，いま何が必要かを適切に見極めなければなりません。

本章の議論から，環境の変化に応じて組織が変わっていくためには，既存の事業を効率的に運営する組織を整えるだけでは不十分なことがわかったと思います。効率的な組織の追求が，組織メンバーの新規の学習を阻害し，硬直さを生み出してしまうことがあるからです。こうした状況を防ぐためには，組織のトップが主体的に関与して，組織メンバーが適切に新しい学習に取り組める場を構築する必要があります。

ただし，それと同時に，組織メンバーの1人1人も主体的に学習していく意識を持つことが求められます。組織に変革をもたらすような学習が，トップによるものであるとは限りません。組織で働くメンバーすべての学習に変革の可能性があり，誰もが変革の主体となりうるのです。こう考えると，どれほど大規模な組織においても，重要なのは1人1人の組織メンバーであり，各自がいかに組織市民として成熟しているか（▶第14章）であることがわかるでしょう。

KEYWORD

組織学習　組織ルーチン　アンラーニング（学習棄却）　シングルループ学
習　ダブルループ学習　実践コミュニティ　知識創造　SECIモデル

さらに学びたい人のために　　　　　　　　　　　　　　　　　　Bookguide ●

- 安藤史江［2019］『コア・テキスト組織学習』新世社。

  組織学習論について体系的にまとめられたテキストです。本章でも説明し
  たように，組織学習には個人の学習と組織の学習の両面があり，組織学習論
  はさまざまな観点から研究を行ってきた領域です。この本では，多岐にわた
  る研究が丁寧に整理されているため，初学者でもわかりやすく組織学習論を
  理解できると思います。

- ルイス・ガースナー（山岡洋一・高遠裕子訳）［2002］『巨象も踊る』日本
  経済新聞社。

  IBMという企業の大変革にあたり，改革を指揮した当時の会長兼CEOの
  著者自身が何をしたのかを語った本です。具体的で詳細な事例を読むことで，
  組織が変革するということをイメージしやすくなるでしょう。

参 考 文 献　　　　　　　　　　　　　　　　　　　　　　　Reference ●

アージリス，C.（河野昭三監訳）［2016］『組織の罠——人間行動の現実』文眞堂。

ウェンガー，E.＝マクダーモット，R.＝スナイダー，W. M.（櫻井祐子訳）［2002］『コ
　　ミュニティ・オブ・プラクティス——ナレッジ社会の新たな知識形態の実践』翔泳
　　社。

野中郁次郎・竹内弘高（梅本勝博訳）［1996］『知識創造企業』東洋経済新報社。

Argyris, C. [1999] *On Organizational Learning (2nd ed.)*, Blackwell Business.

Argyris, C., and Schön, D. A. [1978] *Organizational Learning: A Theory of Action Perspective*, Addison-Wesley.

索　引

事項索引

企業・商品名等索引

人 名 索 引

有斐閣ストゥディア

YUHIKAKU

考える経営学
Thinking about Business and Management

| 2021 年 5 月 30 日 | 初版第 1 刷発行 |
| 2024 年 7 月 20 日 | 初版第 2 刷発行 |

	なか	がわ	こう	いち
	中 川	功	一
著　者	さ	さ	き	まさ	と
	佐 々 木	将	人
	はっ	とり	やす	ひろ
	服 部	泰	宏

発 行 者　　　江 草 貞 治

発 行 所　株式会社　有 斐 閣

郵便番号 101-0051
東京都千代田区神田神保町 2-17
https://www.yuhikaku.co.jp/

印刷・萩原印刷株式会社／製本・牧製本印刷株式会社
©2021, Koichi Nakagawa, Masato Sasaki, Yasuhiro Hattori.
Printed in Japan
落丁・乱丁本はお取替えいたします。
★定価はカバーに表示してあります。
ISBN 978-4-641-15083-6